무명화를 위한 변명

박호영 지음

무명화를 위한 변명

인쇄일 초판1쇄 2008년 1월 28일
발행일 초판1쇄 2008년 2월 5일

지은이 박호영 | **발행인** 정구형
편집 이초희, 박지혜, 김나경, 안새미 | **총무** 박지연, 한미애
영업 정찬용 | **물류** 김종효, 김혜선, 박종일
발행처 국학자료원 | **등록일** 제324-2006-0041호
주소 서울시 강동구 성내동 447-11 현영빌딩 2층
전화 442-4623,4 | **팩스** 442-4625 | www.kookhak.co.kr | kookhak2001@hanmail.net
ISBN 978-89-6137-335-7 *93080 | **가격** 25,000원

＊ 저자와의 협의 하에 인지는 생략합니다.

무명화를 위한 변명

박호영 지음

국학자료원

본 연구는 2007년도 한성대학교 교내연구비 지원과제임

　지난 번 저서를 낸 이후 써 왔던 시평이나 시론이 또 한 권의 책으로 묶을 분량이 되어 상재를 하게 되었다. 추려진 대부분의 글들이 글을 쓸 당시에는 분명 내 나름대로 신경을 써서 쓴 것 같은데, 지금 다시 살펴보니 불만족스러운 점이 많다. 마음 같아서는 다시 전체의 글을 손질하여 내고 싶으나 그것도 그렇게 쉬운 일이 아니기에 꼭 손질이 필요한 글만 수정 내지 보충을 하였다.

　이번 책의 체계는 모두 4부로 나뉘어져 있다. 1부는 그동안 학술지에 발표해 온 연구 논문들을 추린 것이다. 김소월 시인의 경우 현실 인식을 보여주는 시를 반식민주의적 측면에서 조명해 보았고, 장만영 시인의 경우 '환상성'을 중심으로 그의 시를 접근해 나갔다. 친일시인으로 분류되는 김종한에 대해 연구를 한 것은 일본학자들이 그의 전집을 내면서 그를 친일의 시각으로 보지 않은 것에 대해 사실 규명을 해 보려는 의도에서 비롯되었고, 나머지 두 편의 글은 학계에서 해석의 논란이 많았던 「왕십리」, 「카페·프란스」를 내 나름의 논거로 분석한 것이다. 2, 3부는 문학지의 원고 청탁이나 개인적인 관계로 쓰게 된 시인론이다. 그들 중에는 시단의 중진 내지 중견 시인도 있고, 시적 역량이 있음에도 불구하고 아직 본격적으로 주목을 받지 못한 시인도 있다. 4부는 한 마디로 <현대시 엮어 읽기>라고 할 수 있다. 같은 주제나 소재를 다룬 두 시인들의 작품을 비교하여 서로의 인식의 차이나 상호텍스트성을 살피려는 목적에서 쓰여졌다.

일찍이 박용철은 시인이나, 시인이 아닌 일반 사람들에게조차 가장 중요한 것은 마음속에 타오르는 불을 기르는 것이라고 했다. 그 불은 은밀하게 작열할 수도 있고, 연기와 화염을 품으며 타오를 수도 있다. 그 불기운으로 인해 시인은 가장 조그만 감촉에도 일어설 수 있어야 하고, 멀리서 나는 향기도 맡을 수 있어야 한다. 이것이 이른바 그의 무명화(無名火)의 시론이다. 시인은, 시인이고자 하는 이들은 이 불기운을 마음속에 기르는 자들이다. 그들만이 아니라 메카니즘적인 현대 사회에서 인간답게 살려는 현대인들에게 필요한 것이 이 불기운이 아닐까. 모든 불씨가 다 불이 되는 것이 아니듯 무명화 중에는 그냥 스러지고 마는 불이 많으리라. 그러나 스러진다고 해서 불씨가 마련되어 있지 않아서는 안 된다. 연기와 화염을 품으며 타오르는 큰 불은 그런 수많은 불씨 가운데서 생성되는 것이리라. 그러기에 무명화를 지닌다는 것은 중요한 것이요, 명민하지 못하면서도 나는 30년 이상 그 무명화를 위한 변명을 해 온 것이라고 자기 위안을 해 본다.

끝으로 어려운 여건 속에서도 선뜻 책 출판에 응해주신 국학자료원 정찬용 사장님께 고마움을 표한다. 또한 바쁜 시기에 편집을 하느라 애쓴 편집부 여러분들과 원고 교정과 자질구레한 심부름에 동분서주했던 이지우 조교에게 감사의 뜻을 전한다.

2007년 12월 26일
낙산 연구실에서 박호영

목차

제4부

제1부

김소월 시에 나타난 반식민주의적 성향

1. 들어가며

새삼 거론할 필요도 없이 김소월은 한용운과 더불어 1920년대의 대표적인 시인이다. 소월의 시가 발표된 지 70년 이상의 세월이 흐른 지금도 많은 독자들을 확보하고 있다는 것은 그의 시가 얼마만큼 보편성을 획득하고 있는가를 말해주는 것이기도 하다. 이 보편성이 민족적 정서와 전통적 운율에 기초하고 있는 그의 시의 특성 때문이라는 데에는 누구도 이의를 제기하지 않을 것이다. 그러나 소월이 긍정적 평가만을 받은 것은 아니다. 식민지 시대의 현실에 처한 지식인으로서 너무 안이한 시작 태도를 취했다는 것이 부정적인 측면을 부각시킨 핵심 사항이다. 북한에서도 그는 시대적 현실을 외면한 서정주의로의 편향적 자세를 취했다는 이유로 한 때 북한 문학사에서 외면을 당했다. 저간의 실정은 소월 시에 나타난 민중적 태도와 현실 인식의 시에 대한 평가가 이루어지면서 그의 시는 긍정적 측면과 부정적 측면이 함께 지적되는 추세이다.

김소월의 시 중에는 분명 서정성에 함몰되지 않고 식민지 시대 상

황을 일탈하고자 하는 시들이 여러 편 있다. '반식민주의적'[1] 성향의
시라고 할 수 있는 이러한 시들은 소월의 또 다른 면모를 보여준다
는 점에서 주목할 필요가 있다. 이미 이들 시에 대해서는 부분적인
언급이 있어 왔다.[2] 그러나 전반적인 고찰은 이루어지지 않은 실정
이다. 소월에게 반식민주의적 의식이 내재되어 있었던 것은 몇 가지
측면에서 추정이 가능하다. 그가 조부 김상주의 절대적인 영향 하에
서 성장해 왔는데 그 조부가 반일 감정이 강한 儒者였다는 것, 조부
의 가르침 하에 소월이 한학을 공부하여 소양을 쌓았다는 것, 민족주
의를 제창한 오산학교 남강 이승훈 선생이 조부와 가까운 사이여서
남강이 교장으로 있는 그 학교에 소월이 입학했고 학교를 다니면서
남강의 영향을 받았다는 것, 조부의 경제적 몰락 이후 궁핍한 농촌의
삶을 살면서 민중에 대한 관심과 이해가 남달랐다는 것 등이다. 뿐만
아니라 1966년 5월 10일부터 7월 1일까지 12회로 북한 <문학신문>
에 연재한 김영희 기자의 「소월의 고향을 찾아서」를 보면 소월이 길

---

1) 반식민주의는 원래 식민주의를 인간성에 대한 범죄로 죄악시하면서, 식민주의 주
   체들의 문화동화정책도 비판을 하는 이데올로기이다. 이에 의하면 모든 국가와 언
   어와 문화는 평등하며, 모든 국민은 어느 누구의 지배도 받지 않고 자신의 사회와
   영역 안에서 존재할 권리를 갖는다. 그러나 여기서의 의미 영역은 식민지 현실을
   부정적으로 보고, 그로부터 일탈하고자 하는, 그러나 저항적이라고는 할 수 없는
   성향을 지칭한다. '탈식민주의적'이라고도 할 수 있는데, 탈식민주의 이론과의 혼
   동을 피하기 위해 명확하지는 않지만 이 용어를 사용한다.
2) 오세영은 「바라건대는 우리에게 우리의 보섭대일 쌍이 잇섯드면」, 「樂天」, 「봄」,
   「물마름」, 「五月 봄 산보」, 「무덤」, 「제이 엠 에스」 등을 만족주의 이념을 제시한
   시로, 「忍從」, 「無題」, 「마음의 눈물」, 「봄과 봄밤과 봄비」, 「그대여 채찍을 멈추라」,
   「地圖」 등을 강한 조국애가 형상화된 시로 평가했다.(오세영, 『한국낭만주의시연구』,
   일지사, 1980, pp.324~327) 김재홍 또한 「밧고랑 우헤서」, 「바라건대는 우리에게 우
   리의 보섭대일 쌍이 잇섯드면」 같은 시를 노동의 사상과 저항의식을 지닌 시로 분
   류했다.(김재홍, 『한국현대시인연구』, 일지사, 1986, pp.48~52) 송희복은 「忍從」을
   집중적으로 분석하면서 그와 더불어 「봄」, 「바라건대는 우리에게 우리의 보섭대일
   쌍이 잇섯드면」, 「옷과 自由와 밥」, 「나무리벌 노래」 등을 저항적 열정의 수확으로
   확인되는 시라고 결론을 내린다. (송희복, 『김소월연구』, 태학사, 1994, pp.68~72)

가에서 일본 관리들과 마주치면 "개와 사람이 어찌 한 길에 걸을 수 있는가"고 하면서 돌아서서 그들이 다 지나간 다음에야 되돌아 걸었는데, 이것이 어릴 때부터 가슴에서 싹텄던 반일사상 때문이라고 한다.[3] 소월의 사후 30년이 지난 다음에 고향 지인들의 증언을 중심으로 작성된 이 기행문이 과연 얼마만큼의 신빙성이 있는가는 의문의 여지가 있다. 그러나 일본 노무자들로부터 폭행을 당해 정신이상이 된 부친이나, 철저한 반일 행위를 한 조부를 어릴 때부터 보아오면서 소월의 뇌리 속에 일본이 적대적인 나라로 각인되었으리라는 것은 어렵지 않게 짐작을 할 수 있다. 소월의 반식민주의적 성향을 세분해 보면 현실 일탈을 위한 유토피아 지향, 상실감에서 기인하는 '집 콤플렉스', 조국에 대한 애정 등이 될 수 있다. 이제 그를 차례로 살펴보기로 한다.

2. 현실 일탈을 위한 유토피아 지향

유토피아를 지향한다는 것은 현실로부터 일탈을 꾀하는 것이기 때문에 현실에 대한 불만과 반항을 그 기반으로 한다. 기존의 현실에 만족하지 못하는 환상은 소망의 공간(Wunsch räume)이나 소망의 시간(Wunschzeiten) 속에서 안식처를 찾게 되고, 그 안식처가 유토피아가 되는 것이다. 만하임의 지적대로 일반적으로 신화나 동화, 환상, 여행담 등은 현실화된 삶을 간직하지 못한 데 대한 제 나름의 욕구불만적 표시라고 할 수 있는데,[4] 시에서 유토피아적 공간 설정도 같은 범주에 놓이는 것이라 할 수 있다. 우리는 이미 이상화가 「나의 침실

---

3) 송희복, 상게서, p.238
4) 칼 만하임, 『이데올로기와 유토피아』, 임석진 역, 청아출판사, 1991, p.277

로」에서 "내 손수 닦아둔 침실로 가자"고 하며 '침실'을 설정한 것을, 백석이 「나와 나타샤와 흰 당나귀」에서 "산골로 가자 출출이 우는 깊은 산골로 가 마가리에 살자"고 하며 '마가리'를 설정한 것을 보아 왔다. '침실'과 '마가리'는 모두 식민지 현실을 벗어나 안주하기 위한 유토피아적인 공간이다. 김소월의 경우 유토피아 지향은 우선 「엄마야 누나야」에서 찾아볼 수 있다.

> 엄마야 누나야 江邊 살자,
> 뜰에는 반짝이는 金모래빛,
> 뒷門밖에는 갈잎의 노래
> 엄마야 누나야 江邊 살자.
>   -「엄마야 누나야」-

화자는 엄마, 누나에게 강변에서 살자고 청유를 하고 있다. 강변은 화자가 꿈꾸는 유토피아인 셈이다. 그렇다면 실제 화자의 현실적인 위치는 어디인가? 강변과는 대척적인 장소이다. 반짝이는 금모래빛도 없고, 갈잎의 노래도 들을 수 없는 곳이다. 그것을 시대상황과 결부 시킨다면 우리 민족이 처한 상황이 그렇다는 것이요, 식민지의 현실 이 그렇다는 것이다. 그 상황 속에서 시인은 '강변'을 꿈꾼다. 그곳에 서는 반짝이는 금모래를 볼 수 있고, 갈잎의 노래를 들을 수 있다. 세계의 비밀스러움을 말해주는, 하이데거식으로 빌어 말하면 <자연 의 자연적인 것>[5)과 마주할 수 있다. 그러나 화자가 "강변 살자"고 강하게 청유를 하고 있지만, 그것이 절실한 소원이기도 하지만, 사실 화자의 체험의 공간도 아니요 강변에 접한다는 보장도 없다. 그렇기 때문에 더욱 그 공간은 유토피아가 되는지 모른다. 이 시의 화자를

---

5) 한스 페터 헴펠, 『하이데게와 선』, 이기상·추기연 역, 민음사, 1995, p.245

마음의 평화와 안식처를 구하지 못해 이리 저리 방황하는 현대인으로 보고 그들이 먼 부재의 저편에 있는 彼岸, 그 말갛게 고운 물가를 동경하는 것으로 보는 견해도 이런 관점을 바탕으로 한다.6) 이 시의 '엄마' '누나'를 화자의 님으로 보고 "이러한 아름다운 강변도 엄마와 누나와 함께 살지 않는다면, 곧 님이 존재하지 않는다면 동일성을 형성할 수 없는 무의미한 자연인 것이다"7)라는 이도 있는데, 시인이 추구하는 유토피아에서 함께 살려는 대상으로 '엄마' '누나'를 이 같이 확대 해석할 수도 있을 것이다. 여기서 제기되는 문제는 왜 하필 같이 살고자 하는 대상이 '엄마' '누나'냐 하는 것일 텐데, 이 같은 여성 존재를 대상으로 선택한 것은 소월의 페미니즘 지향의 일면을 보여주는 것이고, 그것은 파시즘에 대한 그 나름의 대응 방식일 수도 있다.8) 소월의 유토피아는 다음 시에서처럼 '바다'로 종종 등장하기도 한다.

뛰노는 흰물결이 일고 또 잦는
붉은 풀이 자라는 바다는 어디

고기잡잇군들이 배 위에 앉아
사랑노래 부르는 바다는 어디

파랗게 좋이 물든 藍빛 하늘에

---

6) 송희복, 전게서, p.120 박호영, 『몽상 속의 산책을 위한 시학』, 푸른사상, 2002, p.283 재인용.

7) 문덕수, 「소월의 서정시에 나타난 자연관」, 김열규·신동욱 편, 『김소월연구』, 새문사, 1982, pp.Ⅳ28-29.

8) 이 시가 발표된 1920년대는 식민지 시대이고, 일본의 군국주의라는 것이 남성주의적 파시즘으로 연결되기에 그에 대한 대결 방식은 여성주의일 수밖에 없고, 그런 차원에서 '엄마' '누나'는 일제에 맞설 수 있는 적절한 대응체이다. (박호영, 전게서, p.283 재인용)

저녁놀 스러지는 바다는 어디

곳없이 떠다니는 늙은 물새가
떼를 지어 좇니는 바다는 어디

건너가서 저便은 딴 나라이라
가고 싶은 그리운 바다는 어디.
　　　－「바다」－

산 위에 올라서서 바라다보면
가로막힌 바다를 마주 건너서
님 계시는 마을이 내 눈 앞으로
꿈 하늘 하늘같이 떠오릅니다

흰모래 모래 빗긴 船艙가에는
한가한 뱃노래가 멀리 잦으며
날 저물고 안개는 깊이 덮여서
흩어지는 물꽃뿐 안득입니다

이윽고 밤 어둡는 물새가 울면
물결좇아 하나둘 배는 떠나서
저 멀리 한바다로 아주 바다로
마치 가랑잎같이 떠나갑니다

나는 혼자 山에서 밤을 새우고
아침해 붉은 볕에 몸을 씻으며
귀 기울고 솔곳이 엿듣노라면
님 계신 窓 아래로 가는 물노래

흔들어 깨우치는 물노래에는

내 님이 놀라 일어 찾으신대도
내 몸은 山 위에서 그 山 위에서
고이 깊이 잠들어 다 모릅니다
　　－「山 위에」－

　이 바다는 실제적으로는 곽산읍 렴호리에서 바라보는 바다이다. 시인은 어릴 적부터 이 고향 앞바다를 사랑했고, 그가 후에 교편을 잡았던 곳도 바로 이 바다를 눈 앞에 둔 렴호리였다고 한다.9) 「旅愁 2」란 시에서도 보면 "나서 자란 故鄕의 해돋는 바다"를 "저 오늘도 그리운 바다 / 건너다 보자니 눈물겨워라"고 읊기도 한다. 그러나 소월의 '바다'가 구체적으로 어느 장소냐 하는 것은 아무런 의미가 없는 물음이다. 그가 그 대상에 대해 어떠한 인식을 갖고 있느냐가 더 중요하다.

　「바다」에서 화자가 지향하는 곳은 '바다'이다. 그 공간은 건너가서 저편에 위치해 있고, 현실에 위치한 나라가 아니고 '딴 나라'이다. 그 바다는 흰 물결이 뛰놀고 붉은 풀이 자라며 고기잡잇꾼들이 사랑 노래를 부르는 곳이요, 남빛 하늘에 저녁놀이 스러지는 곳이다. 아무런 구애를 받지 않는 자유의 공간, 평화로운 공간으로 볼 수 있다. 특히 "곳없이 떠다니는 늙은 물새"는 정처 없는 존재라는 점에서, 그런 무리들이 떼지어 따라간다는 서술을 통해 식민지인의 상실의식을 엿보게 되기도 한다. 일찍이 김소월 시의 전반을 고찰한 엄호석은 이 시의 '바다'에 대해 "이 모든 바다의 형상은 답답하고 쪼들린 농촌의 고달픈 생활의 질곡과 일제 강점하의 사람들의 부자유하고 억울한 처지로부터 해방되려는 지향을 환기시킨다"10)고 하였다. 그런 점에서 이 시의 '바다'는 유토피아가 된다. 그러나 바다는 가고 싶은 곳일

---

9) 송희복, 전게서, p.254.
10) 엄호석, 『김소월론』, 조선작가동맹출판사, 1958, p.191.

뿐, 화자는 바다로 가려고 적극적인 행동을 취하지는 않는다. 절망적 현실과는 전혀 다른 '딴 나라'임을 알면서도 거의 체념 상태에 있는 것이다. 단지 가고 싶고 그리울 뿐이다.

「산 위에」에서도 '님 계시는 마을'이 유토피아가 되는데, 그 마을은 바다 건너 위치해 있다. 바다를 "가로막힌 바다"로 인식한다는 것은 마을로의 접근에 대한 불가능성을 암시하고, 화자의 의식 상태가 좌절감과 절망감 속에 있음을 보여준다. 이것은 주위의 대상들에 대한 시선을 보더라도 알 수 있다. 날 저물고 안개는 깊이 덮여 있다든지, 나 혼자 산에서 밤을 새운다든지 하는 것은 대상들과의 절연이요, 화자가 현실적으로 동화되지 못하고 있는 것이다. 달리 말하면 소월이 식민지 현실을 구속 상태로 받아들이고 있다는 것이다. 그래서 '배'란 대상을 매개로 하여 자유를 꿈꾼다. "저 멀리 한바다로 아주 바다로 / 마치 가랑잎같이" 배가 떠나간다는 것은 '배'의 자유요, 무장무애함이다. '나'와는 전혀 다른 자유로운 존재, 동일화 지향의 대상이다. 자신이 '배'처럼 되어야만 "님 계시는 마을"인 유토피아에 접할 수 있는데 결코 그렇게 될 수 없는 것이다. 그런 점에서 다음 지적은 적절하다.

> 그러나 자세히 보면, 화자는 님이 있는 곳에 가기 위해 적극적인 행동을 하지 않는다. 화자는 바다의 저편이 '다른 나라'임을 알고 있다. 그 '다른 나라'는 님이 계신 곳이고 사람들이 살아가는 마을이다. 그럼에도 불구하고 화자는 산 위에 올라가 님이 계신 곳을 바라다볼 뿐이다. 그것은 화자가 자신이 있는 곳을 적극적으로 벗어나겠다는 의지가 없다는 것을 증명한다.[11]

그러므로 "님 계시는 마을"이 '나'의 눈 앞에 꿈 하늘 같이 떠오를

---

11) 문혜원, 『한국 현대시와 전통』, 태학사, 2003, p.188.

수밖에 없다. 여기서 '님'은 애매성을 지닌 시어로, 이성적 대상도 될
수 있지만 식민지 상황 속에서 고독과 좌절과 절망 속에 빠져 있는
자아를 감싸줄 수 있는 巨母性의 실체가 될 수도 있다. 이 모성적 대
상에 대한 소월의 경사에 대해서는 좀더 유의할 필요가 있다. 지금까
지 살펴본 유토피아 지향의 시들에서 그 공간이 된 '강변' '바다'가
모두 물과 관련이 있으면서 여성적인 자연 대상인 점도 그렇고, '아
빠' '오빠' 같은 남성보다는 '엄마' '누나' 같은 여성을 등장시키고
그들을 그리워한다는 것 또한 소월이 얼마나 자신을 감싸 안아줄 수
있는 모성적 존재를 갈구하는가를 보여주는 것이다. 조국의 상실은
그로서는 어쩌면 모성의 상실과 등가를 이루는 트라우마인지 모른다.
그런 점에서 강변이나 바다를 중심으로 한 그의 유토피아 지향은 모
성을 다시 찾고자 함이요, 모성의 실체는 조국과 연결이 된다. 따라
서 소월이 유토피아를 추구하는 것은 반식민주의적 태도의 일면이라
고 볼 수 있는 것이다.

3. '집 콤플렉스'를 통한 소월의 현실 인식

소월에게 있어 '집'은 현실적으로 부재의 공간이다. 일반적으로 집
이 안주, 독립, 평화, 휴식을 상징하는 것으로 볼 때, 그러한 모든 상
태의 부재라는 말과 통한다. 이 부재 의식을 소월의 개인적인 집이
없는 것으로만 받아들일 수는 없다. 그는 여러 편의 시를 통해 '집'
이 없음을 토로하고 있고, 그 집의 주체는 자신을 떠나 개미, 제비
같은 대상들의 '집 없음'으로 확대시키고 있는데 그 비유가 함축적이
기 때문이다. 그러므로 소월의 이러한 '집 콤플렉스'는 개인적인 상
황뿐만 아니라 당시 식민지 상황과 결부될 수 있는 소지가 있다. 집

은 바로 국가요, 집이 없음은 곧 亡國을 뜻하기에 그러한 결부가 충분히 가능하다. 그가 한편으로 유토피아 지향을 하면서, 다른 한편으로 '집 없음'을 노래한다는 것은 사실 상호보완적인 성격을 띤다. '집 없음'을 절실히 느끼기에 유토피아를 추구하게 되는 것이기 때문이다. 그러나 유토피아 지향이 어느 면에서 낭만적 동경이 되는 반면, '집 없음'의 의식은 현실주의적 태도이다. 철저히 현실을 바라보는 시인의 시선이 그 속에 있다.

> 들가에 떨어져 나가 앉은 메 기슭의
> 넓은 바다의 물가 뒤에,
> 나는 지으리, 나의 집을,
> 다시금 큰길을 앞에다 두고.
> 길로 지나가는 그 사람들은
> 제각금 떨어져서 혼자 가는 길.
> 하이얀 여울턱에 날은 저물 때
> 나는 문간에 서서 기다리리
> 새벽 새가 울며 지새는 그늘로
> 세상은 희게, 또 고요하게,
> 번쩍이며 오는 아침부터,
> 지나가는 길손을 눈여겨 보며,
> 그대인가고, 그대인가고.
> —「나의 집」—

이 시에서 화자는 "메 기슭의 넓은 바다의 물가 뒤"에 '나의 집'을 짓고자 한다. 현재 '나'는 집이 없다. 집 지을 곳의 위치를 살펴보면 앞서 나온 이상향의 공간처럼 바다를 끼고 있다. 소월이 바다에 대한 동경을 일관되게 하고 있다는 것이 이를 통해서도 확인된다. 그러면 화자는 집을 짓고 나서 무엇을 하는가? 문간에 서서 '그대'를 기다린다. 여타 시에서처럼 '그대'는 '님'과 마찬가지이다. 지나가는 길손들을 눈여겨보는 것은 그들 중에 '그대'가 있으리라 기대하기 때문이다. 여기서 우리가 유의해야 할 것은 '그대'를 기다리는 시점이다. 그 시점이 아침부터이다. 아침은 세상을 희고, 고요하고, 번쩍이게 하며 온다. 희고, 고요하고, 번쩍인다는 것은 순수, 평화, 광명의 세계가 도래한다는 얘기이다. 그 아침에 올 상대가 '그대'인 것이다. 그러므로 '그대'란 존재는 이육사의 '백마 타고 올 초인'이나 다름이 없다. 한편 현실은 어떠한가? 그렇게 올 세상과는 대조적으로 "새가 울며 지새는 그늘"이다. 이에 이르면 '아침'과, 아침에 올 존재인 '그대', 그리고 '그늘'의 함의를 식민지 현실과 결부시키는 것이 큰 무리가 없을 것이다. 그러나 문제는 집을 짓겠다는 의지를 보인 것이지 실제로 '나의 집'을 지은 것도 아니요, '그대'가 온다는 보장도 없다. 다 소망에 지나지 않는다. 하지만 분명한 것은 이 시를 통해 시인이 확실히 현실에 대한 부정적 인식을 하고 있다는 것이다. 유종호의 지적12) 처럼 집을 그리워하는 것은 소월시에서 되풀이되는 모티브의 하나이다. 그리고 이 시는 잘 알다시피 예이츠의 「이니스프리의 湖島」에 영향을 받은 작품이다.13) 소월이 당시 대부분의 시인들이 영향을 받은 프랑스 상징주의 시인들이 아닌, 아더 시몬즈나 예이츠 같은 신비주의 계열의 시인들에게 영향을 받은 것은 여러 측면으로 생각해 볼 수 있다. 그러나 무엇보다도 예이츠 역시 아일랜드 시인으로 그의 조국이 영국 식민 통치 하에 있었다는 사실, 그의 시의 특징이 민족주

---

12) 유종호 「임과 집과 길」 김학동 편, 『김소월』재판, 서강대출판부, 1998, p.23.

13) 논자에 따라 「엄마야 누나야」도 예이츠의 「이니스프리의 호도」의 영향을 받았다고 본다. 소월은 예이츠의 시를 모방해서 여러 편의 시를 지었다. 그의 「진달래꽃」이 예이츠의 「그는 하늘의 옷감을 원한다」에서 영향 받은 바가 크다는 것은 잘 알려진 사실이고, 「님과 벗」, 「옛낯」, 「봄바람」, 「하늘」은 예이츠의 「술노래」를, 「가을」은 예이츠의 「낙엽」을 모방한 것이다. 이영걸, 「소월과 예이츠」(<한국외대논문집> 25호, 1992. 6)에 의하면 소월의 시 12편이 예이츠의 영향 하에 있다.

의 성향을 지닌다는 것14)은 소월이 왜 예이츠에게 심정적 지향을 하게 되었는가를 간접적으로 말해주는 것이 된다. 소월의 '집 콤플렉스'는 다음의 시들에서도 나타난다.

> 진달래꽃이 피고
> 바람은 버들가지에서 울 때,
> 개아미는
> 허리 가늣한 개아미는
> 봄날의 한나절, 오늘 하루도
> 고달피 부지런히 집을 지어라
> 　　-「개아미」 전문-

> 하늘로 날아다니는 제비의 몸으로도
> 일정(一定)한 깃을 두고 돌아오거든!
> 어찌 섧지 않으랴, 집도 없는 몸이야!
> 　　-「제비」 전문-

이 일련의 시들이 보여주는 것은 화자가 집을 소유하고자 하는 간절한 소망이다. 개미가 고달프지만 부지런히 집을 짓는 것이나, 제비조차 일정한 깃을 두고 돌아오는데 자신은 집도 없는 몸이라는 한탄은 얼마나 소월이 '집'에 연연해하고 있는가를 말해준다. 이 때 집을 단순한 거주처로서의 집으로 볼 수 없음은 앞서 말한 대로 시인이 개미나 제비라는 대상을 비유적으로 등장시켜 전달하고자 하는 메시지가 분명히 있기 때문이다. 그 메시지는 무엇인가? 개미나 제비의 '집 없음'을 말하려는 것일까? 아닐 터이다. 그것은 결국 화자의 '집

---

14) 안경원은 예이츠 시에 구현된 문화민족주의를 아일랜드 주체 형성을 위한 담론으로 결론 내린 바 있는데, 이는 소월의 경우에도 적용될 수 있다. (안경원, 「W.B. Yeats와 문화민족주의」, 연세대학교 박사학위논문, 1995, pp.141-145 참조)

없음'을 말하려는 것인 동시에, '우리' 즉 우리 민족의 '집 없음'을 말하려는 것이다. 물론 소월이 '집 없음'을 노래하는 근저에는 고향을 떠난 자신의 실향의식이 깊이 자리잡고 있지만, 일부는 그 의식이 확충되어 민족의 '집 없음'으로 확대되고 있다. 그러므로 소월의 '집 콤플렉스'는 나라를 잃은 민족의 비극과 연결된다. 다음의 시들도 모두 '집 콤플렉스'를 보여주는 것들이다.

어제도 하룻밤
나그네 집에
까마귀 가왁가왁 울며 새웠소.

오늘은
또 몇 十里
어디로 갈까.
　－「길」－

서로 떠난 몸이길래 몸이 그리워
님을 둔 곳이길래 곳이 그리워
못 보았소 새들도 집이 그리워
南北으로 오며가며 아니합디까.

들 끝에 날아가는 나는 구름은
반쯤은 어디 바로 가 있을텐고
朔州龜城은 山 넘어
먼 六天里
　－「朔州龜城」－

사노라면 사람은 죽는 것을
그러나, 다시 내 몸,

봄빛의 불붙는 사태흙에
집짓는 저 개아미
나도 살려 하노라, 그와같이
사는 날 그날까지
살음에 즐거워서,
　　-「사노라면 사람은 죽는 것을」-

눈물은
흘러나려라
스르르 나려감는 눈에,

꿈에도 생시에도 눈에 선한 우리 집
또 저 山 넘어넘어 구름은 가라.
　　-「우리 집」-

　인용된 시들에서 화자가 얘기하는 '집'의 상황은 어떠한가? 집 떠
난 나그네가 그리워하는 '집', 새들도 남북으로 오가며 그리워하는
'집', 집 없는 개미가 열심히 짓고 있는 '집', 집을 떠나 있으면서 꿈
에도 생시에도 눈에 선한 '집'이다. 이 모두가 따지고 보면 현재 존
재하지 않는 집이다. 우리가 여기서 생각할 것은 소월이 왜 이렇게
'집 없음'을 염려하는 '집 콤플렉스'에 빠져 있느냐이다. 단지 고향을
떠나 있는 그이고 보니 고향의 집이 그립기 때문이라고 보는 것은
근시안적 해석이다. 소월의 '집 콤플렉스'는 좀더 확대하여 해석할
필요가 있다. 확대 해석할 때 나의 집, 우리의 집은 민족의 집, 즉 국
가가 된다. 개인적인 집으로 국한시킬 수 없음은 다음 시가 여실히
말해주고 있다.

　그러나 집 잃은 내 몸이어,

　　바라건대는 우리에게 우리의 보습대일 땅이 있었더면!
　　이처럼 떠돌으랴, 아침에 점을손에
　　새라새로운 탄식(嘆息)을 얻으면서.
　　　─「바라건대는 우리에게 우리의 보습대일 땅이 있었더면」─

　여기서 "집 잃은 내 몸"이란 그 뒤의 내용과 연결시켜 볼 때 나의 집을 잃었다는 것이 아니요, 조국을 잃었다는 것이다. "우리의 보습대일 땅"이 말할 것도 없이 국토요, 국토가 '있었더면'이란 가정은 뒤집어 말해 국토를 빼앗김이다. 즉 우리들의 집을 빼앗긴 것이다. 이 시에 대해서는 다음 장에서 상술하거니와, 소월의 '집 없음'이 이 시만 보더라도 단순히 개인적인 집이 없는 것이 아니라는 것을 간파한다. 식민지 상황을 살아가고 있는 우리 민족 모두의 '집 없음'이다. 이 사실을 절실히 깨달은 소월이기에 '집 콤플렉스'가 생겨난 것이다. 그러므로 '집 콤플렉스'를 꾸준히 그의 시편들을 통해 표현하는 것은 왜 남의 집을 빼앗느냐는 불만의 목소리요, 그것은 결과적으로 주체적 인간의 권리를 박탈하는 식민주의의 부당함을 지적한 것이다. '집 콤플렉스'를 반식민주의적 성향으로 봄은 이런 이유에서이다.

4. 소월 시에 나타난 조국애

　앞서 살펴본 유토피아 지향이나, '집 콤플렉스'도 따지고 보면 조국에 대한 염려 내지 사랑에서 기인된 의식이겠지만, 직접적으로 소월이 조국인 '조선'을 내세우고 '조선'에 대한 사랑을 표현한 시들이 있다. 이에 대해서는 이미 오세영이 지적하여 "민족적 저항시인으로서의 소월의 위치는 최근에 발견된 그의 유고시들에 의하여 보다 확실해지는데 월간 <문학사상>지 발굴 총 52편 가운데서 「忍從」, 「無

題」, 「마음의 눈물」, 「봄과 봄밤과 봄비」, 「그대여 채찍을 멈추라」, 「地圖」 등의 시편은 모두 강한 조국애가 형상화되어 있다"15)고 지적했다. 그러나 「忍從」에 대해서만 짤막하게 언급했을 뿐, 조국애가 형상화된 시 전반에 대한 고찰은 이루어지지 않았다. 이들 시가 발굴되어 발표된 것이 1978년이고, 비슷한 시기에 연구가 행해졌으니 그런 경향의 시 전체를 다룰 시간적 여유가 없었던 탓이 아닐까 한다. 우선 「忍從」을 보도록 하자.

우리는 아기들, 어버이 없는 우리를
누가 너희들더러, 부르더냐,
즐거운 노래만을, 勇敢한 노래만을,
너희는 아직 자라지 못했다, 철없는 孤兒들이다.

철없는 孤兒들! 어디서 배웠느냐
「오레와 가와라노 가레스스끼」* 혹은,
「배달나라, 健兒야 나아가서 싸우라」
철없는 孤兒들 부르기는 하지만,
아직 어린 孤兒들! 너희는 주린다,
虐待와 貧써에 너희들은 운다.
어쩌면 너희들에게 즐거운 노래 있을소냐?
억지로 「나아가 싸우라, 나아가 싸우라 즐거워하라」이는
억지다.
사람은 슬픈 제 슬픈 노래 부르고,
즐거운 제 즐거운 노래 부른다.
우리는 괴로우니 슬픈 노래 부르자,
우리는 괴로우니 슬픈 노래 부르자, 그러나 祖先의 슬퍼도
즐거워도, 우리의 노래에 健全하고

---

15) 오세영, 전게서, p.326.

사뭇 精神이 있고
그 精神 가운데서야 우리 生存의 意義가 있다.
슬픈 우리 노래는 가장 슬프다.
「나아가 싸우라, 즐거워하라」가 우리에게 있을 법한 노랜가,
부질없는 선동은 우리에게 독이다,
우리는 어버이 없는 아기어든,
부질없는 선동을 믿으리
한갓 술에 취한 사람의 되지 못할 억지요, 제가 저를 상하는 몸부
림이다.
그러하다고, 하마한들, 어버이 없는 우리 孤兒들,
「오레와 가와라노 가레스스끼」지 마라!
이러한 노래를 부를소냐,
우리에게는 우리에게 祖先의 노래 있고야.
거지맘은 아니 가졌다.
우리 노래는 가장 슬프다
어버이 없는 아기어는
지금은 슬픈 노래 불러도 죄는 없지만
즐거운 즐거운 노래 부른다.
슬픔을 누가 不健全하다고 말을 하느냐,
좋은 슬픔은 忍從이다.
다만 모든 恥辱을 참으라, 굶어죽지 않는다.
忍從은 가장 德이다.
最善의 反抗이다. 아직 우리는,
힘을 기를 뿐,
오직 배워서 알고 보자.
우리가 어른되는 그날에는
自然히 싸우게 되고
싸우면 이길 줄 안다.
　　－「忍從」－

　　　　　　　　* <나는 냇가의 마른 갈대>라는 뜻.

이 시는 상당한 길이의 시로 소월의 시치고는 이색적인 시이다. 내용상으로 볼 때 지면이 허락되었다 할지라도 쉽게 발표를 할 수 없었을 것이요, 그래서 "설합 속의 불온시"가 되어 자필유고시로 남았는지 모른다. 이 시는 지금까지 보아온 소월의 다른 시와는 달리 뚜렷하게 일본에 대한 적대적인 감정과 조국에 대한 사랑이 담겨져 있다. 이 시에서 대립적인 위치에 있는 이들은 '우리'와, 우리에게 "부질없는 선동"하는 자이다. 우리는 어버이 없는 아기들이다. 철없는 고아들이다. 그런데 우리에게 노래를 부르게끔 강요하는 자들이 있다. 부르라고 하는 노래는 「오레와 가와라노 가레스스끼」와 「배달나라, 건아야 나아가서 싸우라」이다. 전자는 노래의 제명이 「船頭小唄」(센도우 고우다)란 일본 대중가요로, 멜로디가 단순하고 지극히 애상적인 전형적인 엔카(戀歌)이고16), 후자는 내용으로 보아 당시 조선을 '배달나라'라고 부추키면서 일본이 일으킨 전쟁에 참전할 것을 책동하는 노래이다. 그러니까 한편으로 우리 민족을 감상적으로 유도하면서, 다른 한편으로 그들의 계획을 달성하려는 것이다. 소월은 이 모두를 경계해야 한다고 말한다. 그러면서 슬퍼도 즐거워도 祖先의 노래, 건전하고 정신이 있는 노래를 불러야 한다고 주장한다. 그것이 '우리의 노래'이다. 「나아가 싸우라, 즐거워하라」는 부질없는 선동이요, 독이다. 「오레와 가와라노 가레스스끼」는 우리 祖先의 노래가 아니다. 비록 우리의 노래가 지금은 슬퍼도 "좋은 슬픔은 곧 인종"이기에, 인종은 "최선의 반항"이기에, 모든 치욕을 참아야 한다. 그러면 우리는 후에 우리가 어른되는 그 날 적들과 싸워 이긴다. 이러한 소월의 준비론17)은 분명 의의가 있는 것이며, 소월의 반식민주의적 의

---

16) 송희복, 전게서, p.71.
17) 남기혁은 이 시에 준비론자들의 낙관주의적인 미래 인식이 자리잡고 있다고 하면서, 그러나 준비론의 한계를 인정한다고 해도 준비론의 목소리를 수용한 것이 지니는 의미는 크다고 말한다. (남기혁, 「김소월 시의 근대와 반근대 의식」, 한국시

식을 여실히 보여주는 것이다. 다음 시 역시 논의의 범위가 동일한
작품이다.

> 무연한 벌위에 들어다 놓은듯한 이 집
> 또는 밤새에 어디서 어떻게 왔는지 아지 못할 비.
> 신개지(新開地)에도 봄은 와서, 가냘픈 빗줄은
> 뚝가의 아슴프레한 개버들 어린 엄도 축이고,
> 난벌에 파릇한 뉘집 파밭에도 뿌린다.
> 뒷 가시나무밭에 깃들인 까치떼 좋아 지껄이고
> 개울가에서 오리와 닭이 마주 앉아 깃을 다듬는다.
> 무연한 이 벌, 심거서 자라는 꽃도 없고 메꽃도 없고
> 이 비에 장차 이름 모를 들꽃이나 필는지?
> 장쾌(壯快)한 바닷물결, 또는 구릉(丘陵)의 미묘한 기복(起伏)도 없이
> 다만 되는 대로 되고 있는 대로 있는 무연한 벌!
> 그러나 나는 내버리지 않는다, 이 땅이 지금 쓸쓸타고,
> 나는 생각한다, 다시금, 시원한 빗발이 얼굴을 칠 때,
> 예서뿐 있을 앞날의 많은 변전(變轉)의 후에
> 이 땅이 우리의 손에서 아름다워질 것을! 아름다워질 것을!
> ─「爽快한 아침」─

새로운 개척의 땅인 '신개지'는 모든 조건이 열악하다. 집도 아무
런 인연이 없는 '무연한 벌'에 들어 옮겨 놓은 듯 낯설고, 내리는 비
역시 밤새 어디서 어떻게 왔는지 모를 만큼 의외의 비다. 그러나 이
땅에도 봄은 와서 내리는 비는 개버들 어린 엄도 축이고, 파릇한 파
꽃에도 뿌려진다. 또 비가 오니 까치떼가 좋아 지껄이고, 오리와 닭
이 마주 앉아 깃을 다듬는다. 한 마디로 만물이 생동을 하는 것이다.
그러면서도 한편으로 하도 척박한 땅인 '무연한 벌'이기에 이름 모를

학연구 11호, 한국시학회, 2004, p.245)

들꽃이나 필른지 하는 의구심을 저버릴 수 없다. 그러나 비록 지금 쓸쓸하지만 "앞날의 많은 變轉" 후에는 이 땅이 우리의 손으로 아름다워질 것이라는 희망을 잃지 않는다. 그래서 이 '무연한 벌'을 내버리지 않는다. '예서뿐 있을'은 반드시 변전이 이 곳에서 이루어진다는 믿음의 표현이다. 이것은 결국 무연한 벌을 우리의 손으로 아름답게 바꿔 놓겠다는 굳은 의지를 내보인 것이다. 이 시에 대해서는 북한의 연구자들도 관심을 가져 엄호석은 "창조적 로력이 무연한 미개지의 개간에 의한 자연 개조에 돌려지고 있다. 그러나 이 자연 개조에 바쳐지는 창조적 로력은 일제 시대의 조건에서는 불가능하다는 것은 더 말할 것도 없다. 그렇기 때문에 시인은 여기에서 앞날의 많은 전변 이후에 있을 자연 개조에 대한 아름다운 화폭을 공상할 뿐이다"18)라고 하고, 리동수는 "쓸쓸하고 보잘 것 없는 무연한 벌이 성실한 노력의 대가로 자기의 손에서 아름다워질 것을 기대하고 있는 서정적 주인공의 확신에 찬 목소리는 그의 시가 단순한 애수나 비극적 체험으로만 되고 있다는 일면적인 견해를 부정하고 있다는 것을 보여준다"19)고 하였다. 그러나 이들의 견해는 이 작품을 과소평가한 감이 없지 않다. 엄호석의 경우 긍정적인 평가를 하면서도 미래의 조국을 공상 속에 꿈꾼 것으로 폄하한 것, 리동수의 경우 소월의 소시민적 세계관의 약점을 드러냈다고 본 것은 체제적 잣대를 너무 엄격히 적용했다는 판단이다. 비록 당시에 활자화되지는 못했다 하더라도 나는 이 작품이 이상화의 「빼앗긴 들에도 봄은 오는가」에 버금가는 시대적 의의를 지닌다고 본다. 소월의 시대적 인식을 뚜렷이 보여준 작품으로는 많은 이들이 거론한 「바라건대는 우리에게 우리의 보섭대일 쌍이 잇섯드면」이 있다.

---

18) 엄호석, 전게서, p.261
19) 리동수, 『우리나라 비판적 사실주의문학 연구』, 과학백과사전종합출판사, 1988, p.303

나는 꿈꾸었노라, 동무들과 내가 가지런히
벌 가의 하루일을 다 마치고
석양(夕陽)에 마을로 돌아오는 꿈을,
즐거이, 꿈 가운데.

그러나 집 잃은 내 몸이어,
바라건대는 우리에게 우리의 보습대일 땅이 있었더면!
이처럼 떠돌으랴, 아침에 점을손에
새라새로운 탄식(嘆息)을 얻으면서.

동(東)이랴, 남북(南北)이랴,
내 몸은 떠가나니, 볼지어다,
희망(希望)의 반짝임은, 별빛이 아득임은.
물결뿐 떠올라라, 가슴에 팔다리에.

그러나 어쩌면 황송한 이 심정(心情)을! 날로 나날이 내 앞에는
자칫 가느른 길이 이어가라. 나는 나아가리라
한걸음, 또 한걸음. 보이는 산(山)비탈엔
온 새벽 동무들 저저혼자……산경(山耕)을 김매이는.
　　－「바라건대는 우리에게 우리의 보습대일 쌍이 잇섯드면」－

　이 시가 일제를 겨냥하고 쓴 시라는 것은 '집 잃은 내 몸' '우리에게 우리의 보섭대일 쌍이 잇섯드면'이라는 구절을 통해 쉽게 감지된다. 그것은 곧 타의에 의한 거주 공간의 상실이요, 망국의 한이다. 보습 대일 땅조차 없기에 안주하지 못하고 동으로, 남북으로 떠돌 뿐이요, 탄식만이 쌓인다. 자칫 잘못하면 나날이 내 앞에는 '가느른 길'이 이어갈 지 모른다. 그러므로 탄식만 하고 있을 수는 없다. 한 걸음, 한 걸음 나아가야 한다. 새벽에 저기 산비탈에 혼자서 김을 매고 경작을 하는 동무들처럼 희망을 잃지 말고 땅을 가꾸어야 한다. 이렇게

볼 때 이 시 역시 앞서 살펴본 「爽快한 아침」만큼 반식민주의적 성향을 지닌 시인 것이다.

이 시에 대해서는 "이 구절 속에는 <집 잃은 자>, <땅 빼앗긴 자>로서의 당대 민족의 불행한 현실에 대한 시대인식과 함께 그에 대한 저항의지를 담고 있는 것으로 보인다. 이 점에서 소월시의 애상이 개인적인 상실에만 연유하는 것으로 판단하는 것은 올바른 해석이 아닐 수 있다. 「옷과 밥과 自由」 등 그의 시에는 당대의 현실에 대한 부정적 인식과 함께 그에 대한 울분과 저항 의식이 산견되기 때문이다."[20]라는 의견도 있고, 이와 마찬가지로 저항시 창작의 하나로 보면서 민족주의 이념을 제시한 작품들 중의 하나로 보는 의견[21]도 있다.

그러나 김용직은 이 부류의 시들을 저항적인 시로 보는 데에는 무리가 있음을 지적[22]하기도 한다. 나도 '저항적'으로까지는 볼 수 없다는 생각에서 '반식민주의적'이라는 용어를 썼음을 앞에서 밝혔지만 (그러나 '반식민주의'는 식민주의 주체에 대한 저항까지 포괄하고 있어 정확한 용어 사용은 되지 못한다), 개인적으로 저항의 범주를 어떻게 잡느냐에 따라 달라지는 문제이기에 어느 편이 옳다고 단언할 성질의 것은 못된다. 분명한 것은 「忍從」, 「爽快한 아침」, 「바라건대는 우리에게 우리의 보섭대일 쌍이 잇섯드면」 같은 작품들이 식민지 현실을 부정적으로 보며, 우리나라 '조선'에 대한 애정을 보인 것이

---

20) 김재홍, 전게서, p.51.

21) 오세영, 전게서, p.324.

22) 여기서 보섭대일 땅이란 생활의 근거를 이루는 국토와 그에 준하는 공간을 뜻한다. 그 상실과 그를 통해 빚어진 우리 자신의 궁핍상을 노래한 점으로 보아 분명히 이 작품은 현실에 대한 인식을 곁들이고 있는 것이다. 그러나 이런 점을 들어 곧 김소월을 식민지 체제 하에서 저항을 시도한 시인으로 보는 것은 지엽, 사말 현상을 놓고 전체라고 믿는 난시현상에 지나지 않는다. (김용직, 『한국근대시사』, 새문사, 1983, p.383)

라는 것이다. 다음 구절들에서도 당시 조선에 대해 염려하고, 조선에 대해 사랑한 시인의 마음씨를 느낄 수 있다.

> 아무런 곳이나 朝鮮이거든 가는 곳마다,
> 마음을 바람아 물어보라, 朝鮮이라는 朝鮮의 넋에다가, 그대 말로.
>   -「無題」-

> 못잊혀 그리운 너의 품속이여!
> 못잊히고, 못잊혀 그립길래 내가 괴로워하는 朝鮮이여!
>   -「마음의 눈물」-

> 오- 그리운, 그리운 봄바람아,
>   (中略)
> 돌고 돌아, 다시 이곳, 朝鮮 사람에
> 한 사람인 나의 염통을 불어준다.
>   -「봄바람」-

'조선의 넋' '못잊혀 그리운 너의 품속' '내가 괴로워하는 조선' '조선 사람에 한 사람인 나'같은 구절들을 보면 얼마나 시인이 조국인 조선을 사랑하고, 그리워하며, 긍지를 지니고 있는가를 쉽게 파악한다. 소월이 이렇게 조선을 외치고 사랑한 것은 그의 전기적 사실을 토대로 할 때 조부로부터 물려 받은 儒者의 정신이나, 남강 이승훈의 민족주의 영향을 꼽을 수 있다. 불의를 참지 못하는 곧은 기개, 어려움을 꿋꿋이 이겨내는 극기의 자세, 혼탁한 時流에 타협하지 않는 고고함 같은 선비의 정신이 자신의 조국인 '조선'에 대한 사랑으로 이어졌다고 할 수 있는 것이다. 이에 대한 상세한 설명을 하자면 유교 사상에 대한 깊은 천착이 있어야 하겠지만, 어찌 되었건 소월이 이같은 시를 통해 조국애를 보여주었다는 것은 주목해야 할 일이 아닐

수 없다. 다만 이 부류에 속하는 시들이 몇 편 안되고, 당시 활자화
되어 발표되지 않았다는 사실이 아쉬울 뿐이다.

5. 나가며

이상으로 반식민주의적 성향을 지닌 소월의 시들을 고찰해 보았다.
소월이 전통적 서정시만 쓴 것이 아니고 현실 인식에 기반한 시를
썼다는 것은 새삼스러운 지적은 아니다. 그러나 많은 평자들이 소월
에 대해 언급을 하면서도 그의 현실주의적인 시들에 대해서는 부분
적으로만 그 평가를 하여, 식민지 상황을 부정적으로 보고 그로부터
의 일탈을 꾀한 반식민주의적인 시들을 총괄하여 살펴보지는 못하였
다. 이들 시를 한데 묶어서 살펴본 것은 그런 점에서 의의가 있다고
볼 수 있다.

나는 소월의 반식민주의적 성향의 시들을 셋으로 구분하였다. 유
토피아 지향의 시, '집 콤플렉스'를 보인 시, 조국애를 나타낸 시가
그것이다. 우선 소월이 '강변' '바다' '님 계시는 마을'을 통해 유토피
아를 지향한 것은 이상화의 「나의 침실로」의 '침실', 백석의 「나와
나타샤와 흰 당나귀」의 '마가리'처럼 현실을 벗어나고자 하는 공간을
설정한 것이다. 이것은 낭만적 동경과 더불어, 식민지 상황을 부정적
으로 보는 인식이 깊이 자리잡고 있는 것이다. 특히 모성적 존재와
함께 하는 유토피아를 꿈꾼다는 것이 일제의 남성적 군국주의를 염
두에 둔 것이라고 할 수 있다.

소월은 여러 편의 시에서 '집 콤플렉스'를 보였다. "집을 그리워하
는 것은 소월 시에서 되풀이되는 모티프의 하나"이다. 그러나 소월이
그 자신의 '집 없음'만을 노래했다고 할 수 없다. 그 사실을 가장 여

실히 보여주는 시가 「바라건대는 우리에게 우리의 보습대일 짱이 잇섯드면」이다. 그의 '집 콤플렉스'는 실향의식과 함께 민족의 '집 없음'에 대한 염려의 소산이다. 그런 점에서 '집 콤플렉스'가 나타난 시 또한 반식민주의적 성향의 시로 규정할 수 있다.

소월의 시 중에는 직접적으로 우리나라인 朝鮮을 호명하며, 朝鮮에 대한 사랑을 노래한 시들이 있다. 소월의 조국애가 담긴 시들이다. 이들 시에서는 여타의 시보다 확실히 식민지 현실에 대한 부정적 태도가 드러나고, 시인의 목소리도 강하고, 앞날을 기대하는 준비론적 자세도 엿볼 수 있다. 소월의 조국애의 근원은 유교적 선비 정신에서 찾을 수 있는데, 불의를 참지 못하는 곧은 기개, 어려움을 꿋꿋이 이겨내는 극기의 자세, 혼탁한 時流에 타협하지 않는 고고함 등이 조선에 대한 사랑으로 이어졌다고 할 수 있다.

김종한 연구

1. 들어가며

　김종한은 1914년 함경북도 명천군 입석동에서 출생하여 1944년 급성폐렴으로 사망한 시인이자 평론가이다. 1930년대 후반 『동아일보』, 『조선일보』 신춘문예에 민요풍의 시가 당선되기도 했으며, 1939년 정지용에 의해 그의 시가 『문장』지에 추천을 받기도 했다. 또한 시론에도 안목이 있어 수준 높은 글을 발표했다. 그러나 그에 대한 연구는 활발히 이루어지지 않았다.[1] 그 이유는 추측컨대 그의 시작품이 뛰어난 수준은 아니었다는 것, 상당수의 작품들이 일어로 쓰여져 평가

---

[1] 오영진, 이석훈, 김달수, 유정, 김광림 등이 그에 대해 언급하고 있으나, 인상기 및 그의 시집에 대한 단편적인 언급일 뿐 본격적인 연구는 아니다. 임종국의 언급도 그가 총력전 수행과 황도조선 수립에 협력했는지 여부를 논하는 글일 뿐이다.

　＊ 오영진, 「김종한 시집 ≪垂乳根之歌≫」, 『매일신보』 1943. 7. 20.
　＊ 이석훈, 「김종한, 인물 및 작품」, 『국민문학』 1944. 11.
　＊ 김달수, 「태평양전쟁 하의 조선문학－김종한의 추억을 중심으로」, 『문학』 1961. 8.
　＊ 유　정, 「好漢孤獨 김종한」, 『현대문학』 1963. 2.
　＊ 김광림, 「언어와 존재」, 『한국현대시문학대계 21』, 지식산업사, 1982.
　＊ 임종국, 『친일문학론』, 평화출판사, 1966.

의 어려움이 있었다는 것 등을 들 수 있겠으나 무엇보다도 그의 친
일행위가 평자들로부터 외면을 당했기 때문이 아닌가 한다. 그러나
얼마전 일본에서 藤石貴代・大村益夫・沈元燮・布袋敏博의 편찬에
의해 『김종한 전집』(綠蔭書房, 2005)이 발간되었다. 무려 866페이지에
달하는 방대한 분량의 책이다. 편자 중의 한 사람인 후지이시 다카요
(藤石貴代)는 이미 그 이전에 본격적인 시인론이라 할 수 있는 「김종
한론」(구주대학동양사논집 17집, 1989)을 발표하기도 했다. 역시 편자
중의 한 사람인 오오무라 마쓰오(大村益夫)는 그의 정년퇴임 강의
(2004. 1. 15)[2]를 윤동주와 김종한에 관해서 했다. 이 사실을 우리는
어떻게 이해해야 될까? 일본에서는 그의 문학에 대해 무거운 비중을
두고 있다는 것인가, 아니면 그에 대한 평가를 새롭게 하고자 함인
가? 하여튼 우리 쪽에서 크게 주목 받지 못한 작가가 일본에서 주목
을 받고, 그에 대한 방대한 전집까지 나왔다는 것은 그 의도를 추적
해 볼 필요가 있는 일이다.

그는 사실 다양한 시세계를 보여주었고, 친일적인 태도 속에서 한
편으로는 민족 및 민속에 대한 관심을 끊임없이 표명했으며, 예리한
안목으로 지용과 백석 시의 뛰어남을 간파했던 시인이자 시론가이다.
그러기에 그에 대해서 결코 단면적인 평가를 할 수 없다. 그의 실체
를 파악하기 위해선 좀더 다각도의 접근이 요청되는 것이다. 이 같은
접근을 전제로 할 때 그의 친일의 실상이나 문학적 功過가 드러나리
라 본다. 따라서 그에 대한 연구는 그의 문학 활동 및 사회 활동 전
반에 걸쳐 행해져야겠으나 본고에서는 그의 민요 지향과 시론, 그리
고 친일 행위의 실상만을 다루고자 한다. 일어로 쓰여진 그의 글을
전반적으로 다루지 못함이 본고의 한계임을 미리 밝혀둔다.

---

2) 김윤식, 「이중어글쓰기의 제6형식－시인 김종한」(『한겨레신문』 2006. 3. 23 참고.)

2. 민요 지향의 배경

김종한의 작품 활동 중 가장 눈길을 끄는 것은 민요의 창작 및 이론 전개이다. 그가 민요를 창작한 시초는 1935년 『조선일보』 신춘문예에 <베짜는 각시>가 당선되고부터이다. 그 후 1938년에 이르기까지 <남어지이한밤>, <얄루강 굽이굽이>, <망향곡>(『동아일보』 신춘문예 당선), <마전타령>, <백두산타령>, <명천방아타령>, <빨래질> 등을 연이어 발표한다. 그런가 하면 민요와 관련된 평론인 「민요를 통해 본 길주·명천」, 「신민요의 정신과 형태」를 발표했다. 그가 민요에 이토록 관심을 지니게 된 배경으로 우선 그의 고향 명천을 떠올리게 된다. 명천은 예로부터 베를 짜고 방아로 보리를 찧는 고장이었다. 이는 김종한의 글을 통해서 살펴볼 수 있다.

> 아아 바딧소리! 그것은 수집은 산골 처자들의 유일한 희노애락의 표현의 도구엿스리라. 그러나 이 지방의 사정을 잘 아는 사람은 '바딧소리의 원한'을 알아들을 수 잇슬 것이다. 자고로 베짜는 각시들의 숙명에는 기쁨보다 설움이 더 많다는 것을 부기해 두고 싶다. (중략) 울타리를 넘고 보리밭을 지나 들려오는 바딧소리에는 실로 수세기 동안을 사무쳐온 마을 각시네들의 눈물이 숨어 있는 것이다. 우리는 이 민요의 기조가 되던 과거의 이 지방의 현실을 추구하여 보자.[3]

그가 <베짜는 각시>라는 민요를 발표하게 된 동기는 실제 고향에서 목격했던 산골 처자들의 哀恨을 작품화하려는 데에서였다. 이 지방 청년들은 공상과 방랑성이 많아 노령 연해주로, 간도로 일확천금을 꿈꾸며 달아나 버리고, 홀로 된 각시들은 독수공방으로 그네들의

---

3) 김종한, 「민요를 통해 본 길주·명천 1」, 『조선일보』 1936. 8. 7.

청춘을 보내야 했다. 그 각시들의 애한이 담긴 소리가 베를 짜는 바
딧소리였던 것이다. 그의 고향 명천에서 민요가 생성된 것은 이런 배
경을 깔고 있다. 그리고 그 역시 고향에서 자라오면서 자연스럽게 민
요를 가까이 대하게 되었고, 어릴 때부터 민요적 상상력을 키웠던 것
이다.

　　명천이 민요와 불가분의 관계에 있는 것은 명천과 이웃한 함경북
도 鏡城이 민요 시인을 많이 배출했다는 데에서도 간접적으로 증명
된다. 1920년대와 1930년대에 민요 시인으로 이름을 널리 알린 김동
환과, 그에게 영향을 받아 민요시를 쓴 이용악 모두 경성 출신이다.
특히 이용악은 김종한과 같은 1914년생으로 그와는 친밀한 사이여서
문학에 관한 얘기를 자주 서로 주고 받았고, 1930년대 말 비슷한 시
기에 민요 지향의 시를 발표했다. 두 사람은 일본 유학 때에도 같이
지냈고, ≪二人≫이란 동인지를 5, 6회에 걸쳐 발간하기도 했다. 그러
므로 민요 내지 민요시를 중심으로 한 김동환, 이용악, 김종한 세 사
람의 관계는 각별한 데가 있다. 여기서 추론되는 것은 김종한도 이용
악과 마찬가지로 김동환의 민요시 창작에 영향을 받지 않았나 하는
것이다.[4] 이용악의 김동환 작품에 대한 감명이 워낙 컸고, 김종한 역
시 그럴 가능성이 많기 때문이다. 그러면 실제 김종한의 민요 작품은
어떠했는가?

> 봄이야 오든마든 설어운맘에
> 바다나 울려가며 해를지우네
> 들고짱 놓고짱짱
> 놓고짱 들고짱짱

---

4) 김동환과 이용악의 민요시 및 그들의 관계에 대해선 박호영, 『한국현대시인논고』
　(민지사, 1995) 및 『몽상 속의 산책을 위한 시학』(푸른사상, 2002) 참조.

바다나 울려가며 해를지우네

울면서 잡은소매 떨치고가던
그것은 지난날의 꿈일이라
들고짱 놓고짱짱
놓고짱 들고짱짱
그것은 지난날의 꿈의꿈이라

북에다 감은실은 풀려가건만
가슴에 맺힌실은 엉켜나가네
들고짱 놓고짱짱
놓고짱 들고짱짱
　　－「베 짜는 색시」－

　이 작품은 김종한의 대표적인 민요이다. 형식적으로 볼 때 7·5조가 위주로 되어 있어 그가 말하는 '신민요'에 해당한다고 할 수 있다. 그는 '신민요'와 '토민민요'란 용어를 사용하면서 3·3조, 4·4조, 아리랑조 등 모든 과거의 調子를 완전히 탈피하고 7·5조 등의 가요 調子를 무조건적으로 승인하는 민요를 '신민요'라고 하고 있다.[5] '토민민요'란 예부터 전해져 오는 민요를 가리킨다. 이 작품의 두드러진 특성은 "들고짱 놓고짱짱 / 놓고짱 들고짱짱"이라는 의성어 후렴의 첨부이다. 바닷소리를 그런 식으로 표현했다. 이 후렴구는 구절 자체에 아무런 의미를 부여하지 않으면서 독자의 마음을 달래서 고양된 감정으로 이끌어가는 구실을 하고 있다.[6] 그러나 질적 수준을 따질 때 이 작품이 뛰어나다고 할 수는 없다. 이 작품이 발표된 1935년의 시점은 이미 안서나 요한, 소월, 파인 등이 단순하면서도 정감을 잘

5) 김종한, 「신민요의 정신과 형태 3」, 『조선일보』 1937. 2. 9
6) 박호영·이숭원, 『한국시문학의 비평적 탐구』(삼지원, 1985) p.143.

살린 민요시를 선보인 후이기 때문에 오히려 엄밀히 말하면 다른 민요 작품에 비해 질적으로 떨어지는 것이다. 그의 또 다른 대표적인 민요 작품인 <얄루강 구비구비>도 마찬가지이다.

A

얄루강 구비구비 흐르는물은
흘러서 절로절로 바다로가고
수집은 산골색시 검은머리는
자라서 절로절로
(얼화 어룽얼사) 열여듦이라

B

뗏목을 매든줄은 풀여저가도
사랑의 연줄이야 끈허지리오
이별이 하도설어 쩔은마음은
꿈길에 떼를딸아
(얼화 어룽얼사) 흘러만가네

C

얄루강 구비구비 흐르는물에
오날도 그리워서 산골색시는
진달래 한송이에 마음을담아
님가신 新義州로
(얼화 어룽얼사) 흘려보내네
　　－김종한「얄루강 굽이굽이」전문－

　이 작품도 '민요'라고 명기되어 있다. 7・5조의 調子로 되어 있어 앞의 작품처럼 그가 말하는 '신민요'에 속한다. 후렴은 '얼화 어룽얼사'이다. 그리고 다른 작품보다도 대응 구조가 뚜렷한데 A에서는 '얄

루강 구비구비 흐르는 물'과 '수집은 산골 색시 검은 머리'가, B에서
는 '뗏목을 매든 줄'과 '사랑의 연줄'이 대응을 이룬다. 그러나 작품
수준은 역시 떨어지는 편이다. 후렴구로 감정의 여운과 助興의 효과
를 얻고 있지만, 표현이 너무 상투적이고 진부하다는 느낌을 준다.
이 사실은 비슷한 시기에 발표된 이용악의 민요시와 견주어 보면 여
실히 드러난다.

> 달빛 밟고 머나먼 길 오시리
> 두 손 합쳐 세 번 절하면 오시리
> 어머닌 우시어
> 밤내 우시어
> 하이얀 박꽃 속에 이슬이 두어 방울
> 　-이용악 「달 있는 제사」 전문-

　이 민요시는 민요의 특성을 갖추면서 더 나아가 형식의 파괴를 통
한 새로운 형식 창조에 성공한 작품이다. '오시리' '우시어' 같은 단
어의 반복만 보더라도 단순한 반복에 그치는 것이 아니라, 리듬을 형
성하면서 죽은 지아비를 그리워하는 어머니의 절절한 감정의 심화에
기여를 하고 있다. 또한 어머니의 슬픔을 박꽃 속에 맺힌 이슬 두어
방울로 아름답게 집약시켜 놓고 있다. 이 짧은 형식을 통해 우리는
지아비를 잃은 어머니의 슬픔이 얼마나 큰 것인가를 짐작하게 된다.
이 작품을 김종한의 <베짜는 색시>나 <얄루강 굽이굽이>와 견주
어 볼 때 전자가 훨씬 수준이 높다는 것은 시에 대한 웬만한 식견이
있는 사람이면 쉽게 알 수 있는 일이다. 다만 이해가 되지 않는 것은
수준이 이렇게 떨어지는 김종한의 민요 작품들이 어떻게 신춘문예
당선작으로 뽑히었느냐는 것이다. 당시 선자들의 안목이 없든지, 아
니면 새로운 민요의 본보기가 바로 김종한의 민요 같은 작품이었는

지 모르겠으나 의외의 일이다. 1936년 『동아일보』에 '당선민요'로 뽑힌 그의 <망향곡>도 마찬가지이다.

一

松花江 밝은달은
有情도 하온것이
千萬里 흘러와도 날딸아왓네
날딸아왓네

二

고향은 하도멀어
생각도 아득하오
그리운 우리님이 보낸달인가
보낸달인가

三

눈보라 치는밤엔
하도야 서글퍼서
사나히 갓스물이 울기도햇소
울기도햇소

四

살면은 사는곳이
고향이 되련만은
살뜰이 가꼽은맘 어이나하료
어이나하료

五

기러기 돌아가는
가을이 올때마다

豆滿江 나룻배를 꿈에봅니다
꿈에봅니다

이 작품은 3·4조와 7·5조의 혼용으로 되어 있다. 그가 형식적인 실험을 하고 있는 인상이 짙다. 그러나 민요의 반복적 특성을 살려 '날딸아왓네', '보낸달인가', '울기도햇소', '어이나하료', '꿈에봅니다' 가 한 절마다 반복이 되고 있지만 단순한 반복을 하고 있을 뿐 의미의 심화에 아무런 도움을 주지 못하고 있다. 좀 심하게 말한다면 작위적으로 민요의 형식을 갖추려고 했을 뿐이다. 물론 내용적으로 보면 고향을 떠나 두만강을 건너 만주로 온 流移民이 시의 주체요, 만주 송화강 위에 떠 있는 밝은 달을 쳐다 보면서 향수에 젖은 그들의 심정을 읊은 것이 당시 민족의 현실을 직시하는 것이기에 민족의 공감대를 형성할 요인을 갖추었다. 그러나 시적 포즈만 좋았을 뿐, 시 자체로는 지극히 단순하고 상식적인 서술이 되고 말았다. 이 작품이 활자화된 1936년이라면 한국의 현대시가 어느 정도 궤도에 오른 때인데 질적으로 너무 뒤지는 것이다. 그러면 그의 민요 중 민요의 형식적인 제약의 틀에 변형을 준 작품들은 어떠한가?

① 떠나는 連絡船에
  무슨죄가 잇겟소
  三千里 강산이 무정하지요

  絶影島 지나서니
  모두 꿈이지만은
  울면서 갈라지든 嶺南아가씨

  사나이 마음이라
  눈물이야 지리만

七百里 洛東江을 못닛겟소

쌍고동 울어울어
對馬島도 지나니
玄海灘 물결우엔 달도외롭소
─「海峽의 달」, <조선일보> 1938. 4. 25─

② 빨래질 핑계삼아
　나오기는 했으나
　빨래도 하야갈겸 해도보낼겸

　두드려 물에헤여
　다시한번 두드려
　열네번 두드리니 속도풀리오

　실버들 휘느러저
　길어가는 봄날을
　물차고 다라나는 제비한쌍이
　물쌀은 해적해적
　품을헤쳐 웃는데
　열여덟 이내심산 울어나볼가

　저고리 치마만을
　히게빨면 되는가
　마음도 마저히게 빨아야하지

　외나무 저다리를
　건너실때 여보소
　보는건 괜찬해도 살며시보소
─「빨래질(민요)」, <여성> 1938. 10─

이 두 작품을 보면 3·4조와 4·3조를 번갈아 사용하며 세 번째 행에서는 7·5조의 調子를 구사하고 있다. 단순한 반복도 없다. 앞서 살펴본 작품들보다 단순성을 벗어나려는 노력이 엿보인다. 그가 말하는 '읊을 민요'를 쓰고자 한 것 같다. 그는 '읊을 민요'와 '노래할 민요'를 구별하여 음악면을 상실하고 문학면만 가진 민요를 '읊을 민요'라고 하였다. 그리고 소월, 안서의 "민요체의 시"가 민요 안에서 시와 타협점을 구한 '읊을 민요'가 아니냐고 반문했다. 그러니까 '노래할 민요'는 예전부터 내려온 민요요, 세련된 수법이라든지 대중성의 예술화를 꾀하는 민요는 '읊을 민요'라는 것이다. 그가 '읊을 민요'의 표본으로 꼽은 것은 김소월의 <산>이었다.[7]

하지만 이들 작품 역시 표현이나 비유의 기법이 원숙하다고는 볼 수 없다. 물론 민요라는 것이 민중들의 노래이기 때문에 단순하고 솔직한 감정 토로가 위주가 되는 것이겠지만 1920년대부터 1930년대까지 양산된 민요를 통틀어 볼 때 이들 작품은 높이 평가할 만한 것이 못된다. 작위적인 표현이 많고, 치기에 가까운 비유를 구사하고 있는 것이다. 민요가 아닌 다른 시들에서도 사정은 다를 것이 없다. 『조광』에 발표한 두 편의 작품들의 일부만 살펴보기로 한다.

> 능수버들은 우물의 늙은 守衛이오.
> 우물 속에는 國寶처럼 푸른 하늘 쪼각이 떠러저 있소.
>   (중 략)
> 능수버들은 우물의 늙은 守衛이오
> 마을의 봄은 構圖의 背景(배경)에서 낮잠을자고 있오.
>   ―「낡은 우물이 있는 風景」―

> 그대의 表情의 水面을

---

7) 김종한, "신민요의 정신과 형태 2" <조선일보> 1937. 2. 7 참조.

설음처럼 하이한
追想의 白鳥가 헤염치고 있오.
　－「未亡人 R의 肖像」－

　'능수버들'을 '우물의 늙은 수위'에 비유하고, '푸른 하늘 쪼각'을 '국보'에 비유하며, '마을의 봄'이 "구도의 배경에서 낮잠을 자고" 있다든지, '그대의 표정의 수면'을 "하이한 추상의 백조가 헤엄치고" 있다고 하는 것은 원관념과 보조관념의 연결이 잘못된 부적절한 비유이다. 억지가 보일 뿐더러 유치하기까지 하다. 시대적 낙차를 고려하더라도 그렇다. 1930년대 말 『문장』지에 실린 청록파 시인들의 시나 당시의 백석, 이용악, 서정주 등의 시와 비교해 볼 때 더욱 실감이 난다. 『문장』지에 추천된 그의 시들도 사정은 같다. 이는 지용의 선후감에서도 드러나고 있다.

> 김종한 군. 「고원의 시」와 「그늘」은 서로 고향이 달러서 앉기를 낮설어 할지 모르나 「고원의 시」를 「가족회의」와 앉히기는 선자가 싫습디다. 꿰맨 자취가 보이는 것은 天衣無縫이 아닙니다. 「가족회의」에는 군색한 딴 헝겊쪽이 붙었기에 할애하였으니, 혼자만 알고 계시오. 당신이 구태여 추천의 수속을 밟는 태도는 당당하시외다. 유유연히 최종 코오스로 돌입하시오.[8]

　이 글을 보면 그가 『문장』이란 잡지에 최소한 「고원의 시」, 「그늘」, 「가족회의」를 투고했고, 이 중에서 지용은 「가족회의」를 빼고 「고원의 시」와 「그늘」을 추천한 것 같다. 이 「가족회의」란 작품이 왜 제외되었는가? 지용에 의하면 '꿰맨 자취'가 보이기 때문이다. 즉 작위적인 표현으로 되어 있다는 것이다. '꿰맨 자취'가 보이는 것은 천의무

---

8) 정지용, 「詩選後」(『문장』 1939. 5)

봉의 시가 아니요, 자연스럽지 못하다. 그런데 그의 시에는 이런 시들이 눈에 많이 띈다. 결과적으로 볼 때 시 창작 면에서 그는 제대로 성공하지 못한 시인으로 평가할 수 있다.

3. 김종한 시론의 위상

김종한이 시 창작에 있어서는 문제점을 드러내었지만, 그의 시론에 이르면 얘기가 달라진다. 그의 시에 대한 안목은 주관이 있고, 꽤 정확했던 것으로 판단된다. 그의 시관은 「나의 작시 설계도」, 「시문학의 정도」, 「현대시와 모뉴멘탈리즘」, 「에피그램의 서정적 가치」, 「예술에 있어서의 비합리성」, 「일지의 윤리」, 「조선시단의 진로」 등을 통해 피력된다. 우선 그는 지용의 동양적 시세계를 높이 평가하고, 김기림의 「기상도」를 폄하하고 있는데 그 이유는 이렇다.

> 동양예술의 특질의 하나는, 예술관이나 세계관을 적은 대상 중에 우주적인 정신으로 감수하는 곳이었다. 기림의 ≪기상도≫한 권의 세계와, '벌목정정' 넉자가 내포하고 암시하는 세계와, 제군은 그 어느 것에서 더 큰 세계를 느끼는가.
>
> 호프만·스타아르의 광대무변한 감수성은 작시의 심리적 과정을 다음과 같이도 설명한다.
>
> 시인은 그의 인상을 그의 최고의 순간에서 다만 배열하면 그만이다. 그가 배열한 것에는 스사로 조화가 있으리로다.
>
> 이 최고의 순간은, 시간적으로 순간이기 때문에 참의 시는 항상 적은 형태를 갖추게 되는 것이다. 만모오쓰라는 동물의 명사는 거대에 대한 경탄보담 허대하다는 조소의 대상이 될 때가 더 많다.[9]

---

9) 김종한, 「나의 작시 설계도」(『문장』 1권 8호, 1939. 9) p.129.

‘참의 시’는 항상 적은 형태를 갖춘다는 것, 따라서 김기림의 장시 「기상도」보다는 정지용의 「장수산」의 ‘벌목정정’ 넉 자가 내포하고 암시하는 세계가 더 크다는 것은 순수 서정의 입장에 선 이로서 명쾌하게 두 작품을 비교한 것이다. 그가 말하는 순수시는 말라르메나 발레리의 순수시와는 무관하며, 이른바 ‘寒山詩論’이다.[10) ‘맘모스’라는 동물의 명사가 거대함에 대한 경탄보다는 허대하다는 의미로서의 조소의 대상이 될 때가 더 많다는 것도 스케일만 크고 내용이 없는 시를 정문일침 식으로 비판한 것이다. 지금의 시점에서 볼 때 김기림의 「기상도」는 문명어의 나열, 참신하고 기발한 비유, 위트나 풍자 등 모더니즘의 기법이 다양하게 산보이고 있는 시이지만 이해할 수 없고, 그에 따라 시적 감동과는 거리가 먼 작품이었다. 반면 정지용의 「장수산」은 유현한 동양적 자연 세계를 보여주며, 여백미와 관조적 세계관을 느끼게 해 주는 작품인지라 그와 같은 경향의 「구성동」, 「인동다」, 「비로봉」 등의 시와 더불어 평자들에게 높이 평가되는 실정이다. 그러므로 그의 이러한 판단은 꽤 정확했던 것이라 말할 수 있다. 다음과 같은 언급에서도 그의 수준 있는 안목을 발견한다.

> 이효석 씨의 「모밀꽃 필 무렵」은 아마 조선 언어예술이 도달할 수 있을 한 정점일 것입니다. (산문으로서의 가치는 딴 문제로 하고라도) 이러한 시적 산문과 대비할 때, 임화가 선전한 그 ‘줄을 끊어쓴 산문’에 불과한 작품들은 과연 무엇으로 시로서의 독자성과 자율성을 주장할 수가 있을까요. (중략) 시사 30년에 그래도 우리는 해외에 수출하기에 부끄럽지 않은 지용의 ‘자연유기체설적인 순수성’과 백석의 ‘조선색이 농후한 잠미즘’을 가지게 된 것은 이 두 씨가 로코코적이라는 것과 조선의 푸른 하늘이 남국의 그것에 근사하다는 것과에 관련시켜 생각할 때 매우 흥미있는 문제입니다.[11)

---

10) 김윤식, 『한국근대문예비평사연구』 14쇄(일지사, 1995) p.362.

이효석의 소설 「메밀꽃 필 무렵」의 시적 표현을 높이 평가하고 있는 것, '줄을 끊어 쓴 산문'에 지나지 않는 시는 시가 아니라는 것은 당시로서는 웬만한 전문적인 식견 없이는 불가능한 날카로운 지적이다. 또한 지용의 시를 자연유기체설에 입각해 보고 있다는 것, 백석과 프란시스 잠 두 시인을 한데 묶어서 시풍이 유사한 시인으로 분류한다는 것은 그의 시에 대한 지식이 해박함을 증명하는 것이다. 알다시피 지용은 서구 낭만주의의 유기체론에 입각한 시론을 「시의 위의」, 「시와 발표」, 「시의 옹호」 등의 글에서 펼치고 있고, 백석이 연약한 나귀나 노새, 토끼 등의 동물들을 등장시킴이 프란시스 잠의 영향이라는 것도 본격적으로 논의된 것은 최근의 일이다. 그러나 이미 그는 그 때 이에 대한 언급을 하고 있는 것이다. 그가 서슴없이 "정 선생은 내 시의 스승이다"[12]라고 하면서 그의 『설백집』의 '壽之章' 편의 시를 전부 지용의 시로 채운 것은 지용의 시를 바람직한 시라고 생각한다는 것인데, 지금의 시점에서 볼 때 그의 판단은 정확했다. 그가 단순히 지용의 호감을 사기 위해 지용의 시를 좋아한 것은 아닌 것 같다. 그는 말하길 "내가 타인의 시를 번역하고 편집하는 것은 그 시편 속에서 나 자신의 분신을 발견하는 경우에 한한다"[13]라고 하고 있다. 즉 그의 취향에 맞고 그가 지향하고자 한 시가 지용의 시였던 것이다. 백석의 시에 대한 그의 견해도 올바른 것이다.

> 우서운 애기지만 백석 씨의 시적 이념을 나는 조선적 style을 가진 원시에의 노쓰탈쟈라고 생각하기로 했다. 서양인의 노쓰탈쟈는 그들이 육식 본위이므로 치열한 것이 특징이오, 감자나 호박밖에 먹지 못하고 자란 조선사람의 노쓰탈쟈는 백석 씨의 시처럼 소박하고

11) 김종한, 「시문학의 正道」(『문장』 1939. 10)
12) 藤石貴代 外, 『金鍾漢全集』, (綠陰書房, 2005), p.328 이하 '전집'으로 略함.
13) 김종한 『雪白集』 'あとがき' 중에서, 전집 p.327.

　　야채 냄새가 난다고 하면 다소는 궤변이기도 하리라.14)

　서양인의 노스탈쟈를 치열한 것으로, 조선사람의 노스탈쟈를 소박한 것으로 정의 내린 것은 문제가 있지만, 백석의 시적 이념을 "조선적 스타일을 가진 원시에의 노스탈쟈"라고 규정한 것은 나름대로 설득력을 지닌다. 백석은 토속적인 정취를 추구함으로써 독자들로 하여금 우리 것에 대한 향수를 환기하도록 했으며, 그것은 그 나름으로 식민지인으로서의 대응 자세가 되기도 하였다. 그러나 불행히도 김종한의 민속이나 조선적인 것에 대한 애정은 조국애와는 거리가 있는 것이었다. 이에 대해선 다음 장에 논하게 될 것이므로 여기선 생략하기로 한다.

　그 외에도 "시가 모뉴멘탈리즘을 거부하는 것은 산문에 대항하여 시 자체의 독자성과 자율성을 전개시켜 가려는 것이다"15) "어린애가 배고파 운다든지 동물이 怒叫한다든지 하는 것은 시가 아닙니다. '감정의 표현'은 작시의 동기는 될 수 있어도 시 자체의 목적성은 아닙니다"16) 등이 상당히 날카로운 지적으로 평가된다. 한 마디로 그는 시의 진수가 무엇인지를 알고 있었다.

　이상에서 볼 때 그의 시관은 상당한 수준을 지닌 것이었으며, 꽤 정확한 것이었다. 그런 깊이 있는 시관을 지닌 그가 시적 파탄을 가져온 것은 그의 詩才가 그만큼 뛰어나지 못했다는 말로 바꿀 수 있으리라. 마치 박용철이 뛰어난 시론가이기는 했지만, 시적으로 성공을 거둔 작품은 거의 없는 것과 비견될 수 있다. 또 한 가지 생각할 수 있는 것은 그가 일본의 『만엽집』이나 『고사기』 같은 고전을 시의 典範으로 생각하고 있어 자유분방한 상상력 대신 너무 경직된 시의식을 지녔던 것은 아닌가 하는 것이다.

---

14) 김종한, 「예술에 있어서의 비합리성」, 『동아일보』 1940. 2. 22.
15) 김종한, 「현대시와 모뉴멘탈리즘」, 『동아일보』 1939. 11. 14.
16) 김종한, 「시문학의 정도」 앞의 글.

4. 친일 행위에 대한 실상

임종국은 그의 『친일문학론』에서 김종한이 친일문학자로 전향한 시기를 1942년 3월 『국민문학』편집을 담당한 때부터라고 하고 있다.[17] 그러면서 왜 다른 『문장』출신에게는 없었던 전쟁에 대한 관심이 그에게 있었는가 의문을 제시하고 있다. 그가 전쟁에 관심을 보인 것은 일본 시인 사또오 하루오(佐藤春夫)의 영향일 공산이 크다. 김종한은 가장 시의 진수를 알고 있는 시인으로 사또오 하루오를 손꼽았다. 하루오는 고전에의 관심을 보이다가 한 때 전쟁시에 경사된 적이 있는 시인이다.[18] 그러한 하루오의 전쟁시가 김종한에게 감동적으로 받아들여진 것 같다. 김종한의 전쟁시 중 유명한 작품이 『문장』지에 발표된 「살구꽃처럼」이다.

> 살구꽃처럼
> 살구꽃처럼
> 電光 뉴쓰臺에 하늘거리는
> 戰爭은 살구꽃처럼 滿發했소
>
> 音樂이 血液처럼 흐르는 이밤,
>
> 살구꽃처럼
> 살구꽃처럼 흩날리는 落下傘部隊
> 落花ㄴ들 꽃이 아니랴

---

17) 임종국,『친일문학론』 증보판 3쇄, 민족문제연구소, 2005, p.225.
18) 그의 시집 중 김종한이 영향을 받은 시집은 1921년에 발간한 ≪殉情詩集≫으로 판단된다. 이 시집은 전통적인 文語 定型을 사용하면서 청신한 정감을 보이고 있는 시집으로, 古語 雅語를 자유로이 구사하면서 지적인 시선을 담은 감상적이면서도 명징한 서정을 보이는 것이 특징이다.

쓸어 무삼하리오

音樂이 血液처럼 흐르는 이밤,

청제비처럼 날아오는 총알에
맛받이로 正中線을 얻어맞고
살구꽃처럼, 불을 吐하며
살구꽃처럼 떨어져가는 융커機

音樂은 血液처럼 흐르는데,

달무리같은
달무리같은 나의 靑春과
마지노線과의 關聯, 말슴이죠?
제발 그것만은 묻지말아주세요

音樂은 血液처럼 흘러 흘러,

고향 집에서 편지가 왔소
全州白紙 속에 하늘거리는
살구꽃은
살구꽃은 戰爭처럼 滿發했소

音樂이 血液처럼 흐르는 이밤,

살구꽃처럼 차라리 웃으려오
音樂이 血液처럼 흐르는 이밤,
戰爭처럼
戰爭처럼 살구꽃이 滿發했소[19]

전쟁이 살구꽃처럼 만발했다는 것은 무엇을 말하고자 함인가? 전쟁이 빈번히 일어남을 말하리라. 이 시가 발표된 1940년을 중심으로 하더라도 1931년 만주사변이 일어나고, 얼마 안되어 중일전쟁(1937)이 1945년 일본의 무조건 항복 때까지 끊임없이 이어지지 않았던가? 그러니 전쟁이 살구꽃처럼 만발했다고 할 만하다. 김광림은 이 시에 대해 "전쟁을 미화시키고 있는 그의 의식 상태는 아무래도 전쟁 찬미 쪽에 기울어 있는 것을 알 수 있다"[20]고 하고 있다. 그러나 이 시 자체만을 놓고 볼 때에는 반드시 전쟁 찬미를 했다고 말할 수 없다. 이 시 7연의 "달무리같은 나의 청춘과 / 마지노선과의 관련"을 의미 분석하면 '달무리'의 뜻을 보아 '나의 청춘'이 생기를 잃은 청춘이라 할 수 있겠는데, 그 청춘이 '마지노선'과 연관됨은 결국 청춘을 전쟁에 바치는 것이다. 그러나 화자는 제발 그것만은 묻지 말아달라고 한다. 이것은 곧 청춘을 전쟁에 바치는 것이 어떠냐는 것에 대한 회답을 피하는 것이다. 마지막 연 첫 행의 "살구꽃처럼 차라리 웃으려오"도 '차라리'의 뉘앙스로 보아 만발한 살구꽃과 같은 현실이 아니지만 그처럼 웃을 수밖에 없다는 시인의 생각을 내비친 것이다. 그러므로 이 시는 어느 면에서 살구꽃처럼 만발한 전쟁의 연속 중에서 전쟁처럼 만발한 살구꽃의 모습으로 살아감을 말한 것이라 할 수 있다. 그러기에 이 시를 친일시 내지는 전쟁 찬양시로 볼 수 없는 것이다. 이에 대해선 "전쟁에 관심을 표백한 바 없지 않으나, 이것은 단순히 직업이요 관심의 표백일 뿐 전쟁에 협력한다는 의식이 동반된 것이라고 보기 어렵다"[21]는 지적이 더 적절하다.

　더구나 김종한은 전쟁시에 전적으로 몰입한 것은 아니었다. 그는

---

19) 『문장』 1940. 11, pp.98－101.
20) 김광림, 앞의 글, p.234.
21) 임종국, 앞의 책, p.225.

“싱가포올의 함락에 그지없이 감격하면서도 돌아앉아 일본 국민의 정감과 사유에 혈액적인 전통과 역사를 가지는 매화를 노래하는 시인이 있다면 그의 작가적 태도에도 행동 이유를 허용하는 것이 대국민으로서의 건설적인 금도(襟度)가 아닐까 생각한다”[22]고 했다. 임학수 시인의 戰線詩篇에 대해 평하면서도 기록성, 보도성, 실용성 같은 것들과 예술성은 명확히 구별하여야 하며, 그런 것들을 식별할 시적 감상안을 양성할 필요가 있다고 했다. 시 자체의 독자성과 자율성을 위해 기념비적인 시는 지양되어야 하며, 시라는 것이 감정의 직접적인 표현을 목적으로 하는 언어예술임을 잊어서는 안 된다고 역설했다.[23]

그러나 그의 친일 행적은 그의 글 곳곳에서 드러난다. 특히 주목되는 작품이 『국민문학』지에 게재된 「園丁」이다.

해묵은 돌배나무에, 늙은 원정은
능금의 어린 싹을 접목하였다.
시퍼렇게 날이 선 칼을 놓고
추워보이는, 유리빛 하늘에 담배 연기를 흘려 보냈다.
“그런 일이 성공할까요”
하면서 원정의 아내는 저윽이 고개를 갸웃하였다.

이윽고, 철죽꽃이 매춘하였다.
이윽고, 버들은 음탕하였다.
해묵은 돌배나무에도, 변명하듯이
二輪半의 능금꽃이 피었다.
“그런 일도 성공하는군요”
원정의 아내도, 비로소 웃음지었다.

---

22) 김종한, 「一枝의 倫理」(『국민문학』 1942. 3) pp.26-37.
23) 김종한, 「현대시와 모뉴멘탈리즘」(『동아일보』 1939. 11. 14)

그리고, 버들은 실련하였다.
그리고, 철죽꽃은 노쇠하였다.
"내가 죽어버리고 난 다음에는"
늙은 원정은 생각하였다.
"이 가지에도, 능금이 열려 주겠지.
그리고, 내가 잊혀져 버릴 무렵에는…"

아닌게아니라, 원정은 죽어버렸다.
아닌게아니라, 원정은 잊혀지고 말았다.
해묵은 돌배나무에는, 추억처럼
능금의 볼이, 가지를 휘일 듯이 빛나고 있었다.
"그런 일도, 성공하는군요"
원정의 아내도, 지금은 죽고 없었다.[24]

이 시는 일어로 되어 있으며, 사실 『국민문학』지에 실린 그대로를 옮기면 끝부분에 '反歌'가 붙어 있다. 그 내용은 "たらちねの母に障らばいたづらに / 汝も吾も事成るべしや"(어머니의 의향을 거역하면 너도 나도 일을 이룰 수 있겠는가-大義)이다. 『만엽집』에서 따온 구절이다. '반가'는 長歌 뒤에 더하는 短歌로써, 長歌의 대의를 요약하고, 또 그것을 보충하는 노래이다. 우리의 시에서는 잘 볼 수 없는 특이한 형식이다. 이는 아마도 사또오 하루오의 영향이리라 생각된다. 하루오는 『만엽집』의 짧은 구절들을 시에 인용하였고, 「故園晚秋の歌」같은 작품에는 '반가'를 달고 있다.[25]

이 시에 대해 임종국은 내선일체를 소재로 한 대표작으로 보고 있다. 반면에 대촌익부는 당시가 내선일체와 황민화의 바람이 불던 시기여서 그를 이해하는 쪽에서 작품을 받아들여야 한다고 옹호한다.

---

24) 『국민문학』 1942. 1, 임종국, 앞의 책, p.230 재인용.
25) 伊藤信吉 외, 『日本の詩歌』16권, 佐藤春夫 편, 중앙공론사, 1968, p.71.

그리고 '반가'에서 '母'가 함축하는 바가 고향이요, 대지요, 조선이지, 돌배나무[山梨]는 아니지 않느냐고 반문하고 있다.26) 그러나 '해묵은 돌배나무'와 '능금의 어린 싹'의 本意를 생각할 때 그가 일본으로의 문화의 移植, 민족의 이식을 꾀한 것이 아닌가 하는 의문을 지울 수 없다. 이 시의 내용을 보면 능금의 어린 싹을 돌배나무에 접목해서 능금만 가지가 휘일 듯이 열리면 그것으로 만족한 것이 아니냐는 것이기 때문이다. 그러므로 내선일체를 은근히 종용하는 작품으로 읽혀진다. '반가'의 '母'도 고향이나 대지나 조선으로 받아들여지지 않는다. '모'는 곧 돌배나무요,27) 본의는 일본이다. 그리고 '능금의 어린 싹'은 조선이 되는 것이다. 그렇게 볼 때 '반가'의 내용은 일본을 거스르면 아무 것도 되지 않으니 잘 협조해야 하고, 그래야 조선도 번영하여 좋다는 것이다. 마쓰오는 '母'를 誤讀하고 있다.

김종한은 당시 조선을 일본의 한 地方으로 인식하기도 했다. 그는 자신의 시집 『雪白集』의 '福之章'의 시들을 설명하면서 여기 실린 시들은 반도의 생활과 풍속을 노래한 것을 모은 것인데, 이렇게 합리주의적 문화성과 근대성을 거부하고, 흙에 뿌리를 둔 자연성과 신화성을 강조한 시들을 모아 놓은 것은 반도인을 도와 올바로 인도하는 것이 일본의 하나의 지방인 반도의 땅에서 安心立命하는 것부터 시작된다고 생각하기 때문이라고 했다.28) 그러면서 덧붙여 말하길 요컨대 반도의 시인들이 여하하게 시대와 전쟁을 노래한 것을 보여줘도 그것이 皇國의 一地方인 반도의 흙과 자연성에 뿌리를 둔 것이 아닌 한은 공허한 관념으로 끝나고 독자에게 감명을 불러일으키지 못한다고 했다.29) '富之章'에 실린 시를 설명하면서도 여기 실린 시들이 반

---

26) 大村 益夫, 「金鍾漢について」, 전집, p.825 참조.
27) 이에 대해선 김윤식 교수도 그렇게 보고 있음.(김윤식 「이중어글쓰기의 제6형식 — 시인 김종한」, 앞의 글 참조)
28) 전집, p.329.

도인의 대륙 진출의 부산물인데, 제국의 임전 식량 문제의 일익을 담당했던 반도 농업도 인구의 급격한 증가, 방수공사의 미비, 철저하지 못한 농업 정책으로 인해 소기의 성과를 거두지 못했다고 하면서 그래서 총독부는 목하 농촌의 재편성에 노력하여 소작료 문제라든가 만주로의 分村入植을 실시하고자 하는데 이는 지금까지보다 한층 중대한 방침으로 받아들여진다고 언급하고 있다.[30] 문단이나 문학, 작가에 대해서도 일본을 본부로, 조선은 지방으로 인식했다. 다음 언급에서 이는 확연히 드러난다.

> 우리는 일본국민으로서의 조선인의 아리가따(본연의 자세－필자주)를 생각하는 동시에 국민문학으로서의 조선문학의 아리가따를 생각하는 것으로 지방작가의 奉公의 기능과 방법을 발견할 수 있을 것입니다. (중략) 여기서 우리가 생각해야 할 것은 조선의 농촌에서 성실하게 답(畓)을 짓는 농부의 국민으로서의 역할이 내지의 병기 공장의 직공이나 심지어 제일선에서 피를 흘리는 황군들의 역할과 더불어 제국의 임전체제의 제일선에 서 있다는 것입니다.[31]

이상에서 볼 때 그의 친일적인 자세는 변명할 여지가 없는 것이다. 그렇다면 다시 원점으로 돌아와 왜 일본의 학자들이(『이육사전집』을 편했던 심원섭도 편자 중의 한 사람으로 끼여 있긴 하지만) 김종한의 친일을 옹호까지 하면서 방대한 전집을 출판했는가? 우리 쪽에서는 '친일'의 행위가 부정적이지만, 그들 쪽에서는 긍정적으로 받아들여지기 때문인가? 사실 일본 측에서 보면 그만큼 호감을 주는 한국 작가도 드물 것이다. 조선을 일본의 한 지방으로 인식하고, 투철하게

---

29) 상동.
30) 위의 글, p.330.
31) 전집, pp.430－431.

황국민의 의식을 지니고 있으며, 『만엽집』, 『고사기』 같은 일본의 고전을 그의 문학의 전범으로 삼았던 존재가 그이다. 그러나 그들이 단순히 그러한 호감 때문에 그의 전집 간행의 작업을 한 것 같지는 않다. 그보다는 친일문인 김용제에 대해 일본조차도 외면한 것이 '태만'[32]이므로 김종한은 상세히 다루어야겠다는 생각과, 그의 친일적 태도가 고려의 여지가 있다고 판단하여 그에 대한 재평가를 바라는 의도에서 비롯된 것으로 파악된다. 하지만 그것은 일본 쪽에서 볼 때 그렇고, 우리 쪽에서 볼 때에는 그가 남긴 여러 글을 종합할 때 일부 민족에 대한 고민이 엿보이긴 하지만 그는 철저히 사대주의적 태도로 친일을 한 인물이었다. 다만 국어뿐만 아니라 일어로 많은 글을 남겼고, 특히 순수시론을 고집하면서 지용이나 백석의 시를 옹호하고 김기림이나 이상 시의 문제점을 지적하여 시의 正道를 그 나름대로 올바로 제시했다는 점에서 그의 문학 활동은 총체적인 정리가 필요했는데 마침 일본에서 그의 전집이 나온 것이다. 이번 전집의 간행은 이런 점에서 그 의의가 있다.

5. 나가며

김종한은 만 30세에 요절하긴 했지만 일제 말기에 시, 수필, 평론, 번역 등 다양한 장르에 걸쳐 왕성하게 글을 발표한 작가이다. 특히 1940년대 이후 그가 급서한 1944년까지 그는 『국민문학』을 주무대로 하여 문학 창작 활동뿐만 아니라 여러 좌담회에 참석하여 민감한 시

---

32) 오오무라 마쓰오의 연구서 속에 「시인 김용제 연구」(1992)가 있음. 그는 한국에서 친일문인이기에 다뤄주지 않는 작가들을 일본에서도 다루지 않는 것은 '태만'이라고 했음.(김윤식, 「이중어글쓰기의 제6형식-시인 김종한」, 앞의 글 참고)

국 문제에 대해 자신의 견해를 밝혔다. 그러나 그의 친일적인 처신과 원만하지 못한 성격은 주위 문인들로부터 호감을 얻지 못했다. 그에 대한 언급이 활발히 이루어지지 못한 것은 이런 이유 때문인 듯하다.

근래 일본에서 그의 전집이 일본 학자들에 의해 간행된 것은 주목할 만한 일이다. 그에 대한 재평가를 염두에 둔 전집 간행으로 생각되기 때문이다. 편자 중의 한 사람인 오오무라 마쓰오가 김종한을 옹호하면서 그의 친일이 당시의 상황을 고려할 때 어쩔 수 없었던 것이요, 그의 작품 「원정」의 '반가'에서의 '母'라는 것이 고향이요, 대지요, 조선이 아니냐고 한 것도 김종한에 대한 한국의 긍정적인 시선을 바란 데에서 온 것 같다.

그러나 「원정」 자체의 분석에서도 그렇고, 친일적인 그의 다른 글들을 통해 볼 때에도 그의 친일 행위는 변명의 여지가 없다. 그의 의식 속에 조선은 대일본에 속하는 하나의 지방에 지나지 않았다. 사회 활동에서도 마찬가지이다. 창씨 개명(그의 일본식 이름은 月田茂이다. 그의 고향 '달밭골'을 뜻한다.)은 어쩔 수 없는 것이었다고 하더라도, 징병제 실시를 선전하기 위해 돌아다니고, 전쟁을 미화하고, 조선문인보국회 시부회 간사가 되었던 것은 그가 철저히 皇國을 위해 살았음을 보여준다. 몇몇 글을 보면 우리 민족이나 민속에 대한 애착을 보인 면도 있지만 그 역시 우리가 잘 되어야만 일본이 잘 될 수 있고, 그래야만 대동아공영이 이루어질 수 있다는 생각 때문이었다. 그러므로 김종한에 대한 일본 측의 관심과 옹호를 우리가 그대로 수용할 수가 없다. 그에 대한 인식의 차이는 일본 쪽에서 보는 김종한과 우리 쪽에서 보는 김종한이 다른 데에서 기인하는 것 같다.

장만영 시에 나타난 '환상성' 연구

1. 머리말

장만영(1914~1975. 10. 8)은 1932년 5월 「봄노래」(<동광> 통권 33호)를 발표하면서 시단에 데뷔해 1930년대부터 꾸준하게 시작 활동을 해 온 시인이다. 그러나 그에 대한 연구는 다른 시인들에 비해 활발히 이루어지지 않았다.[1] 그 이유는 그의 시가 지니는 특성이자 한계라고 할 수 있는 단순성 내지 평이성 때문인 것 같다. 따라서 그에 대한 평가도 '전원적 목가시인' 내지 '전원형 모더니스트' 식으로 규정지어졌다. 물론 이런 평가가 틀린 것은 아니다. 그의 시는 분명 신석정의 영향을 받아 다분히 목가풍의 분위기를 띄는가 하면, 한편으

---

1) 본격적인 연구라고 할 만한 논문들을 열거하면 다음과 같다.
 * 한영옥, 장만영·김광균 시의 특질 비교(성신여대연구논문집 제15집, 1982. 2)
 * 김용직, "맑은 음질·고운 諧調의 세계—장만영론"(<한국문학> 1982. 9)
 * 이건청, 한국전원시연구(단국대박사논문, 1986)
 * 김삼규, 장만영연구(서강대석사논문, 1986)
 * 김창수, 장만영시의 모더니즘 수용과 그 변모(부산대석사논문, 1988)
 * 이준관, 한국현대시의 동심의식연구(고려대교육대학원 석사논문, 1990)
 * 박기태, 장만영시연구(한국외대석사논문, 1995)

로 김광균류의 서정적 이미지즘의 성격도 지닌다. 그러나 그의 시의 또 다른 특징들-유토피아적 공간성, 시적 대상의 이국적 분위기, 여행 의식 등-을 고려할 때 다른 측면으로의 조명이 요청된다. 필자는 이 특징을 '환상성'으로 보고 이를 바탕으로 그의 시세계를 규명하고자 한다.

장만영이 '환상'에 대해 관심을 둔 것은 여러 사실을 통해 확인된다. 시 제목이 「소리의 Fantasy」, 「바닷가의 환상」인 작품들이 있고, 빗방울 속에서 자식의 일루전을 보기도 했으며, 그의 시 「춘몽」에 대한 해설에서는 머리 속에서 사라지지 않는 환상이 있어, 환상을 지니고 앓는 몸이 되었다가, 그것을 작품화한 것이 「춘몽」이라고 밝히고 있다.2) 이 모두는 그가 환상이란 것에 대해 관심을 두었고, 환상적 세계를 추구하였다는 사실을 방증하는 것이 된다. 그러나 이에 대한 본격적인 연구는 이루어지지 않은 실정이다. 단지 그의 시의 환상성에 대해 짤막하게 언급한 연구3)가 있을 뿐이다. 필자는 본고를 통해 좀더 심층적으로 그의 시 전반에 나타나는 '환상성'을 다루고자 한다. 이것은 그동안 단면적으로만 평가되어 왔던 그의 시세계를 보다 폭넓게 조명하는 것이라는 점에서도 그 나름의 의의를 지닌다.

2. '환상성'의 의미 영역

환상의 가장 주된 기능은 캐스린 흄이 지적하듯4) 리얼리티로부터

---

2) 장만영, 이정표 (신흥출판사, 1958) pp.52-54
3) 한영옥은 "장만영의 시편들은 환상적 설화의 세계를 회화한 것이 많다"라고 하고 있으며, 김창수는 장만영의 시 「바람과 구름」, 「달」이 현실 세계와 거리가 있는 신비적 환상성을 보여주고 있다고 밝히고 있다.(한영옥, 장만영·김광균 시의 특질 비교, 성신여대논문집 15집, 1982. 2, pp.10-11 및 김창수, 장만영 시의 모더니즘 수용과 그 변모, 부산대석사논문, 1988. 2, pp.41-42 참조)

의 일탈이다. 사실적이고 정상적인 것들은 우리들을 억압하고 제약하는데, 이로부터의 의도적인 일탈이 환상인 것이다. 그러기에 융은 환상을 영혼의 자율적 활동으로 규정한다.[5] 영혼이 매일 리얼리티를 창조하는 것이다. 그러나 실제 경험했던 기억의 이미지들에 근거할지 모르지만 실제적인 현실은 아니다. 그것은 단지 창조적 영혼의 활동물이다.[6] 환상의 긍정적인 측면은 화해 불가능한 주체와 대상을 화해하게 하는 가교의 역할을 한다는 것이다.

환상(fantasy, fancy)은 한 마디로 규정할 수 없을 만큼 포괄적인 의미를 지닌다. 일반적으로 현실로부터 벗어난 것, 비합리적인 연상작용 속에 놓이는 것들이 모두 환상에 속한다고 말할 수 있다. 그러므로 괴기적인 것, 공포감을 조성하는 것, 경이로운 것, 신비로운 것, 부조리한 것 등은 환상과 밀접한 관련을 지니는 것이다. 원래 코울리지는 유희적인 요소가 있음을 이유로 들어 환상을 상상(imagination)보다 저급한 것으로 보았다. 그에 따르면 환상에 의한 작품은 경쾌하고 익살스러운 작품이 되기 마련인데 반해서, 상상력에 의거하는 작품은 깊이를 가지고 심각하다는 것이다.[7] 그러나 이 환상의 개념은 프로이드의 심층이론의 개발과 함께 보다 폭이 넓어졌다. 즉 인간의 잠재의식에 바탕을 두고 나타난 모든 것을 지칭하게 된 것이다.

환상문학으로 분류할 수 있는 작품들은 오래 전부터 있었지만, 본격적인 환상문학의 등장은 18, 19세기 서구문학의 주류였던 리얼리즘문학의 쇠퇴 이후부터라고 볼 수 있다. 사실주의의 뒤를 이은 상징주의가 주관적, 관념적, 형이상학적인 것을 추구하면서 환상성을 지닌 문학이 등장하기 시작한 것이다. 더구나 기법적인 혁신을 추구하는

4) 캐스린 흄, 환상과 미메시스, 한창엽 역 (푸른나무, 2000) p.21.
5) C.G.Jung, Psychological Types, tr. by H.G.Baynes (Princeton, 1974) p.52.
6) ibid., p.427.
7) 김용직, 문예비평용어사전 (탐구당, 1985) p.285.

1920년대의 모더니즘은 작품의 환상성에 박차를 가하였다. 하지만 환상문학이 문학의 하위 장르로 거론된 것은 그렇게 오래 전의 일이 아니다. 문학 자체가 픽션이라는 이유로 환상문학이라는 것에 주의를 두지 않은 것이다. 그러나 현대인들의 현실을 벗어나고픈 욕망은 현실적 삶의 조건이 열악해질수록 더욱 거세졌고, 그에 따라 환상적인 예술에 대한 요구도 비등해져 「해리포터」나 「반지의 제왕」 같은 환상적인 작품들이 세계적인 관심사가 되었고, 드라큘라 영화나 공상과학 영화의 붐도 활성화되었다.

환상시(fantastic poetry)에 대한 거론은 더욱 그 역사가 일천하다. 심지어 토도로프는 시에서는 재현 형식이 불가능하기에 직품 속의 사건에 대해서 일어나는 독자의 반응을 기준으로 하는 환상문학이 성립될 수 없다고 잘라 말한다.8) 시의 성격상 그 자체에 이미 환상성을 지니고 있다는 것도 환상시에 대한 연구가 아무런 보람 없이 끝날 것이라는 우려를 지니게 했기에 그에 대한 연구가 이루어지지 않았다. 한국에서의 환상시 연구도 마찬가지이다. 최근 들어 몇몇 연구자들에 의해 다루어졌지만9), 아쉽게도 90년대 시에 국한되었다. 그러나 한국 환상시는 필자가 보기에는 서구 상징주의 시의 영향을 받은 1920년대부터 발표되었다. 어느 작품이 환상시에 속하느냐는 환상성에 대한 개념이 엄격히 적용된 후 결정되어야 할 일이지만, 환상이 그의 시세계에 큰 비중을 차지하는 시인들도 몇몇 손꼽을 수 있다. 그 중 한 시인이 장만영이다. 편의상 그의 시에 나타난 환상성을 유토피아 지향의 환상, 분위기로서의 현실 일탈, 환상성으로서의 여행 의식으로 나누어 살펴보기로 한다.

---

8) 이유선, 환상문학 소고, 동덕여대 논문집, p.4
9) 윤지영, "'환상적인 시'와 '환상시'의 가능성" 및 최윤정 "몸의 언어로 재현되는 환상" 서강여성문학연구회, 한국문학과 환상성(예림기획, 2001) 등이 있으나, 아쉽게도 1990년대 시만을 다루고 있다.

3. 장만영 시에 나타난 유토피아 지향의 환상

장만영 시에서 우선 지적할 수 있는 환상은 유토피아 지향의 환상이다. 그는 부단히 유토피아로서의 아르카디아를 시 속에 설정한다. 그가 이러한 환상을 지니게 된 것은 그의 전기적 사실과 결부시켜볼 때 어느 정도 추론이 가능하다. 그는 3대 독자로 태어나 형제들이 없는 속에서 자랐고, 아버지 또한 사업 때문에 오랜 동안 집을 비웠기 때문에 큰 집을 어머니와 단 둘이서 지키며 외롭게 유년시절을 보냈다. 그가 어머니로부터 주로 들은 것은 동화 이야기였으며, 그 후에도 동화는 계속 그의 애독물이었던 것으로 되어 있다. 이러한 성장 배경이 그로 하여금 환상에 빠지게끔 한 것으로 판단된다. 그의 성격 또한 상당히 내성적인 것으로 되어 있다. 알려진 바로는 그는 첫 시집 『양』을 100부 한정판으로 출판하고 나서 80부는 불태워 버리고 20부만 가까운 문우나 친지들에게 돌릴 정도로 결벽하고 내성적이었다고 한다. 이 역시 환상에 빠질 수 있는 개연성이 충분한 것이다. 그리고 무엇보다도 충격적인 것은 8·15광복과 함께 고향 황해도 배천의 기운정 뒷산이 38선으로 굳어지고, 풍족했던 가산이 서서히 무너지기 시작하여 1947년 결국 가족과 함께 고향을 떠나 서울로 이사한 사실이다. 그는 이 때 풍족한 고향에서의 안정된 생활을 잃고 비참한 삶의 어려움을 체험했다. 그러므로 고향을 떠난 이후 그에게 고향은 언제나 풍족한 공간으로 의식 속에 자리 잡고, 늘 그 곳을 환상 속에서 그리워하게 했다.[10] 그가 직접 환상으로 인해 지었다고 하는 시는 다음의 「春夢」이다.

　　흐르는 물을 따라

---

10) 김삼규, 장만영 연구, 서강대 석사논문, 1986, pp.111－118 참조

떠내려 오는 무수한 꽃송이, 꽃송이,
산골길은 여울을 끼고
숲 속으로 숲 속으로만 돌아 올라가고
곱고 작은 꽃들이
좌우 길섶에 먼 데까지 피어 있다.

아름드리
소나무와 소나무 사이로 번듯거리는 것은
대낮의 湖水.

조고만 마을이 그 湖水에 거꾸로 비쳐 있다.

오늘은 무슨 祭祀라도 있는 것일까,
바람결에 들려오는
새납소리
둥 둥 울리는 북소리.
傳說 같은 노래 소리.

벌거벗은 少年은 푸른 잔디를 밟고
줄달음질 치며 뛰어 갔다,
마을이 있는 곳을 향하여……

이 시의 배경은 전혀 현실적이 아니다. 시인의 말로는 머리 속을
떠나지 않는 아름다운 환상을 오랜 동안 작품화하고자 했고, 결국 몇
해가 지난 어느 날 작성된 것이 이 시라는 것이다. 구체적으로 그의
창작 체험의 글을 인용해 보면 다음과 같다.

어느 때부터인지 알 수 없으나, 퍽 오래 전부터인 것만은 확실하
다. 나의 머리 속에 떠 사라지지 않는 하나의 환상이 있다. 어째서

그런 환상이 머리에 떠올랐는지, 그것의 직접적인 원인을 알지 못하는 채, 나는 어느 동화에라도 있을 것 같은 환상을 지니고 앓는 몸이 되었다. 나는 여기에 '앓는다'는 말을 썼다. 그렇다, 그것은 병이라고까지 부르긴 곤난할지 몰라도 '앓는 상태'임에는 틀림없다.

 자나 깨나 내 머리 속에서 떠나지 않는 아름다운 환상, 그 환상을 떼어 버리려면 그것의 작품화를 꾀하는 길밖에 없다고 나는 생각하는 것이다. 어떻게 표현할 것인가? 그것은 너무도 아름답고 뚜렷하여 도리어 붓을 댈 수가 없다. 수십 장의 원고지를 소비하였건만, 하나도 맘에 들지가 않는다. 확실히 나는 환상을 앓는 환자가 되고 말았다.

 몇 해가 지나도 환상은 생각난 듯이 내 머리에 떠오르곤 하였다. 나는 어느 날 밤, 그것의 작품화를 굳게 마음먹고 붓을 들었다. 이렇게 하여 쓰여진 것이 「춘몽」이다. 그러나 나는 이 작품에 아직 만족할 수가 없다. 어딘가 부족함을 느끼는 것이다. 좀더 선명히 그려낼 수는 없을까?[11]

우리는 이 글을 통해 시인이 우연히 지니게 된 환상이 강박관념으로 작용한 것을 간파할 수 있다. 그가 환상에 빠진 순간 그의 에고는 어쩔 수 없이 무의식 속에 빠져들었고, 거기에 휩싸여 있는 동안 조종이 불가능하게 되었다.[12] 그렇다면 그가 머리 속에 떠올렸던 환상의 내용은 어떤 것인가? 위의 시를 보면 첫 연에 제시된 공간은 마치 「도화원기」에 나오는 이상향과 같은 곳임을 알 수 있다. 무수한 꽃송이가 물을 따라 흘러 내려오고, 여울을 끼고 숲 속에는 오솔길이 펼쳐져 있으며, 좌우 길섶에는 곱고 작은 꽃들이 피어 있다. 숲은 아름드리 소나무로 가득차 있는데 그 사이로 호수의 모습이 언뜻 비친다. 호수의 물이 너무 맑아 조그만 마을이 그 물 속에 어린다. 시인이 환상 속에 그린 곳은 인간과 자연이 분리되지 않았던 원초적 공

---

11) 장만영, 전게서, pp.52-54.
12) 캐스린 흄, 전게서, p.285

간이다. 원시인은 하늘과의 소통이 가능했고, 모든 정령들과의 소통이 가능했던 그 공간을 그리워한다. 이른바 엘리아드가 말한 '낙원에 대한 향수'(Nostalgia for Paradise)[13]이다. 시인의 분신이라고 할 수 있는 '벌거벗은 소년'도 낙원을 향한 '신비한 여행'(mystic journey)에 참여를 한다. "새납소리 / 둥 둥 울리는 북소리 / 전설 같은 노래 소리"는 원시인에게서 볼 수 있는 '북 연주'(drum-playing)요, "줄달음질치며 뛰어 갔다"를 춤(dance)으로 볼 수 있다. 소년은 낙원을 찾아갈 만반의 준비와 儀式을 갖춘 셈이다. 그는 어느 면에서 샤만적인 엑스타시의 상태이며, 한편으로 '푸른 잔디'가 상징하듯 순수함과 꿈을 지녔다. 낙원에 대한 향수가 인간이 그의 존재를 신성함에 참여시키길 갈망하는 데에서 오는 것[14]이라면 시인이 낙원에 대한 환상을 지닌 것은 그런 의미로 받아들일 수 있다.

> 뻐꾹새 우는 산을 가리키며 소년은 산 너머 저쪽 먼 나라에 가 보고 싶다고 몇 번이고 말했습니다. 그럴 때마다 어머니는 그의 머리를 쓰다듬어 주며 네가 어서 낫기만 하면…네가 어서 크기만 하면 가 보자고 가슴을 조이며 얼리는 것이었습니다.
> 하늘이 넓고 푸른 어느 날 소년은 아주 길 떠나 가 버리고 말았습니다. 그렇게 가고 싶어하던 산 너머 저쪽 먼 나라로 소년은 갔을까요? 어머니가 넋잃고 바라보는 산에서는 날마다 날마다 새갓 베는 나무꾼의 노래가락만이 들리어 왔습니다.
> ―「출발」―

이 시 역시 환상을 바탕으로 한다. 시인의 자작시 해설에 의하면 이 시를 쓰게 된 것이 산에서 뻐꾹새 소리를 듣고서인데, 그는 뻐꾹

---

13) Mircea Eliade, Myths, Dreams and Mysteries, tr. by Philip Mairet (Harper & Brothers, 1960) pp.59-72 cf.
14) ibid., p.98

새 소리를 들을 때마다 앓고 있는 한 소년을 떠올렸다. 그 소년은 앓은 지가 오래 되었고, 형제도 없이 홀어머니 손에서 자라나고 있다는 점에서 시인 자신의 소년상이기도 하다. 그 소년이 가고 싶은 곳이 ‘산 너머 저쪽 먼 나라’이다. 이 역시 낙원에 대한 향수인 것이다. 결국 소년은 어느 날 아주 길 떠나 가 버리고 말았다. 행간의 의미로 보아 소년이 죽은 것인데, 시인은 그 소년이 그렇게 가고 싶어 하던 ‘산 너머 저쪽 먼 나라’로 갔으리라고 생각한다. 그리고 그곳에서 행복하게 잘 살고 있으리라고 믿는 것이다. ‘나무꾼의 노래가락’이 날마다 들린다는 것은 나무꾼을 소년으로 대체할 때 소년이 간 공간이 행복한 곳임을 암시하는 대목이다. 시인은 이 시의 返歌도 썼는데, “산을 넘어 가 볼거나 / 산 너머 저 쪽 / 조그만 마을이 있어 / 가 버린 소년 / 오늘도 피리 불며 / 그 마을 사리”에서 보듯 마을이란 낙원을 구체적으로 설정하여 “저 산, 저 산을 넘어 찾아가 보면, 거기 조그만 마을이 있고, 그 마을에서 ‘출발한 소년’은 피리 불며 행복하게 살고 있으리라. 그렇게 가 보고 싶어 하였으니 오죽이나 행복하겠는가?”15)라고 하며 소년의 행복한 安住를 꿈꾸기도 한다.

장만영 시에서 낙원의 공간이 되는 것으로 또 ‘고향’과 ‘바다’를 손꼽을 수 있다. 이 두 자연의 대상은 그의 환상 속에서 더할 나위 없이 이상적인 곳으로 자리 잡는다. 고향은 그가 풍요롭게 지내던 곳이기에 서울에서 고생을 하며 자연히 그리워할 수밖에 없었고, 바다는 피곤한 그를 감싸줄 수 있는 모성적 포용체로서 시적 대상이 되었다. 우선 그의 시에 나타나는 고향 의식을 살펴보기로 한다.

굵은 빗줄기가 琉璃窓을 차고 달아난다. 달아났다가는 다시 돌아
와 찬다. 차고는 가고 갔다가는 와서 차고…… 바람 소리, 빗소리,

---

15) 장만영, 전게서, pp.61-64.

온갖 우주의 소리가 나의 귓속에서 버석거린다.

「응아, 응아」
밤은 깊고—. 담벼락을 더듬어 다니는 고양이 소리 같지는 않다.
아가가 젖을 달라고 보챈다. 엄마를 찾는다. 아니, 아빠를 부른다.

「오냐, 오냐」
나는 팔을 벌려 안아 주고 싶다.
「아가야, 너는 어디메 있니?」
나는 窓 앞으로 달려 가 문짝을 열어 젖혔다. 캄캄한 어둠 속에서
바람이 달려 들어 나를 찬다. 빗줄기가 나를 갈긴다.
오오, 쳐라! 갈기어라! / 비여 / 바람이어

어디선가 아가의 우는 소리가 빗바람 소리에 섞여 자꾸 자꾸 들려
온다……
「아가야」
나는 아가를 부르며 窓을 넘어 뛰어 나갔다.
鋪道는 潮水 민 江邊처럼 비에 잠기고—. 나는 비바람에 불리며
쫓기며 끝없이 달리었다.

늘 다니던 골목 길이 처음 온 나라 같구나. 꼬불 꼬불 담을 돌아
비를 쓰고 바람을 지고 헌 담배곽처럼 글러 다니노라면 오오 저기
아가는 나를 부르고 섰구나. 아가는 나를 보고 웃는구나.

街路燈에 부서지는 빗방울 빗방울. 빗방울이 아가의 얼굴이라. 아
가의 얼굴이 둘이라, 셋이라. 아니, 넷이라. 아니, 다섯이라. 열이라.
스물이라. 백이라. 천이라. 오오, 수없는 아가가 하늘에서 내려오는
구나. (하략)
　—「아가」—

시인이 밝힌 바에 따르면 이 시는 아가를 그리는 나머지 어떤 일루젼(illusion)에 걸려 헤매던 어느 비 내리는 날 밤의 나의 광태를 작품화한 것이라고 한다.[16] 굵은 빗줄기 속에서 아가를 그리워한 나머지 환시와 환청의 상태에서 그는 가로등에 부서지는 빗방울을 아가의 얼굴이라고 착각한다. 김용직은 이를 두고 "사랑하는 아가의 환상과 환청에 몸부림치는 것이다"라고 했다.[17] 장만영은 1936년 신석정 시인의 처제인 전북 김제 출신의 박영규와 결혼한 후 1938년 단신으로 상경하여 관수동 22번지에 방을 얻고 의욕적인 작품 활동을 한 것으로 되어 있다. 이 해에 장남 석훈이 출생한다. 그러므로 그로서는 객지에 홀로 있다는 고독감과 함께 결혼하여 처음으로 얻은 아이에 대한 그리움이 남달리 컸으리라. 그가 고향을 다시 내려오는 것은 1940년이니 아마도 이 시는 1938년이나 1939년경에 쓰여진 것으로 판단된다. 그러면 시인은 아가와 어떤 생활을 하기를 꿈꾸는가? 그는 그의 고향을 "뻐꾹새가 많이 날아와 우는 동리 / 복사꽃 구름 피듯 유달리 아름다운 동리"라고 하면서 "아가와 내가 저기 푸른 들로 가축을 몰고 다니는"(「歸去來」) 꿈을 꾼다. 그럴 때 비로소 그의 마음은 청징해지고 인생은 즐거워진다. 그러므로 그의 고향은 그에게 있어서 아르카디아로 부풀려진다. 흄의 언급처럼 유토피아에도 환상의 요소가 담겨 있다.[18] 아르카디아가 글자 그대로 푹신한 양털, 수정처럼 맑은 시냇물, 예절 바른 양치기들의 세계이든, 아니면 작가의 유년의 기억으로 부풀려진 어느 작은 마을이든, 그 매혹적인 영역은 새들의 노랫소리, 햇볕 따가운 한낮의 그늘 속에서 과일을 베어 먹는 맛, 시각과 향기의 여름 풍경을 즐기도록 우리를 초대하는 것이다.[19] 낙원

---

16) 상게서, p.100

17) 김용직, "전원형 모더니즘─장만영론", 한국현대시사 2(한국문연, 1996), p.366.

18) 캐스린 흄, 전게서, p.58.

19) 상게서, pp. 109-110.

의 공간으로서의 '바다'는 다음과 같은 작품을 통해 살필 수 있다.

> 장미가지를 휘어 울타리를 한 하얀 洋館을 돌아가면 곧 바다였다
> / 어느 날 황혼, 소년은 바다로 나가 가슴 깊이 오래 지니고 있던
> 무지개 같은 꿈을 차디찬 물결 위에 집어 던졌다. 그리고 자기 봄
> 마저 / 이제 꿈은 바다 밑바닥 깊이 바둑돌처럼 갈앉아 떨어지는
> 꽃잎새들을 생각하고 있으리라…. 이제 서글픈 느낌만을 주던 봄도
> 이윽고 물결을 따라 그 어느 먼 해안으로 아주 떠나가리라. / 소년
> 은 가벼운 마음에서 휘파람까지 불며 황혼 길을 돌아갔다. 등 뒤에
> 서 부르는 바다 소리를 하모니카처럼 들으면서… / 그러나 소년은
> 그날 밤부터 시름시름 병을 앓아 자리에 눕고 말았다. 그가 무슨
> 병을 앓는지는 의사도 모르는 수수께끼였다.
> ─「소년」─

이 시에서 바다로 가는 길 앞에 가로 놓인 '양관'은 장미가지 울타
리와 하얀 색으로 치장된 집으로 환상적인 공간이다. 시인은 이 같은
공간을 바다로 가는 도중에 설정해 놓음으로써 소년의 '무지개 같은
꿈'과 조응이 될 수 있게 한다. 한영옥은 이 시에 대해 "<장미가지
를 휘어 울타리를 한 하양 양관을 돌아가면 곧 바다>라는 선명한
시각적 이미지, <어느 날 황혼>이라는 환상적이며 감상적 이미지가
<병을 앓는 소년>의 데카당한 분위기와 조화되어, 현실적인 세계의
구현이라기보다 신비의 세계에 대한 환상이다."[20]라고 언급하여 이
시의환상성을 처음으로 지적했다. '바다'가 유토피아적인 공간이 되
는 것은 「바다로 가는 여인」, 「향수」같은 작품에서도 추출된다. 이들
시에서 '바다'는 "어린 적 기억이 파도처럼 달려들게" 해 줌으로써
고향을 가고 싶게 하고, "안기어 맘 편히 쉬고 싶은"(「향수」) 모성화

---

20) 한영옥, 전게서, pp.10─11.

된 바다로 표상이 되고 있다. 그는 바다를 봄으로써 "무의식 속에 있는 기억 중 어떤 것이 되살아나 '바다'를 사랑하게 되고, 그의 모성 결핍증으로 인한 이 사랑은 그가 '바다'를 모성 상징(mother symbol)으로 보게끔 하는 요소가 된다."21) 말하자면 그의 시에서의 '바다'는 포용체로서의 유토피아 공간인 것이다.

4. 환상적 분위기를 통한 현실 일탈

장만영의 시 중에는 시적 대상들이 환상적 분위기를 조성하는 시들이 있다. 그 대상들은 주로 우리에게 낯설은 것, 이국적인 것, 아름답거나 기괴한 것들, 병적인 것들이 주종을 이룬다. 사실 우리가 늘상 보아오던 사물들만이 이 우주를 구성하는 것은 아니다. 그보다는 오히려 우리가 못 본 많은 대상들이나 장면이 우주 속에 있고, 그것들은 우리 앞에 모습을 드러내지 않고 감춰져 있는 것이다. 아무리 경험 세계를 넓혀 본다 한들 우리가 경험한 것들은 무한한 事象들의 극히 일부분에 지나지 않는다. 환상은 이러한 한계를 어느 정도 극복하게 해 준다. 비현실적이면서도 무한한 정신 활동인 환상을 통해 얼마든지 실재하지 않는 대상들을 등장시킬 수 있는 것이다. 그리고 그들이 연출해내는 세계가 현실을 풍부하게 하는 것이다. 그러고 보면 환상이 쓸모없는 시간의 허비를 가져다주거나, 허무맹랑한 것은 아니다. 그 반대로 우리에게 위안과 꿈과 희망을 준다. 현대사회에서 환상의 기능은 인간 존재 자체가 소외되거나 무기력해질수록 더 큰 역할을 담당한다.

---

21) 박호영 외, 한국시문학의 비평적 탐구(삼지원, 1985) p.282.

琉璃로 지은 집입니다.
窓들이 하늘로 열린 집입니다.
집은 연못 가 딸기밭 속에 있습니다.
거기엔 꽃의 家族들이 살고 있습니다.
地平線 너머로 해가 기울고
밤이 저 들을 걸어올 때면
집 안에는 빨간 등불이 켜지고
꽃들이 모두 모여 앉아 저녁 식사를 합니다.

자, 이리로 오시오.
좋은 음식 냄새가 풍기지요?

꽃들이 지금 저녁 식사를 하고 있습니다.

저, 접시에 부딪치는 포오크며 나이프 소리…
저 무슨 술냄새 같은 것이 나지요?

이리로 좀 더 가가이 와 보시오.
보기에도 부럽게 즐거운 家族들입니다.
그리고 저 衣裳이 어쩌면 저렇게 곱습니까?
식사가 끝나면
의례 꽃들은 춤을 춥니다.
조금만 여기에서 기다려 주시오.
이윽고 우리는 아름다운 音樂을 들으며
이 世上에서 보기 드문 호화스러운 舞踏를 구경할 것입니다.
　－「溫室」－

　시인이 이 시에서 설정해 놓은 상황이 현실적이 아니라는 것은 시
의 시작부터 드러난다. '유리로 지은 집'이라는 것이 실재한다고 볼
수 없기 때문이다. 그러면 왜 하필 '유리'로 지은 집일까? 그것은 이

세상에 없고, 특이하고, 아름답기에 우리를 동화적 분위기로 이끈다. 또한 다음 행의 "창들이 하늘로 열린 집"과 연결되어 투시적 구조의 집이라는 것을 인식케 한다. 창이 하늘로 열린다는 것은 그 집이 하늘과의 교통이 가능하다는 것이요, 우리는 그 때문에 환상의 나래를 펴게 된다. 환상적 분위기는 그 다음에도 계속적으로 이어져 집이 "연못가 딸기밭 속"에 있고, 거기에 "꽃의 가족들"이 살고 있다고 한다. 집에는 푸른 연못과 붉은 딸기의 색채적 조화 속에서 아름답게 핀 꽃들이 있는 것이다. '꽃의 가족'이란 표현에서 시인이 꽃을 마치 자신의 가족처럼 친밀하고 소중하게 여겼다는 것을 알 수 있다. 시인은 이 시에 대해 직접적으로 이렇게 말하고 있다.

> 그 온실은 집으로 치면 조그만 양옥이었다. 그 온실은 연못가 딸기밭 속에 있었다. 연못은 내가 <뽀오트>를 타며 놀기도 하고, 물가에 있는 수양버들 그늘이나 잔디밭에서 가끔 책을 읽기도 하는 바로 그 연못이다.
>
> 나는 그 온실을 볼 때마다 저런 집에서 살 수 있을 나의 미래를 꿈꾸곤 하였다. 따라서 온실 속에 있는 꽃들을 내가 인간 가족으로 보았던 것이다.
>
> ─밤에는 빨간 불이 켜져야 했다. 음식은 한식이 아닌, 양식이라야 했다. <포오크>며 <나이프>를 양 손에 들고 먹는… 사기 그릇에 부딪치는 그것들의 소리가 나는…
>
> 의상은 꽃과 같이 아름다워야 했고, 저녁 식사를 하고 나서는 좋은 음악을 감상하는, 그리고 때로는 <땐스·파티>가 있어야 하는 생활….
>
> 그러나 그것은 지난 날의 나의 낭만이었다. 시인이란 꿈을 먹고 산다는 저 <맥>과 같은 동물일지 모른다.[22]

---

22) 장만영, 전게서, pp. 69-71.

흄은 문학이란 두 가지 충동의 산물이라고 한다. 하나는 미메시스요, 다른 하나는 환상인데 후자는 권태로부터의 탈출, 놀이·환영·결핍된 것에 대한 갈망, 독자의 언어 관습을 깨뜨리는 은유적 심상 등을 통해 주어진 것을 변화시키고 리얼리티를 바꾸려는 욕구라는 것이다.[23] 이미 1947년부터 고향 상실로 인한 비참한 생활의 어려움과 비애를 체험했고, 1950년 한국전쟁의 비극도 겪었으며, 부모를 노환으로 한 해에 모두 잃은 그로서는 주어진 것을 변화시키고 리얼리티를 바꾸려는 욕구가 마음속에 자리 잡고 있었을 것이다. 리얼리티로부터의 일탈, 그 욕구가 '온실'과 같은 환상적 공간을 꿈꾸게 했다. 그러나 시인의 말처럼 그것은 단지 꿈이었을 뿐이다. 현실에서는 유리로 만든 집 대신에 판잣집이 있고, 양식은커녕 한식조차 제대로 먹을 수 없었다. 이 시가 한국전쟁이 막 끝나고 그 戰塵이 아직 가시지 않은 1954년에 발표된 것이라는 사실은 시인이 환상 속에 모든 것을 마련하고 있고, 이 시의 모든 장면과 소리가 그에 따라 환시요, 환청이라는 것을 우리로 하여금 인지케 한다.

> ① 노을이 白樺나무 수풀을 물들여 놓자
> 검은 밤은 산을 넘어
> 이윽고 山莊을 찾아 온다.
>
> 少女는 램프등에 불을 켠다.
> 등불 밑에서 少女가 읽는 책은
> R·M·릴케의 祈禱書.
>
> 그녀는 문득 祈禱가 드리고 싶어진다.

---

23) 캐스린 흄, 전게서, p.55.

아베마리아
모란이 뚝뚝 떨어져 쌓이듯이
내 마음에 아름다운 이야기가 쌓이게 해 주소서.

아—멘.
　　—「祈禱」—

② 리라꽃 향기 속으로
들려오는 것은 종소리였다.

많은 배들이 항구로 밀려 들어오고 있었다.

창문을 열고 한 여인이
먼 바다를 내다보고 있었다.
어느덧 반달이 동녘 하늘에 나와 있었다.
해가 서쪽 수평선을 막 넘어가고 있었다.

까마귀떼가 숲으로 돌아가고 있었다.

많은 배들이 항구로 밀려 들어오고 있었다.
　　—「바닷가의 幻像」—

　①과 ②를 통해서도 우리는 이국적이며, 신비스럽고, 아름다운 정서를 경험한다. ①에 설정되어 있는 상황부터 정리해 보자. 소녀가 있는 산장에 밤이 찾아 들고, 소녀는 램프등을 켠다. 그리고 등불 밑에서 릴케의 기도서를 읽는다. 그러다 문득 기도가 드리고 싶어져 마리아를 향해 기도를 드린다. 그 기도의 내용은 누구를 위한 것도 아니요 거창한 것도 아닌, 내 마음에 모란처럼 아름다운 이야기가 쌓이게 해 달라는 소박한 것이다. 시인의 말처럼 이 시에 펼쳐진 풍경은

고호나 밀레, 또는 세잔느의 풍경화에서 볼 수 있을 듯한 것이요, 그렇지 않으면 투르게네프나 체홉, 프루스트의 소설에 나오는 한 장면 같다.[24] 이러한 환상은 시인의 상상 속에서 이루어졌다. 시인은 자신을 생각하여 볼 때 아름다운 저녁 정서 속에는 소녀가 등장하여야 하고, 그 소녀는 내가 읽고 싶은 릴케의 기도시집를 읽을 것 같다는 생각에서 이렇게 시를 구성하여 본 것이다. 시인이 꿈꾸는 세계를 시 속에 설계했다고 말할 수 있다.

②의 시는 제목 자체에 '환상'이란 단어가 붙어 있다. 이 시의 시간적 배경도 저녁이다. 해가 서쪽 수평선을 넘어가고 있고, 반달은 어느덧 동녘 하늘에 나와 있는 때에 많은 배들은 하루의 일과를 마치고 항구로 들어오고 있다. 까마귀떼들 역시 안식을 취하려고 숲으로 돌아가고 있다. 그러나 항구를 바라보는 위치에 있는 어느 집에서 한 여인은 창문을 열고 먼 바다를 내다보고 있다. 주위에는 리라꽃 향기가 풍기고, 종소리가 들려온다. 이 시에서 제시된 이미지들은 어느 중심적 이미지를 위한 들러리가 아니고, 제각기 그 특유의 신선하고 선명한 이미지로 시 전체를 환상 속으로 이끌고 간다. 그야말로 이 시의 제목처럼 '바닷가의 환상'인 것이다. 이 외에도 그는 「소리의 Fantasy」에서는 눈같이 차고 흰 베드 위에서 피묻은 입술로 사랑한, 눈같이 차고 흰 여인을 등장시키고, 그 여인의 소리가 사나운 파도 소리와 나팔 소리에 뒤섞여 날 찾으며 정신을 빼앗는다는 서술을 하고 있다. 피묻은 입술, 사나운 파도 소리, 나팔 소리, 큼직한 십자가 등은 그로테스크한 분위기를 연출하며 이 시의 환상성을 더욱 짙게 한다. 또 "돌아가서 슈미네에 장작불을 지피고 / 네가 좋아하는 / 그 「엘레나의 이야기」를 어제와 같이 들려주마"(「누나」) "여기는 류우르강 가의 / 용비릉·라베라 / 이 마을 사는 마담·보바리는 / 봄

___

24) 장만영, 전게서, pp.56-58

이 되자 / 자꾸 여위어만 간다"(「마담·보바리」)와 같이 이국 정조 속에서 환상적 분위기를 조성하는 시들도 어렵지 않게 발견된다. 물론 이같은 환상성이 시적 형상화에 큰 기여를 하지 못하는 것은 사실이다. 그러나 그가 환상성을 띤 시를 발표하던 시기가 일제 강점기 내지는 한국 전쟁을 치른 후 얼마 되지 않는 암담하고 비참한 상황이란 것을 감안하면 이러한 환상성은 현실을 초탈하는 개인적 대응 방식이요, 다른 개인으로의 긍정적인 감염이 된다는 점에서 그 나름의 시대적 의미를 지니는 것이라고 평가된다.

5. 환상성으로서의 '여행' 의식

장만영 시에서 환상과 관련지어 또 하나 언급할 것은 '여행 의식'이다. 엘리아드가 말하듯 '여행'(journey)의 이미지는 노아가 방주를 타고 홍수의 난을 면한 이래 인간의 의식 속에 잠재해 왔다.[25] 도넬리는 이에 대해 보다 구체적으로 말하고 있는데, 그에 의하면 이야기나 시 속에는 인간 행동의 공통적 유형이 있는데 그것이 '여행'의 모습을 지닌다고 한다.[26] 인간은 대부분 여행하기를 좋아한다. 여행이란 것이 일살성으로부터의 탈출이요, 미지의 세계에 대한 궁금증을 자아내는 것이기에 여행을 떠나기 전부터 설레임과 즐거움의 감정이 가득찬다. 그렇다면 장만영의 '여행' 의식은 어떤 양상을 지니는가? 이에 대해 살펴보기로 한다.

길손이 말없이 떠나려 하고 있다.

---

25) Mircea Eliade, op. cit., p.66.
26) Dorothy Donnelly, The Golden Well (Sheed & Ward, 1950) pp.55−56.

한 권의 조이스시집과
한 자루의 외국제 노란 연필과
때묻은 몇 권의 노우트와
무수한 담배꽁초와
덧없는 마음을 그대로
낡은 다락방에 남겨놓고
저녁놀 스러지듯이
길손이 말없이 떠나려 하고 있다.

날마다 떼져 날아와 우는
검은 새들의 시끄러운
지저귐 속에서
슬픈 세월 속에서
아름다운 장미의 시
한 편 쓰지 못한 채
그리운 벗들에게 문안편지
한 장도 내지 못한 채
벽에 걸린 밀레의
풍경화만 바라보며 지내던
길손이 이제 떠나려 하고 있다.

산등너머로 사라진
머리처네 쓴 그 아낙네처럼
떠나가서 영영 돌아오지 않을
영겁의 외로운 길손.
붙들 수조차 없는 길손과의
석별을 서러워마라.

닦아 놓은
회상의 은촛대에

　　오색 촛불 가지런히
　　꽃처럼 밝히고
　　아무 말 아무 생각 하지 말고
　　차가운 밤하늘로 퍼지는
　　먼 산사의 제야 종소리 들으며
　　하룻밤을 뜬 채 새우자.
　　　－「길손」－

　길손이 떠나려 하는 여행은 시 전체의 의미로 파악할 때 죽음으로의 여행이다. 그가 남겨 놓은 것은 한 권의 조이스 시집, 한 자루의 외국제 노란 연필, 때묻은 몇 권의 노우트, 무수한 담배꽁초, 그리고 덧없는 마음이다. 그야말로 사소하고 하찮은 것들이다. 그러나 이들로부터 우리는 길손의 지금까지의 삶을 어느 정도 유추할 수 있다. 가난하고, 쓸쓸한 삶을 살았지만, 한편으로는 자족적인 자기 삶을 살았다는 것을 짐작하는 것이다. 그리고 '조이스'와 '외국제'란 어휘는 '떠남'의 이미지와 더불어 이 시의 분위기를 환상적으로 이끈다. 더구나 그가 "벽에 걸린 밀레의 / 풍경화만 바라보며 지내던" 인물이요, 검은 새들의 시끄러운 지저귐 속에서도 아름다운 한 편의 장미의 시를 쓰려고 한 인물이란 사실은 길손의 존재를 신비화시켜 우리로 하여금 그의 여행에 동참하게끔 만든다. 원래 여행은 환상의 속성을 지닌다. 여행이 대개 신비스런 탐험과 개척의 성격을 지니기 때문이다. 환상문학 중에 「걸리버 여행기」처럼 '여행'을 제재로 하는 작품들이 많은 것을 보더라도 이는 쉽게 수긍이 된다. 그러므로 이 시에서도 '떠남'이라는 여행과 더불어 제시되는 이 같은 환상성에 주목할 필요가 있다. 길손을 보내는 데 있어 마련한 것들－회상의 은촛대, 오색 촛불, 먼 산사의 제야의 종소리－역시 환상적인 분위기를 자아내는 데 한 몫을 한다.

 이 시가 정말 병과 싸우면서 인생의 황혼을 느꼈던 시인이 자신의 존재와 죽음의 인식에서 비롯되는 허무를 극복하고 "저녁놀 스러지 듯이" 길손처럼 떠나야 할 자신의 운명을 예시한 작품[27]인지 확실히 드러나는 바는 없지만, 인간은 누구나가 저녁놀 스러지듯이 떠나는 존재이며, "떠나가서 영영 돌아오지 않을 / 영겁의 외로운 길손"이다. 그러므로 석별을 서러워할 필요가 없고, 떠남의 의미를 되새기면 되 는 것이다. 시인이 '길손이 떠나려 하고 있다'를 거듭 세 번씩이나 언술하고 있는 것은 이러한 의도가 내포되어 있는 것이다.

> 본·스트리트는 바닷가 조그만 고장
> 낯설은 이방인들이 가끔 드나다니는 거리.
>
> 상점 유리창이며 간판들이
> 온통 바다 빛인데
> 여기 BOND STREET를 파는 담배 가게에서
> 나는 바다빛 눈의 한 소녀를 만났다.
>
> 바다빛 눈의 소녀는
> 바다 빛깔의 표지를 씌운
> 시집을 들고 있었다.
> 그것은 바레리의 <바닷가 무덤>이었다.
>
> 저녁 바람은 바다 소리 속에서
> 마지막 나의 여행을 재촉하는데
> 등에 노을을 지고
> 돌아 나오는 내 가슴 속엔
> 바다빛보다 짙푸른

---

27) 상게서, p.95.

노스탈지아가 서리었다.
꽃도 낙화지는 본 · 스트리트의
하늘 아래서.
　-「BOND STREET」-

　이 시에 펼쳐진 배경도 이국적 풍경이다. 낯선 이방인들이 드나드는 바닷가 조그만 고장, 온통 바다빛인 상점 유리창과 간판들, 본 스트리트를 파는 담배 가게, 우연히 만난 바다빛 눈의 이국 소녀, 그녀가 들고 있는 발레리의 <바닷가 무덤>이란 시집 등은 독자들을 환상적인 미지의 세계로 안내한다. 그것은 설사 본 스트리트가 어느 곳에 있는지, 발레리가 어떤 시인인지, 그리고 그의 시집 『바닷가의 무덤』에 무슨 내용의 시들이 수록되었는지를 몰라도 상관없다. 제시된 자체만으로도 충분히 낭만적이요, 이국적이며, 환상적인 것이다. 이 분위기 속에서 시적 화자인 '나'는 마지막 여행을 하고 있다. '나'는 어디로부터 어디로의 여행을 하는 것인가? 그리고 '마지막 여행'이라 함은 무엇을 의미하는 것일까? 그러나 위에 열거한 모든 이국적인 풍물들로부터 그는 "바다빛보다 짙푸른 노스탈지아"가 생겼다. 여행이란 것은 이렇듯 새로운 경험과 신선한 충격을 여행하는 자에게 안겨준다. 여기에 여행이 우리를 매료하는 요인이 있다. 시인은 보통 사람들이 여행과 더불어 펼쳐지는 이국적인 풍경을 보면 환상에 빠지는 일반적인 정서를 십분 활용했다고 볼 수 있다. 이 시는 독자들에게 특별한 메시지를 전달하는 데 본래의 기능이 있지 않고, 독자들도 같이 여행에 참여하면서 환상적인 공간을 함께 꿈꾸면 그것으로 이 시를 통해 시인이 달성하려는 의도는 충분한 것이다. 그의 여행 의식은 이 밖에도 "비가 무섭게 퍼부었다. 나는 몹시 슬펐다. 나는 여행을 떠났다."(「뻐꾹새 感傷」) "저기 또 작은 별이 하나 / 어데론지 먼 길을 떠나갑니다."(「별 1」) "갈바람은 깊은 골짝을 더듬어 / 어디

론지 먼 길을 떠나려 하는데”(「나날이 멀어만 보이는」) 등 여러 편의 시에서 찾아볼 수 있다. 대개 이들 시에서의 여행은 무정향성이다. 행선지가 없는 것이다. 이 특성이 그의 여행 의식을 더욱 환상적으로 받아들이게끔 하는 요인이 된다.

6. 맺음말

장만영은 1930년대 이미지스트 시인 중의 한 사람으로 평가되거나, 전원적 목가시인으로만 인식되어 왔다. 그러나 그는 환상적인 세계를 끊임없이 추구한 시인이다. 그가 이러한 취향을 지니게 된 이면에는 그의 성장 환경이 큰 영향을 미쳤다. 형제 없이 외롭게 자랐고, 어릴 때부터 동화를 섭렵했고, 풍족했던 공간인 고향을 상실한 것 등이 그를 환상 속에 빠지게끔 했다고 보여지는 것이다.

그의 시의 환상성은 몇 가지로 나누어 살펴볼 수 있다. 첫째는, 유토피아 지향의 환상인데 그는 고향, 바다, 그리고 아르카디아와 같은 낙원 공간을 설정하여 그곳을 갈망하고 그리워한다. 낙원에 대한 향수는 다른 시인들의 시에서도 많이 추출되는 주제이지만, 장만영은 환상적으로 그 공간을 설정하고 그리워한다는 점에서 구별이 된다. 둘째는, 환상적 분위기의 연출을 들 수 있다. 그는 우리에게 낯선 것, 이국적이거나 아름다운 것, 그리고 기괴하거나 병적인 것들을 대상으로 설정하여 환상적 분위기를 조성하고, 현실로부터의 일탈을 꿈꾼다. 이 현실에서의 일탈은 일제 강점기 내지 한국전쟁 전후의 상황을 고려할 때 역사적 현실에 대한 적절한 개인적 대응이란 점에서 그 의미를 지닌다. 셋째로 여행 의식 속에 내재된 환상성이다. 그의 여행은 대개 무정향성의 여행이라고 말할 수 있는데, 이 무정향성이 애수의 정조와 함께 환상적인 분위기를 형성한다.

  앞으로도 장만영은 다른 각도에서의 고찰이 요구되는 시인이다. 예를 들어 그가 영향을 받았다고 고백한 프란시스 잠이나 구르몽과의 비교문학적 고찰 등이 그것이다. 그에 대한 이 모든 연구들이 병행될 때 그는 한국현대시사에서 올바른 자리를 차지할 수 있을 것이다.

시교육 현장에서의 「왕십리」소통 전략

1. 머리말

시교육 현장에서 학생들이 시를 어렵게 인식하고 있다는 것은 너무나 잘 알려진 사실이다. 난해한 시는 물론이거니와 많이 알려져 있는, 정전에 속한다고 할 수 있는 시조차 제대로 이해하고 있지 못하다. 이에 대한 원인은 여러 가지로 생각해 볼 수 있다. 시적 언어라는 것이 애매성을 내포하고 있어 시 해석이 명확하지 않다는 것, 시인들의 수사적 장치가 마치 미궁을 빠져나와야 하듯 풀기 어렵게 되어 있다는 것, 시적 진술이 시의 특성상 일상적이거나 논리적인 진술이 아닌 경우가 많다는 것 등이다. 그렇다고 해서 중개자로서의 교사가 소통의 임무를 포기할 수는 없다. 어떻게 해서든지 수용자인 학습자를 시텍스트 안으로 끌어들여야 한다. 그러기 위해서는 어떤 태도를 지녀야 하는가?

우선 교사가 시교육의 대상이 되는 시들에 대해서 해박한 지식과 감상안을 지니고 있어야 한다. 그러나 솔직히 교사라고 해서 모든 시들을 정확히 알고 있는 것은 아니다. 아니 교과서에 실린 시조차 그

시나 시인에 대해 알기 위해서 현대시론, 현대시인론, 현대시인연구 같은 전공 연구서에 의존해야 하는 때가 대부분이다. 더욱이 업무량이 많은 중고등학교 교사들은 전공 연구서조차 보지 못하고 짤막하게 언급된 각종 참고서를 보게 되는 경우가 많다. 어느 연구의 보고처럼 실제로 국어 교사들은 평론으로부터 이해의 기반을 닦고 참고서에서 평가의 안전함을 얻고 있는 것[1]이다. 그러니 시텍스트에 대한 진지한 접근은 기대하기 어렵다. 설사 전공 연구서를 본다 하더라도 시교육 대상의 시에 대한 해석이 연구자들마다 제각기 다르고, 닭잡는 데 소 칼 쓰듯 서정적인 쉬운 시조차 너무 관념적인 전문 용어를 사용하며 현학적으로 되어 있어 그 내용을 학생들에게 그대로 전달하기가 곤란할 때가 많다. 그러므로 중개자와 학습자 사이의 소통이 막히기 십상이다. 이것이 시교육 현장의 현실이다.

중개자가 중개자로서의 본분을 다하려면 일단 그 나름대로 가르치고자 하는 시를 폭넓게 이해하고 있어야 한다. 이 때 굳이 시를 어렵게 해석한 전공서의 내용을 그대로 수용자에게 옮길 필요는 없다. 그보다는 이해하고 있는 지식을 바탕으로 어떻게 쉽고 재미있게 학생들에게 전달해야 하는가에 더 신경을 써야 한다. 그것이 바로 소통 전략이다. 학생들 수준에 맞지 않는 어려운 내용을 무리하게 전달하려던가 교사 본인이 내용 파악을 제대로 하지 못해 얼버무리게 되면 그 시텍스트의 소통은 실패한 것이다. 이 점에서 시 감상에 있어 어려운 이론이나 거창한 전통을 들먹이는 것보다 순수한 감상을 받아들여야 한다는 지적[2]은 시사적이다. 필자가 본고를 통해 김소월의 「왕십리」를 다루고자 하는 것은 이 시에 대한 기존의 해석이 다양하

---

1) 최지현, 「현대시 교육론의 반성과 전망」 김은전 외, 『현대시교육론』, 시와시학사, 1996, p.110.
2) 윤여탁, 『시교육론』, 태학사, 1996, p.223.

고, 어느 부분은 연구자에 따라 잘못 파악하고 있어, 학생들이 이 시 텍스트를 이해하는데 문제가 많다고 생각했기 때문이다. 지금까지의 논의로는 시교육 현장에서 「왕십리」가 제대로 다루어질 수 없다고 판단된 것이다. 그러므로 본고는 어느 한편 「왕십리」에 대해 중개자가 취해야 할 바람직한 중개 태도를 제시한 것이라 할 수 있다.

2. 「왕십리」에 대한 기존 해석의 문제점

「왕십리」는 김소월이 1923년 8월 <신천지>라는 잡지에 발표한 시이다. 소월은 오산학교를 다니다가 1922년 서울에 있는 배재고보 5학년에 편입하였고, 1923년 3월 배재고보를 졸업하고 도일하였다가 그해 10월경 관동대지진으로 인해 급거 귀국하였다.[3] 이를 근거로 할 때 이 시는 소월이 1922년 서울 생활을 했을 때의 체험을 바탕으로 한다. 이 시가 발표된 1923년 이전 비가 많이 내리는 때에 소월이 서울에 거주한 해는 1922년밖에는 없는 것이다. 당시 소월의 나이 만 20세 때였다. 소월은 이 시를 <신천지>사에 송고할 때 제목에 '민요시'라고 부기를 했다. 그 나름대로 인식하고 있는 민요나 민요시의 형식을 좇아 이 시를 썼다는 얘기가 가능하다. 이 외적 정보에 속하는 두 가지 사실은 나중에 다시 거론되겠지만 「왕십리」를 해석함에 있어 중요한 단서를 제공한다. 먼저 작품 전체를 살펴보기로 한다.

往十里(民謠詩)

비가 온다

---

3) 이어령 편, 『한국작가전기연구(상)』, 동화출판공사, 1975, p.64

오누나
오는 비는
올지라도 한닷새 왓스면 좃치.

여드래 스무날엔
온다고 하고
초하루 朔望이면 간다고 햇지.
가도가도 往十里, 비가 오네.

웬걸, 저새야
울나거던
往十里 건너가서 울어나다고.
비마자 나른해서 벌새가운다.

天安에 三거리, 실버들도
촉촉히 저저서 느러젓다데.
바가와도 한닷새 왓스면 좃치.
구룸도 山마루에 걸녀서 운다.
　－<新天地> 1923. 8－

　이 시는 많은 연구자들에 의해 거론되었고, 인신공격에 가까운 논
쟁의 빌미를 제공하기도 했다.4) 시의 길이가 길지도 않고, 어려운 시

---

4)「왕십리」를 다룬 글로는 다음과 같은 것들이 있다.
　* 송희복,『김소월연구』, 태학사, 1994.
　* 이승훈,「김소월의 대표시 20편은 무엇인가?」,『문학사상』1985. 7.
　* 홍정선,「공허한 언어와 의미 있는 언어」,『문학과 사회』1998 여름호.
　* 박경수,『한국근대민요시연구』, 한국문화사, 1998.
　* 손진은「시「왕십리」의 상호텍스트성 연구」,『현대시의 미적 인식과 형상화 방식
　　연구』, 월인출판사, 2003.
　* 정끝별,「애련한 기다림의 공간, 왕십리」이숭원 외,『시의 아포리아를 넘어서』,
　　이룸출판사, 2001.

어나 난해한 수사적 장치도 없는 이 시가 많은 이들의 논의의 대상이 되었다는 건 의외이다. 그것은 애매성이란 측면에서 볼 때 텍스트의 확대 해석이 가능하다는 점에서 긍정적인 현상으로 받아들일 수 있다. 그러나 꿈보다 해몽이 좋은 확대 해석은 자칫 시텍스트의 정체를 호도할 위험성을 안고 있는 것이기도 하다. 특히 중고등학교 시교육 현장에서는 그렇다. 또한 무학대사에 얽힌 설화라든가, 바다의 조금이나 사리 현상은 이 시에 대한 감상과는 거리가 먼 것인데, 그런 것들이 논쟁의 주류를 이루었다는 것은 「왕십리」가 아직까지 시교육 현장에서 제대로 수용되지 못하고 있다는 것을 반증하는 것이다. 이에 따라 필자는 본고를 통해 논란이 되었던 부분을 검토하면서, 「왕십리」의 시교육 현장에서의 바람직한 소통 전략을 탐색해 보기로 한다.

1) 往十里

우선 논란이 되었던 것이 이 시의 제목이기도 한 '왕십리'이다. 이에 대한 의견은 ① 무학대사의 설화와 연결된다.(홍정선, 황현산, 박건용) ② 무학대사와 아리랑요를 접합시켜 받아들여야 한다.(이남호) ③ 구체적인 지명이라기보다 관념적인 공간을 의미한다.(김재홍, 손진은, 정끝별) ④ 지명 그 자체이다.(김인환) 등으로 크게 나뉜다.

①을 주장하는 이는 '왕십리'란 지명이 무학대사 설화에서 비롯되

---

* 김재홍, 『한국현대시인연구』, 일지사, 1986.
* 김현자, 「김소월 시의 극적 구성과 미적 거리」, 『한국문학이론과 비평』 17집, 한국문학이론과 비평학회, 2002. 12.
* 황현산, 「이 시를 어떻게 읽어야 할까-김소월/왕십리」, 『현대시학』1999. 2.
* 박건용, 「김소월 시「왕십리」의 분석-상호텍스트성 이론 적용의 한 시도」, 『한국학보』 27집, 2001.
* 오하근, 『한국현대시 해석의 오류』, 집문당, 2003.
* 김점용, 「김소월 시「왕십리」의 의미 구조」, 『한국시학연구』 제11호, 2004. 11.

었다는 데에서 출발한다. "여기서 십리를 가면 궁궐터로 적합하다"고 무학대사가 말해서 '왕십리'란 명칭이 생겨났는데, 이 시는 그 설화와 밀접한 관련이 있다는 얘기이다. 그러나 이 시의 '왕십리'가 무학대사 설화와 연결될 수 있는 단서를 시텍스트 자체 내에서 찾아보기 힘들다. 굳이 찾아낸다면 "가도가도 왕십리" 정도가 되겠는데, 이 부분도 무학대사의 말과 쉽게 연결되지 않는다.

결국은 '왕십리'라는 지명의 유래에 비중을 둔다는 것인데, 그러한 태도는 특히 시교육 현장에서는 바람직하지 못하다. 시의 본문과는 무관한 또 하나의 지식을 학생들에게 강요해야 하기 때문이다. 더구나 한국의 지명은 대부분 그렇게 명명된 유래의 설화가 있는데, 그 지명이 시에 나올 때마다 근원설화와 연결시켜야 하는가는 의문이다. 만약 그렇다면 소월 시에 나오는 고유지명인 '영변 약산' '장별리' '정주 곽산' '대동강' 등도 모두 그 유래를 따져 그에 근거해 시를 해석해 나가야 할 것이다.

그런 점에서는 ②의 경우도 마찬가지이다. ②는 무학대사 설화뿐만 아니라 아리랑요와의 접합까지 거론하고 있는데 그렇게까지 확대하는 것은 무리라고 판단된다. 소월이 '민요시'라고 특별히 부기까지 하였지만, 이는 어디까지나 형식적인 측면에서 민요시에 속한다는 것이지 내용적인 추수를 의미하지는 않는다. 여기서 우리가 한 가지 염두에 둘 사항은 시 해석은 시 자체에 충실해야 한다는 것이다. 이 시에서 왕십리 설화나 아리랑요가 거론되기 위해서는 적어도 시의 어느 부분이 설화나 민요의 내용과 비슷하거나 암시 정도는 주어야 할 것이다. '왕십리'라는 어휘가 시에서 세 번 나온다고 해서, 아리랑요의 "십리도 못가서 발병 난다"가 '왕십리'의 의미와 접합할 가능성이 있다고 해서, 이 시를 왕십리 설화나 민요와 연결시키는 것은 설득력이 약하다. 김점용의 지적[5]처럼 부분의 해석은 전체의 맥락 속에서

고려되어야 보다 적절한 의미망을 형성할 수 있다. 왕십리를 구체적
인 지명보다는 관념적으로 받아들여야 한다는 ③의 견해도 문제이다.
소월 시에 나오는 다른 고유지명, 예를 들어 대동강이나 제물포, 장
별리, 영변 약산 등을 살펴볼 때 고유지명은 구체적인 지명 그 이상
의 것이 아님을 알 수 있다.

그러므로 '왕십리'는 ④의 주장대로 지명 그 자체로 받아들여야 한
다. 소월이 1922년 서울에 있을 때 왕십리를 갔거나 왕십리에 거주하
였거나 하여 '왕십리' 체험을 한 것으로 볼 수 있고, 그 체험을 바탕
으로 이 시가 창작되었다고 보는 것이 자연스럽다. 그리고 이 시는
분명 1922년 7월 <개벽>지에 발표된 「將別里」와 깊은 관련을 갖는
다.6) 「장별리」 전문을 보기로 한다.

　　　將別里

　　　軟粉紅 저고리, 샑안불부튼
　　　平壤에도 이름놉흔 將別里,
　　　金실銀실의 가는비는
　　　비스틈이도 내리네 쌕리네.

　　　털털한 배암紋徽돗은 洋傘에
　　　나리는 가는비는
　　　우에나 아래나 나리네, 쌕리네.

　　　흐르는 大同江, 한복판에

---

5) 김점용, 전게 논문, p.207.
6) 이에 대한 지적으로는 다음의 글들이 있다.
　 * 김인환 『상상력과 원근법』, 문학과지성사, p.41.
　 * 김점용, 상게 논문, p.208.

울며 돌든 벌새의 쩨무리,
당신과離別하든 한복판에
비는 쉴틈도업시 나리네, 쌓리네.
       -<開闢> 1922. 7 -

「왕십리」보다 약 1년 전에 발표된 작품이다. 그런데 두 작품은 많은 공통점을 지닌다. 구체적인 고유지명을 제목으로 하고 있고, 님과의 만남과 이별을 주제로 하고 있으며, '비'가 중심 소재이고, 벌새가 등장하고 있는 것 등이다. 「장별리」에서는 '민요시'라는 부기가 없지만 반복적인 표현이나 운율 등을 미루어 볼 때 민요 형식의 추구도 서로가 유사하다. 그러므로 「왕십리」는 「장별리」와 같은 아류의 작품이자, 좀더 발전된 모습을 띤 작품이라고 할 수 있다.

따라서 중개자는 학습자인 학생들에게 '왕십리'를 설명할 때 소월의 전기적 사실을 거론하면서, 그가 1922년 서울에 머물렀는데 이 시는 그 때 쓰여진 것이라는 것, '민요시'라고 부기할 만큼 민요시의 형식을 염두에 두고 썼다는 것, 이와 유사한 시「장별리」의 전문을 소개하며 1년 전쯤에 발표한「장별리」란 시가 어느 면에서 「왕십리」와 관련성이 있는가, 그리고 그의 시에는 '왕십리'처럼 고유 지명이 등장하는 시들이 많은데 '영변 약산' '대동강' '정주 곽산' 등이 그에 해당된다는 것 등을 가르치면 될 것이다.

2) "오는 비는 / 올지라도 한닷새 왓스면 좃치"

이 구절에 대한 해석을 필자는 일찍이 "비가 올지라도 하루 이틀 내리지 말고 한 닷새쯤 퍼부으라"[7]고 했다. 그 이후 다른 연구자들

---

7) 박호영 「소월시의 위상」 김열규 · 신동욱 편 『김소월 연구』, 새문사, 1982, p.75.

은 "그만 그쳤으면 좋겠다"(정끝별) "닷새쯤만 내리고 그만 그치면 좋겠다"(홍정선) "한 닷새만 왔으면 괜찮지"(황현산) 등으로 달리 보았다. 그러다가 근래에는 필자의 진술에 동조하는 견해가 제시되었다. '올지라도'를 바로 뒤의 "한닷새 왓스면죠치"와 연결시켜 보면 비록 비가 오더라도 이왕 내릴 비라면 한 닷새쯤 충분히 내리라는 뜻으로 읽는 게 자연스럽다는 것이다.[8] 이렇게 각기 다른 견해들을 크게 둘로 대별하면 비에 대한 화자의 감정이 긍정적이냐, 부정적이냐로 나눌 수 있다. 그러나 사실 이 부분은 애매성을 지니기 때문에 이 부분 자체만을 놓고 볼 때에는 받아들이는 이에 따라 어느 쪽도 다 맞는다고 할 수 있다. 정확한 해석을 하기 위해서는 다음에 이어지는 진술을 참작해야 한다. 비가 오는 것을 긍정적으로 받아들인다면 비가 어떻게 해서든지 더 왔으면 하고 바라는 내용이 뒤에 이어질 것이고, 부정적으로 받아들인다면 그 방향으로의 내용이 뒤에 이어질 것이기 때문이다. 다만 상식적으로 판단하건대 비에 대해 부정적인 감정을 갖고 있다면 5일 정도의 긴 기간을 얘기할 수 있을까 하는 것이다. 2일이나 길어도 3일 정도를 말해야 하지 않을까. 비 오는 것을 지긋지긋하게 생각하는 이가 '5일 오고 그만 그쳤으면 좋겠다'고 발설한다는 것은 납득하기 어려운 것이다. 필자의 견해를 미리 밝혀 두면 '한 닷새'는 임이 며칠 묵고 떠날 수밖에 없다는 것을 인정하면서 그 임을 조금이라도 오래 붙잡고 싶은, 화자가 임과 함께 하고 싶은 최대한의 기간이다. 마치 황진이 시조에서의 화자처럼 동짓달 기나긴 밤의 한 허리를 베어냈다가, 임 오신 날 굽이굽이 펴서 임과 함께 있는 시간을 늘려보려는 심정과 같다고 할 수 있다.

그러므로 이 부분의 경우 우선 학습자들에게 여러분은 어느 쪽으로 받아들여지는가 반응을 묻고, 그 이유를 말하도록 하는 학습이 필

---

8) 김점용, 전게서, p.202.

요하다. 또한 황진이의 시조를 거론하면서 두 작품에 나타난 화자의 심정을 비교해 보는 것도 학생들의 흥미를 유발시키는 학습이 될 것이다.

3) "여드래 스무날엔 / 온다고 하고 / 초하루 朔望이면 간다고 햇지"

이 시에서 가장 난해한 부분이자, 논란이 많았던 부분이다. '여드래 스무날' '초하루 朔望'이 애매성을 지녀 달리 해석될 수 있기 때문이다. 이에 대한 논의를 크게 둘로 구별해 보면 ① '여드래 스무날'은 '스무여드레날(28일)'의 도치이고, '초하루 朔望'은 '초하루(1일)'의 반복으로 보는 쪽(정끝별, 송희복)과 ② '여드래 스무날'은 여드레(8일)와 스무날(20일)이고, '초하루 朔望'은 초하루(1일)와 朔望(15일)으로 보는 쪽(황현산, 손진은, 홍정선, 박건용, 김점용)이 있다. ②의 입장에서 얘기하는 이들은 달이 차고 기우는 것, 또는 바닷물의 조수 간만을 근거로 들면서 그 같은 주장을 펼친다.

그러나 '왕십리'라는 공간적 배경이 갑자기 바다의 조수 간만과 연결된다는 것은 아무래도 자연스럽지 못하다. "달과 조수 간만에 따른 비의 오고 감"(황현산) "조금 때인 여드레와 스무날(23일)에는 오지 않아도 될 비가 오고, 사리 때인 초하루와 보름에는 와도 좋은 비가 내리지 않고 간다"(손진은) "'여드레 스무날'과 '초하루 삭망'은 달의 순환으로 상징되는 우주적 질서를 암시한다"(박건용) "여드레(8일) 스무날(22일, 23일)의 조금 무렵에는 비가 '오는' 동시에 고기잡이 떠났던 뱃사람들도 돌아오고, '초하루 삭망'의 사리 때에는 비도 '그칠' 뿐 아니라 마을 뱃사람들도 바다로 '떠나간다'는 이중의 의미가 들어 있는 셈이다."(김점용)라고 그들 나름대로 근거를 대고 있지만, '오다' '가다'의 주체를 '비'로 볼 경우 (이에 대한 문제점은 뒤에 상술함)

이 시는 화자의 상대가 설정되지 않기에 단순히 '비'에 대한 화자의 감상을 서술한 시에 지나지 않게 된다. 다시 말해 "온다고 하고" "간다고 했지"의 주체가 임으로 설정될 경우와 비교하면 텍스트적 가치가 떨어지는 결과가 되는 것이다.

'스무날'을 '스무사흘날'의 변형으로 보는 것도 문제이다. 이렇게 보는 이들은 조금 때라면 '스무 사흘'이 되어야 하는데 '스무날'이 된 것을 두고 "'스무사흘날'이 되면 7·5조의 음절수를 맞출 수 없기 때문에"(황현산)라든가, "리듬을 고려하여 잠깐의 파격을 허락하고 은폐를 위해"(박건용) 그렇게 되었다고 한다. 그러나 이것은 궁색한 변명에 지나지 않는다. '삭망'을 '초하루'로 볼 수 없다고 주장하면서, '보름'으로만 해석하는 것도 앞뒤가 맞지 않는다. '삭망'에서 '삭'은 '초하루'를 뜻하지, '보름'을 뜻하지는 않는다. 결국 ②의 주장은 억지라고 할 수 있는 모순된 문제점을 내포하고 있는 것이다.

그렇다면 ①의 경우는 어떠한가? 이 해석을 반박하는 이들이 우선 내세우는 것은 '28일'이면 '스무여드렛날'이라고 하지 '여드래 스무날'이라고 하겠느냐는 것이다. 그러나 이것은 몇 가지 측면에서 반론을 내세울 수 있다. 첫째, 소월은 어순을 뒤바꾸는 도치의 기법을 그의 시 곳곳에서 보였다. "갈 봄 여름 없이"(「산유화」)라든지 "내게 바이 갈 길은 하나 없소"(「길」) 같은 경우가 그것이다. 이는 어순에 맞게 적는다면 "봄 여름 가을 없이" "내게 갈 길은 바이 하나 없소"로 되어야 할 것이다. 둘째, 소월은 "초여드레 넘으며 / 밤마다도 달빛은 밝아오는데"(「五日 밤 散步」) "초열흘은 넘으며 / 대보름은 맞으며"(「첫눈」)처럼 '8일'은 '초여드레'로, '10일'은 '초열흘'로 표기했다. 이에 따른다면 8일과 20일은 "여드래 스무날"이 아니고, "초여드레 스무날"이 되어야 할 것이다. 셋째, 소월이 이 시 제목에 '민요시'란 명칭을 부기할 만큼 그가 이 시를 민요의 형식을 좇아 쓰려고 했다는 사실이다. 만약 "스무여드렛날엔 / 간다고하고"라고 한다면 의미상 "스무 / 여드렛날엔 / 간다고하고" 또는 "스무여드렛 / 날엔 / 간다고하고" 식으로 끊어 읽어야 하기 때문에 2·5·5조 내지 5·2·5조가 되어, 소월 시의 기본 음수율인 3(4)·4(3)·5(소위 7·5조)에 어긋나며, 전통 민요의 음수율인 3·3·4조 혹은 3·3·5조[9]에도 맞지 않는다. 그렇다고 "스무여 / 드렛날엔 / 간다고하고" 식으로 끊어 읽을 수는 없다. 그래서 "여드래 스무날엔"으로 도치했다고 보아야 한다.

"초하루 朔望"이 '초하루'의 반복이라는 해석에 대해 반박하는 가장 큰 이유는 '朔望'이라는 것이 '초하루와 보름'을 뜻하기 때문에 '초하루'만으로 볼 수 없다는 것이다. 물론 '朔望'은 '朔'이 '초하루'요, '望'이 '보름'이기 때문에 그 같은 의미를 지닌다. 그러나 그렇게 주장하는 사람들 모두가 '朔望'을 '보름'으로 처리하고 있는데, 이 역시 앞서 밝힌 대로 마찬가지의 잘못을 범하고 있는 것이다. '朔'이 뜻하는 '초하루'는 어디 갔는가? '朔望'을 '초하루'만으로 볼 수 없다면, 역시 '朔望'을 '보름'만으로도 볼 수 없다. 추측컨대 소월은 삭망분향이나 삭망전 같은 의식을 초하루와 보름에 각각 행하므로 '초하루 삭망'과 '보름 삭망'을 생각한 것이 아닌가 한다. 그러므로 ②의 주장보다는 ①의 주장이 더 타당하다.

그렇다면 '온다고 하고' '간다고 했지'의 주체는 누구인가? 앞서 살핀 바대로 이 주체를 '비'로 보는 이(홍정선, 황현산)가 있는데, 그렇게 볼 수는 없다. '비가 온다'는 표현은 있어도 '비가 간다'는 표현은 없을뿐더러, 의인법적인 표현이라 하더라도 "28일엔 비가 오고 1일엔 비가 간다고 하더라"는 것은 일기예보를 들은 것밖에는 안되는데, 지금처럼 일기예보를 하지 않는 당시로서는 성립이 되지 않는 얘기이다. "오고 감은 거대한 우주적 질서의 순환이며 그것이 바로 어둠과

---

9) 오세영, 『한국현대시인연구』, 월인, 2003 p.24.

밝음의 교체로, 죽음과 새로운 탄생의 순환, 고난과 구원의 순환으로 나타난다"(박건용)는 것도 넌센스에 가까운 거창한 해석이다. 이들보다는 "주체가 누구인지는 명시되어 있지는 않지만 화자가 아닌 다른 누구인가는 분명하다"[10], "온다고 하고 간 주체는 '님'이다"[11] 등이 '오다' '가다'의 주체를 비교적 정확히 파악하고 있는 견해라고 할 수 있다.

요컨대 '오다' '가다'의 주체는 화자가 기다리는 임이어야 한다. 임이 화자에게 "28일에 와서 1일에 간다(떠난다)"라고 알려준 것이다. 물론 28일과 1일은 음력이다. 이 기간은 얼마인가? 혹자는 "4~5일에 해당하는 기간"으로 보고 '한닷새'가 그를 가리키는 것이라고 하는데[12] 이는 착오인 것 같다. 여기서 우리는 이 시가 앞서 밝힌 대로 1922년에 쓰여졌다는 사실을 상기해야 한다. 1922년은 '윤오월'이 낀 해이다. 이 시의 시간적 배경을 비가 많이 내리는 장마철이나, 장마철이 아니더라도 일반적으로 비가 많이 내리는 6, 7월이라고 생각할 경우[13] 이 시기는 모두 음력으로 5월이나, 윤5월에 해당한다. 잘 알다시피 음력은 29일이나 30일까지 있다. 그런데 음력 5월은 29일밖에 없었다. 그러므로 음력 5월 28일과 그 다음달 1일로 보든, 음력 윤5월 28일과 그 다음달 1일로 보든 28일과 1일의 기간은 28일, 29일, 1일로 모두 3일간이 된다. 임은 28일에 와서 이틀 자고 1일에는 떠날

---

10) 김현자, 「김소월 시의 극적 구성과 미적 거리」 『한국문학이론과 비평』17집, 2002. 12.

11) 정끝별, 전게서, p.17.

12) 상동.

13) 송희복은 '스무여드래'와 '초하루'를 "한닷새'와 연관시키기 위해 31일이 들어 있는 달을 가정하여 5월 28일부터 다음달 6월 1일까지를 장마철로 보고 있고, 김점용은 우리나라 실제 장마철은 대개 6월부터 7월에 걸쳐 있으므로 이 지적이 틀렸다고 말한다. (김점용, 전게서, p.199) 그러나 두 사람의 견해 모두 문제점을 지니고 있다. 이 날짜는 모두 음력을 말하며, 음력은 29일 또는 30일이 전부이다. 그러므로 그 기간이 절대로 '한닷새'는 되지 않으며, 5월 28일부터 6월 1일까지는 음력이기에 얼마든지 장마철에 들 수 있다.

수밖에 없는 것이다. 이쯤 되면 "올지라도 한닷새 왓스면 좃치"라고 하는 화자의 심정이 이해된다. 오래 동안 붙잡을 수는 없겠지만 그토록 기다린 임과 함께 있는 기간이 3일밖에 안된다는 것은 너무 섭섭하다. 그래서 생각한 것이 천재지변이다. 비가 한닷새 퍼부으면 임은 떠나지 못할 것이기 때문이다. 그러나 임의 사정을 잘 알고 있기 때문에 큰 욕심을 부리지 않는다. 원래 임이 있는다고 한 3일간보다 이틀이 많은 5일간이나마 붙잡고 싶은 것이다.

그러면 현재 왕십리의 상황은 어떠한가? "가도가도 왕십리 / 비가 오네"에서 알 수 있는 것처럼 왕십리 어디를 가도 비가 주룩주룩 온다. 화자의 소원대로 현재는 비가 많이 온다. 그러나 그 상황이 계속되기에는 불안한 요소가 있다. 그것이 다음 연에 나오는 '벌새'의 등장이다.

이 부분에 대한 학습은 중개자로서도 가장 곤혹스러운 일이다. 학생들이 음력에 대해서 낯설고, '여드래 스무날' '초하루 삭망'도 28일과 1일이라고 가르치기엔 그들이 선뜻 납득하기가 쉽지 않다. 먼저 중개자가 해야 할 일은 1922년이 어떤 해인가를 학생들에게 조사시키는 일이다. 그 해 어느 달에 비가 많이 왔고, 장마는 언제 시작하여 언제 끝났으며, 특히 왕십리의 상황은 어떠했는가를 알아 오게끔 하는 것이다. 기상청이나 왕십리의 관할 구청인 성동구청을 들러 직접 문의해 보도록 하는 것도 좋은 방법 중의 하나이다. 두 번째는 소월이 운율에 민감했던 시인이고, 민요의 형식을 좇아 쓰려 했기 때문에 '스무여드래날'을 '여드래 스무날'이라고 할 수 있다는 개연성을 소월의 다른 시 「산유화」의 "갈 봄 여름"이나 「접동새」의 '아우래비' 등을 예로 들면서 설명하는 것이다. 세 번째로는 그리운 임과 함께 있는 기간이 3일간이면 너무 짧아 아쉬울 것이라는 것과, 그렇기에 "한닷새 왓스면 좃치"라고 했을 것이라고 자연스럽게 앞부분에 대한 해석을 연결시키는 것이다.

  4) "웬걸, 저 새야 / 울냐거든 / 왕십리 건너가서 울어나다고 / 비
     마자 나른해서 벌새가 운다"

  3연에 전개된 정황은 비를 흠뻑 맞은 벌새가 왕십리에서 울고 있
는 것이다. 벌새는 비를 맞고 나서 나른해졌다. 벌새에 대한 화자의
심리 상태는 '웬걸'에서 추출된다. 이 간투사는 '웬일이냐'는 어투로
써 대상에 대한 부정적 심정을 함의한다. 즉 화자가 왕십리에서 울고
있는 벌새를 탐탁하게 여기지 않는 것이다. 그래서 울려거든 왕십리
건너가서 울라고 한다. 왜 왕십리에서 새가 울어서는 안되는 것일까?
일반적으로 비가 계속 내리게 되는 상황에선 새는 어딘가 둥지에 숨
어 있으면서 나타나지 않는다. 그러므로 새가 나타나서 운다는 것은
머지않아 비가 그친다는 것을 알리는 예비 신호이다.14) 비가 그치게
되면 5일간 임을 붙잡아 놓지 못한다. 임이 머무를 예정 기간인 3일
만에 임을 이별해야 하는 것이다. 그러나 현실은 벌새가 왕십리에서
울고 있다. 비 맞아 나른한 폼으로 보아 왕십리 건너가서 울 가능성
은 없다. 그것은 뒤바꿔 말하면 임을 화자가 원하는 기간만큼 붙잡아
둘 수 없다는 것을 암시한다. 소월 시에 일반적으로 나타나는 좌절의
비애가 이 시에도 담겨 있는 것이다.
  이 구절을 올바로 학습시키기 위해서 중개자가 가장 비중을 두어
야 할 일은 화자의 심정이 어떠한가를 헤아려 보게 하는 것이다. "웬
걸, 저 새야"나 "울냐거든 / 왕십리 건너가서 울어나다고"라는 구절

---

14) 이에 대해서는 정끝별도 지적하여 "상식적으로 비가 오는 동안에는 새가 날지도
   울지도 않으며, 비가 그쳐야 새는 날고 운다"고 하고 있다. (정끝별, 「가능한 해석
   체계와 열린 시읽기」, 『작가세계』 1998년 가을호, p.322)

에는 화자의 심정이 표출되어 있기에 그 심정이 어떠한가를 말해보
게 하는 것이 충분히 흥미 있는 학습이 될 것이다. 비 내리는 상황에
서 새가 울면 과연 머지 않아 비가 그치는가도 조사해 발표해 보게
끔 할 만한 일이다.

  5) "**天安**에 三거리, 실버들도 / 촉촉히 저저서 느러젓다데."

  마지막 연에서 '천안 삼거리 실버들'이 등장한다. '천안 삼거리 실
버들'의 갑작스런 등장을 어떻게 설명할 것인가? 이에 대해 왕십리가
그 이전에 삼거리였으므로 같은 교통 요지로 천안 삼거리를 내세웠
다는 주장을 하는 이가 있다. 천안을 왕십리와 동일한 공간으로 보는
견해(정끝별, 김점용)이다. 왕십리의 삼거리가 도성에서 삼남 지방으
로 통하는 교통 요지이기에 만남과 아별의 공간이요, 그러므로 촉촉
이 젖어서 늘어진 실버들은 이별의 정서를 환기하는 객관적 상관물
로 이해될 수 있다는 것이다. 그러나 시교육 현장에서 학생들에게 왕
십리를 삼거리로 인지시킨다는 것은 당시의 지도를 보여주지 않는
한, 설득력을 얻기 어려운 일이다. 더군다나 교통이 복잡하고, 전철역
까지 있는 현재의 왕십리에 익숙한 학생들에겐 '삼거리 왕십리'라는
것은 낯설기만 하다. "이 소재[천안 삼거리—필자 주]를 차용한 진짜
의도는 화자가 혼자 비를 맞는 것이 아니라 온 강토가 이 비에 젖어
있다는 것, 즉 식민지 백성 모두가 길을 잃고 있다는 현실을 상기시
키는 데 있다"(손진은)는 것도 시의 핵심을 벗어난 확대된 해석이다.
'천안 삼거리'를 '온 강토'로 치환한다는 것도 납득하기 어렵거니와,
온 강토가 비에 젖어 있음을 식민지 백성이 모두 길을 잃고 있음으
로 연결하는 것이 의도적 오류를 범하는 견강부회적인 해석이라고밖
에 볼 수 없다. 사실상 이 같은 해석의 태도가 시교육 현장의 문제점

으로 대두되고 있다.

그러면 '천안 삼거리 실버들'의 갑작스런 등장을 어떻게 설명해야 학생들에게 흥미를 유발할 수 있고, 설득력을 얻을까? '실버들'이 비에 촉촉이 젖어 늘어졌다는 데 착안을 해야 한다. 그것은 곧 '화자의 임'과 '실버들'의 공분모가 비에 젖은 존재라는 것, 즉 실버들이 비에 촉촉이 젖어 늘어져 있듯이 화자의 임도 비에 흠뻑 젖어 늘어져 있어야 한다는 것이다. 예부터 축 늘어진 대상의 대표적인 것이 천안 삼거리 능수버들이었다. 너무도 잘 알려진 충청도 민요 흥타령을 소월이 몰랐을 리 없고, 그 축 늘어진 천안 삼거리의 능수버들처럼 화자의 임도 축 늘어져 가지 않기를 바라는 뜻에서 '천안 삼거리 실버들'을 빌려온 것이다.

그 '실버들'과 같은 존재가 또 무엇인가? 산을 넘어가지 못하고 산마루에 걸려서 우는 구름이다. 그 구름처럼 임도 왕십리에서 떠나지 않고 머무르기를 화자는 간절히 바란다. 여기에 천안삼거리 흥타령의 근간이 되는 천안삼거리 전설,[15] 즉 선비 박현수와 기생 능소의 사랑 이야기를 소개해 준다면 더욱 학생들에게 흥미를 끌 수 있을 것이다. 사랑하는 그들 두 남녀의 애틋한 이별과 만남처럼, 이 시의 화자도 임을 만나 오래도록 같이 있고 싶어한다고 설명하면 학생들은 쉽게 이 시의 정서에 몰입이 될 것이다.

---

15) 천안삼거리 전설을 다음과 같다. 유봉서라는 홀아비가 변방 군사로 나가게 되었는데, 그에게는 능소라는 어린 딸이 있었다. 유봉서는 딸 능소를 천안 삼거리 주막에 맡기면서 "지팡이가 자라 큰 나무가 되어 무성하게 되면 너와 내가 다시 만나게 될 터이다"라고 말한다. 능소는 이후 미모가 뛰어나고 행실이 얌전한 기생이 되었다. 그 때 과거 보러 가는 박현수 선비가 이 주막에 들러 능소가 인연을 맺게 되었다. 그는 장원급제하고 삼남어사 제수를 받아 내려오는 길에 주막에 들러 능소와 다시 상봉을 한다. 아버지도 돌아와 딸을 만났고, 그 기쁨에 잔치가 벌어졌다.

3. 맺음말

이상에서 보듯이 「왕십리」는 사랑하는 남녀의 애정을 읊어 소월의 전형적인 정서를 구축한 시였으나, 억측이나 무리한 해석으로 말미암아 그 정체가 제대로 밝혀지지 않았었다. 왕십리를 시의 내용과는 무관하게 무학대사의 설화와 연결시킨 것, ‘여드래 스무날’과 ‘초하로 삭망’을 바다의 조금과 사리 현상 내지는 어촌 생활의 풍습까지 끌어들임으로써 공간적 배경인 왕십리와 자연스럽게 연결되지 않은 것, 스무여드렛날부터 초하루까지의 기간 산정을 잘못해 그 다음 부분의 해석이 계속 어긋난 것, ‘천안 삼거리 실버들’의 등장에 대한 확대 해석 등은 시교육 현장에서 이 시를 가르침에 있어 소통의 어려움을 겪게 했다.

시의 해석은 어디까지나 쉽고 자연스러워야 한다. 중개자가 이를 지키지 못할 때 학습자의 시텍스트에 대한 접근은 기대하기 어렵다. 그런 점에서 볼 때 「왕십리」에 대한 기왕의 해석은 바람직한 소통 전략이 되지 못하였다. 논의만 무성했을 뿐 텍스트의 실체에 접근을 하지 못한 것이다. 이에 따라 필자는 「왕십리」를 해석함에 있어 화자가 임과의 오랜 상봉을 염원하는 시라고 상정하여 시 내용 자체에 충실하고자 했다. 그에 따라 ‘왕십리’는 지명 그 자체로, ‘오다’ ‘가다’의 주체는 화자의 사랑하는 임으로, 축 늘어진 ‘천안 삼거리 실버들’은 사랑하는 임이 그렇게 되기를 바라는 것으로 받아들인 것이다. 이 같은 인식에 근거할 때 「왕십리」는 다음과 같은 시라고 정리할 수 있다.

이 시는 소월이 1922년 서울에 기거할 때 착상된 작품이다. 따라서 시간적 배경을 1922년으로 잡을 수 있다. 소월이 만 20세 때 쓴 것이다. 이 시의 화자는 임을 애타게 기다리고 있는데, 그 임은 비가 많이 오는 음력 5월, 아니면 음력 윤5월 28일에 화자에게 와서 다음달 1일에 간다고 통보를 했다. 그러니까 음력으로 28일, 29일, 1일이 화자가 임과 함께 있게 되는 날이다. 기간상으로 보면 3일간이다. 화자에게 3일이란 기간은 그동안 임을 애타게 기다린 것에 비해 너무나 짧다. 그래서 한닷새 비가 퍼부을 듯이 내려 천재지변으로 임이 가지 않았으면 한다. 이틀 정도 임을 더 붙잡으려고 하는 것이다. 마치 비에 촉촉이 젖어 축 늘어진 천안삼거리 실버들처럼, 임도 비에 흠뻑 젖어 왕십리에 그냥 있기를 바라는 것이다. 그러나 왕십리에서 우는 벌새의 울음은 비가 머지 않아 그치리라는 것을 불안하게 예고하고 있다. 화자가 벌새에게 왕십리 건너가서 울어달라고 말하는 것은 비가 그치면 임도 예정대로 3일만 있다가 가기 때문이다. 그러나 벌새의 나른한 자세로 보아 다른 데로 가기가 어렵다. 이것은 곧 화자의 염원이 좌절될 가능성이 있음을 암시한다. 소월의 시에 흔히 나타나는 좌절과 한의 정서가 이 시에도 나타나는 것이다.

「카페 · 프란스」에 대한 해석의 방향

1. 들어가며

　시가 함축적인 시어로 구성되기 때문에 시에 대한 해석도 천편일률적이지 않다. 그것이 오히려 시텍스트의 잠재성을 일깨우기도 하고, 시교육 현장에서 시교육이 수용자 중심으로 이루어져야 한다는 근거가 되기도 한다. 그러나 시텍스트의 무조건적인 방임 형태는 교사의 역할을 방기하는 것일 뿐만 아니라, 자칫 시의 진정한 이해를 그릇칠 우려가 있다. 교사는 해석를 위한 동기 부여의 최소한의 역할을 해야 한다. 특히 특정한 시기의 문화적 배경을 바탕으로 하고 있는 시는 배경적 지식을 제공할 의무가 있는 것이다. 이에 해당되는 대표적인 작품이 정지용의 「카페 · 프란스」이다.

　이 작품은 한국 모더니즘 전개의 출발선상에 놓인다고 볼 수 있다. 1926년에 이 같이 전형적인 모더니즘의 특성을 지닌 시가 발표되었다는 것은 한국 모더니즘시의 출발이 1930년대에 시작된 것이 아니라 이미 1920년대에 발아되었다는 구체적인 증거가 되는 것이다. 그렇기 때문에 이 작품에 대한 선학들의 연구가 집중되었고, 해석에 대한 논란도 많았다.[1] 그러나 이러한 논란 중에는 구체적인 근거에 바탕을 두지 않고 자의적인 해석에 치중하여 시텍스트의 심각한 오독을 초래하는 경우가 종종 있었다. 적어도 지시 대상의 실체를 밝히거나 시어의 의미를 규정할 때에는 배경 지식도 동원하고 치밀하게 전체적인 맥락을 살펴야 하는데, 추측과 단정으로 시 해석을 하기 때문에 범하는 오류이다.

이에 따라 본 연구자는 좀더 구체적인 자료 및 시대적 배경과 상황을 근거로 하여 그동안 이 작품에 대해 논란을 빚었던 문제점을 살핌으로써 「카페 프란스」라는 시텍스트의 실체 구현에 접근하고자 한다. 이를 위해 우선 시 전문을 살펴보고, 1920년대의 '카페'라는 공간에 대해 점검해 보기로 한다.

---

1) 이 작품에 대한 중요한 연구로는 다음과 같은 것들이 있다.
   * 김용직, 『한국현대시인연구 (상)』(서울대출판부, 2000)
   * 이숭원, 『원본 정지용 시집』(깊은샘, 2003)
   * 이숭원, 『정지용 시의 심층적 탐구』(태학사, 1999)
   * 김학동, 『정지용 연구』(민음사, 1987)
   * 사나다 히로코, 『최초의 모더니스트 정지용』(역락출판사, 2002)
   * 최미숙, 『한국 모더니즘시의 글쓰기 방식과 시 해석』(소명출판사, 2000)
   * 최원식 "서울 · 동경 · New York"(≪문학동네≫ 1998 겨울호)
   * 김시태 "영상미학의 탐구"(≪현대문학≫ 1980. 6)
   * 권영민, 『정지용 시 126편 다시 읽기』(민음사, 2004)
   * 김신정 "정지용 「카페 프란스」"(장영우 외 편, 대표시 대표평론, 실천문학사, 2000)
   * 양왕용, 정지용 시 연구(경북대 박사학위 논문, 1987)
   * 정의홍, 정지용 시의 연구(동국대 박사학위 논문, 1991)
   * 신진, 정지용 시의 상징성 연구(성균관대 박사학위 논문, 1992)
   * 이석우, 정지용 시의 연구(청주대 박사학위 논문, 2000)
   * 박민영, 1930년대 시의 상상력 연구(한림대 박사학위 논문, 2000)

2. 1920년대 '카페'의 풍경

정지용의 「카페・프란스」가 발표된 것은 알려진 바와 같이 일본 유학생들이 모여 발간한 ≪학조≫라는 잡지를 통해서이다. 그 해 그는 일본 시인 기타하라 하쿠슈우(北原白秋)가 주재하는 잡지 ≪근대풍경≫에도 일본어로 「かつふえ・ふらんす」(카페 프란스)를 투고, 기성 시인과 같은 크기의 활자로 게재되었다.[2] 또 박팔양의 회고에 따르면 지용이 휘문고보 재학시 주위 친구들이 모여 등사판으로 ≪요람≫이란 회람 잡지를 냈는데, 거기에 「카페 프란스」를 비롯하여 「압천」, 「슬픈 인상화」, 「풍랑몽」 등의 작품들이 있었다고 한다.[3] 박팔양의 말이 사실이라면 ≪요람≫지가 지용이 일본 유학한 이후에도 계속 발간되었고, 지용이 경도에서 경성으로 작품을 송고한 것으로 보아야 한다. 그렇게 보면 「카페・프란스」란 작품은 ≪학조≫, ≪근대풍경≫, ≪요람≫ 세 잡지에 수록된 작품이 된다. 그러나 일본 유학 때 발표된 것으로 되어 있는 「카페・프란스」나 「압천」이 ≪요람≫지에 실렸다는 것은 아무래도 납득하기 어려운 일이다. 김용직은 이에 대해 박팔양의 말을 액면 그대로 받아들이기에 난점이 있다고 말한다. 「압천」, 「카페・프란스」 등은 분명히 정지용이 일본 경도에 유학한 다음에 쓰여진 작품들인데 그것을 무릅쓰고 정지용의 시작 활동을 1910년대 말경이라고 주장한다면 그것은 잉태하지도 않은 아이의 나이를 말하는 꼴이 되어버린다는 것이다.[4] 「카페・프란스」, 「압천」 같은 작품이 실렸다고 한 것은 아마 ≪요람≫지에 실린 작품 편수가 많아 박팔양이 착각한 데에서 비롯된 것이 아니었나 싶다. 하여

---

2) 사나다 히로코, 앞의 책, p.247.
3) 박팔양 "<요람> 시대의 추억"(<중앙> 33호, 1936. 7) pp.147−148.
4) 김용직, 앞의 책, p.58.

튼 그 후 1935년 시문학사를 통해 『정지용시집』이 나올 때 지용은 이 작품을 개고하여 수록했다. 여기에 수록된 작품은 《학조》에 발표되었을 때와 비교해 볼 때 많이 정제된 모습이다. 그것은 그만큼 지용의 시적 수준이 높아졌다는 것이요, 9년의 기간이 경과한 후에 보니 자신의 작품에 미숙함이 있었음을 깨달았다는 것이다. 이런 이유로 본고의 「카페·프란스」 시텍스트 인용 역시 《학조》보다는 『정지용시집』에 실린 시로 하고자 한다.

옴겨다 심은 棕櫚나무 밑에
빗두루 슨 장명등,
카페·프란스에 가쟈.

이놈은 루바쉬카
또 한놈은 보헤미안 넥타이
뼷적 마른 놈이 압장을 섰다.

밤비는 뱀눈 처럼 가는데
페이브멘트에 흐늙이는 불빛
카페·프란스에 가쟈.

이 놈의 머리는 빗두른 능금
또 한놈의 心臟은 벌레 먹은 薔薇
제비 처럼 젖은 놈이 뛰여 간다.

「오오 패롵(鸚鵡) 서방! 꾿 이브닝!」

「꾿 이브닝!」(이 친구 어떠하시오?)
鬱金香 아가씨는 이밤에도
更紗 커—틴 밑에서 조시는구료!

나는 子爵의 아들도 아모것도 아니란다.
남달리 손이 히여서 슬프구나!

나는 나라도 집도 없단다
大理石 테이블에 닷는 내뺨이 슬프구나!

오오, 異國種강아지야
내 발을 빨어다오.
내 발을 빨어다오.
　　－『정지용시집』 1935－

　이 시에서 먼저 문제 삼게 되는 것은 '카페 프란스'라는 공간이다. 이 장소가 당시 경성에 있었느냐 아니면 일본 경도에 있었느냐 하는 것과, 1920년대의 카페라는 곳이 어떤 공간이었느냐 하는 것이다. 이 작품에 대해 가장 면밀한 연구를 한 것으로 평가되는 사나다 히로코는 "20년대 후반부터 일본에서 수입된 다방, 바아, 카페 등 새로운 유흥점이 경성 바닥에 생기기 시작하면서 모던 보이들은 차와 술을 마시러 이들 신식 유흥장에 들락거리는 풍조가 번져 나갔다"[5]란 글을 근거로 하여 한국의 카페 등장이 1920년대 후반부터라고 하고 있다.[6] 하지만 안석주의 『시대일보』 '만민만화'를 보면 1925년에 이미 카페가 대도시 경성에서 성행하고 있었음을 알 수 있다.

　(…) 대경성 넓은 바닥에 늘어가는 것이라고는 음식점, 료리점, '카페'뿐이다. (…) 조선 옷 우에 『에프롱』들르고 『히사시가미』에 고무신 신은 『웨트레쓰』양! 놀애를 불를가? 『딴스』를 할가? 새빨안 술이나 마시어볼가? (…) 오오 『히사시가미』에 고무신 신은 여자여! 이

---

5) 김병익, 한국문단사 3쇄(일지사, 1976) p.154.
6) 사나다 히로코, 앞의 책, p.112.

> 십세긔라는 현대가 당신이 잡고 잇는 술잔 속에서 한숨을 쉰다. 한
> 숨을 쉰다…7)

그러므로 경성에서의 카페의 등장 시기는 그보다 앞서는 것, 즉 1920년대 초로 보아야 할 것이다. 그 이후 카페는 우후죽순처럼 생겨나고, 이국정서로 분위기를 낸 실내디자인과 '모던'한 차림을 한 여성들이 시중을 드는 것만으로도 카페는 공개화된 '성적 서비스의 공간'이었다. 따라서 현대적인 인간을 자처했던 지식인과 양행꾼(서양을 다녀온 사람, 서양물을 먹은 사람들) 그리고 '모던 보이'와 '모던 걸'들은 카페로 몰려들었다.8) 이러한 카페의 흥성은 1930년대 들어 최고조를 이룬다. ≪별건곤≫에서는 다음과 같이 카페의 흥성이 묘사되고 있다.

> 전등이 난무하는 서울의 밤거리에는 요정妖精가튼 유혹의 미소가 지상의 성운가티 몰여 흐르며 흔들거리는데 사람들은 호수와 가티 밀여든다…무교정, 다옥정, 명치정, 황금정, 영락정, 카페 카페…그렇다. 카페가 잇다. 카페야말로 현대인의 변태적 기호성嗜好性을 보담 잘 이해하여 양금체가치 그네들의 성급한 요구에 수응하여 모든 향락을 준비하는 곳이다.9)

카페가 당시만 해도 전통적인 양반 동네였던 북촌 거리까지 슬금슬금 차지하기 시작했으며 이러한 풍광은 회사원에서부터 학생에 이르기까지 연령 고하를 막론하고 널리 퍼져가는 현상이었다. "종로를 중심으로 하야 그 근방에만 있는 카페 수효만 하야도 십여곳이 되며, 웨이트레스의 수효만 하여도 '목단'에 스물하나 '락원'에

---

7) 안석주, 『만화로 본 경성』(2), (<조선일보>, 1925. 11. 5)
8) 김진송, 『서울에 딴스홀을 허하라』, (현실문화연구, 1999) pp.259-260
9) 박로아, "카페의 情調"(≪별곤건≫ 1929. 9)

쉬흔셋 '평화'에 스물넷 이럿케만 처도 그 수효가 역시 수백명이나
되니"10)

　이로 미루어 볼 때 비록 식민지였기는 하지만 1920년대부터 1930
년대에 걸쳐 카페 문화는 경성에서도 상당한 번성을 했던 것 같다.
그 때 카페 여급은 조선옷에 에이프런을 두르고, 고무신에 히사시가
미(챙머리-필자 주)를 한 채, 빨간 술을 마시며 노래 부른 것으로 되
어 있다. 에이프런과 히사시가미로 근대적 이미지를, 조선옷에 고무
신으로 전근대적 이미지를 지닌 모양새인 것이다. 이렇게 근대와 전
근대가 뒤섞인 패션에 대해 안석영은 20세기라는 현대가 술잔 속에
서 한숨을 쉰다며 한탄하기도 했다.11)

　그러면 '프란스'란 카페가 경성에 있는 곳인가? 그렇지는 않다. 이
시가 ≪학조≫지에 발표된 것이 1926년이고, 정지용이 1923년부터
1929년까지 머문 곳이 일본 경도였기 때문에 '카페 프란스'는 일본
경도에 있었던 카페로 판단된다. 그는 1923년 4월 휘문고보 동창인
박제찬과 함께 일본 경도에 있는 동지사대학에 입학하여 1929년 3월
그 대학 영문과를 졸업할 때까지 주로 경도에 있었으며, 방학을 이용
하여 옥천에 들른 것으로 보인다.12) 또한 시 자체로 볼 때에도 이국
인으로서의 비애를 읊고 있는 점이 이국의 공간임을 짐작케 한다. 일
본에 '카페'란 명칭의 업소가 들어선 것은 1920년대를 거슬러 올라간
다. 유모도 고이치의 『일본 근대풍경』에는 1911년 '카페 파울리스타'
가 개업을 했다고 소개하고 있다. 이후로 커피숍은 하나의 사업으로
완전히 자리를 잡아 다이쇼 시대(1912~1926)에 들어서면서 곳곳에
점포가 생겨나기 시작했다.13) '파울리스타' 카페에는 당시 유학을 왔

---

10) 녹안경, "카페여급 언파레-드"(≪별건곤≫ 1931. 11)
11) 신명직, 『모던뽀이, 경성을 거닐다』3쇄(현실문화연구, 2004) pp.31-32.
12) 김학동, 앞의 책, pp.263-265.

던 김동인이나 주요한 등도 드나들었던 것으로 되어 있다.[14] 그 카페에는 시중 드는 아가씨들이 있는 것이 보통이었다. 정지용은 「다방 ROBIN 안에 연지 찍은 색시들」에서 다방의 아가씨들을 다음과 같이 묘사하고 있다.

> 그보다도 그 집의 특색은 차 나르는 아이들이었는데 많아야 열네 살쯤 된 시악시들이 3, 4인이 모두 꼭 같은 단발이마에 까만 원피스를 짜르게 해 입고 역시 까만 스타킹이며 까만 신을 가볍게 신었다. 두 볼에 돈짝만큼 동그란 붉은 연지를 꼭같이 찍은 것이 여간 그 집에 밝은 보람을 내인 것이 아니었다. 연지 찍은 것을 온당치 못하다고 트집을 잡는다면 할 수 없으나 그 집 아이들은 일체 말이 없었고 설혹 용렬한 손이 있어 엇비딱한 농을 걸지라도 그 아이들은 연꽃봉오리처럼 복스런 볼에 경첩히 웃음을 흩지 아니하였으니 그럴 수밖에 없었던 것이 아무리 어리고 귀엽고한 색씨들일지라도 여자는 마침내 여자에 지나지 않고 보니 웃음이라도 조심없이 흩어 놓고 볼 양이면 못나게 구는 손이 없다 할지라도 그만한 일로 다방의 질서를 잃게 되는 것이 아니었던가.[15]

위의 모든 사실들을 종합해 볼 때 '카페'라는 곳은 서양을 통해 일찍이 일본에 들어온 것으로 이국적인 정취를 자아내는 공간이었으며, 당시 조선에는 1920년대 일본을 통해 수입되었다. 또한 시중을 드는 아가씨를 두었으며, 모던 보이나 모던 걸들이 선호하는 근대적 문화의 산실이었다. '카페 프란스'는 지용의 행동 반경으로 미루어볼 때 유학지인 경도에 있었던 카페일 가능성이 크며, 적어도 경성에 있던

---

13) 유모토 고이치, 『일본 근대의 풍경』, 연구공간 수유+너머 동아시아 근대세미나팀 역, (그린비 출판사, 2004) p.323
14) 김동인, 『문단15년이면사』, p.104(사나다 히로코, 앞의 책, p.131 재인용)
15) 정지용, 『정지용전집 (상)』 산문, 동지사, 1949, pp.48-49

곳은 아니다. 일본은 1920년대에 들어서 소비 형태가 변하기 시작하여 식생활에서 빵이나 과자, 커피 등이 도시 서민층에게 보급되기 시작했으며 1920년대 전반기에 개인 소비지출이 급속히 증가한다.[16] 따라서 카페 문화도 어느 정도 자리를 잡았을 것이다. 그러나 일본 경제가 1920년의 경제 공황에서 완전히 벗어난 것은 아니고, 도시 서민층에게도 개방이 되었다고 하지만 역시 '자작의 아들'처럼 귀족 행세를 할 수 있는 부유층이 들락거릴 수 있는 곳이어서 서민들은 경제적으로 부담스러운 곳이었다고 볼 수 있다.

3. "카페로 가는 인물들"의 분석

이 시에는 카페로 향하는 세 인물이 등장한다. 루바쉬카를 입은 놈, 보헤미안 넥타이를 맨 놈, 그리고 뻣적 마른 놈이다. 이 시의 인물들의 수효에 대해서 2연과 4연의 '이 놈' '또 한 놈'이 같은 사람이냐 다른 사람이냐에 따라 최소한 2명이 되고 최대한은 7명이 될 수도 있다고 주장한 이[17]도 있지만, 전후 맥락으로 볼 때 세 사람으로 보는 것이 타당하다. 이에 대해서는 다음과 같은 적절한 언급이 있다.

> 2연과 4연은 시적 화자와 함께 카페 프란스로 가는 사람들의 모습이다. 이 두 개의 연은 통사론적 위치로 보아 다음과 같이 묶을 수 있다.

I   II

이놈 → 루바쉬카 → 빗두른 능금

---

16) 미와 료이치, 『일본 경제사』, 권혁기 역(보고사, 2004) pp.165-167 참조
17) 김종훈, "결핍으로서의 기호들", 최동호 외 편, 『다시 읽는 정지용 시』(월인출판사, 2003) p.12

또 한놈 → 보헤미안 넥타이 → 벌레 먹은 장미
…놈　　→ 삣적 마른 놈　 → 제비처럼 젖은 놈

Ⅰ과 Ⅱ를 서로 비교할 수 있는 근거는 2연과 4연의 어두가 각각 '이놈' '또 한놈' '놈'이라는 어휘로 시작하며, 통사론적 위치도 같기 때문이다. Ⅰ과 Ⅱ는 반복되기도 하고 등가를 이루기도 하면서 각각 서로의 의미를 규정하는 역할을 하고 있다. 어휘 '루바쉬카'의 일반 언어학적 의미는 '러시아의 남자가 입는 블라우스 풍의 상의'이다. 또 '보헤미안'은 '사회관습에 구애받지 않고 방랑적이며 자유분방한 생활을 하는 사람'이다. 이러한 일반언어학적 의미는 시 텍스트에서 어떤 구조적 위치를 점하고 있는가에 따라 다르게 나타난다. 시어는 일반 언어학적 의미를 전제로 하면서 텍스트 내적인 구조에서의 위치에 의해 새로운 의미를 획득한다. '루바쉬카'의 의미는 '빗두른 능금'과의 결합을 통해서, '삣적 마른 놈'의 의미는 '제비처럼 젖은 놈'과의 결합을 통해서 밝혀진다.[18]

그러므로 이 시에서 '이 놈'은 "빗두른 능금"으로 비유되는 루바쉬카를 입은 사람이요, '또 한 놈'은 "벌레 먹은 장미"로 비유되는 보헤미안 넥타이를 맨 사람이며, 그리고 "제비처럼 젖은 채 뛰여가는" 삣적 마른 놈이 나머지 한 사람이다. 구체적으로 이 인물들이 누구인지는 알 수가 없다. 확실한 것은 이 셋 중의 하나가 실질적으론 지용이란 사실이다. 이숭원은 이 세 사람에 대해 "어쩌면 이 세 사람은 경도에서 유학 생활을 같이 하며 ≪학조≫ 창간호를 내기 위해 힘쓰던 동료일지 모른다고 하고 있다."[19] 충분한 개연성이 있는 지적이다. 그러나 나는 정지용 이외의 두 사람이 박팔양과 박제찬일 가능성이 있다고 보고 있다. 박제찬은 정지용의 휘문고보 동창으로 1923년 4월

---

18) 최미숙, 앞의 책, pp. 259-260.
19) 이숭원, 정지용 시의 심층적 탐구 (태학사, 1999), p.32

경도 동지사대학에 지용과 같이 입학한 인물이다.[20] 박팔양 역시 배재고보 졸업 후 경성법학전문학교에 다닐 때 박제찬, 정지용과 더불어 ≪요람≫지를 만들었던 인물이다. 그가 지용이 유학하고 있던 경도에 왔던 것은 다음 글에서 드러난다.

> 여름철이 되어야만 역구풀이 붉게 우거지고 밖으로 뜸부기도 울고 하는 것을 한번은 그렇지 못한 때 지금 만주에 가 있는 麗水가 와 보고, 그래 어디가 역구풀 우거진 보금자리, 뜸부기 홀어멈 우는 곳이냐고 매우 시시하니 말을 하기에 변명하기에 좀 어색한 적도 있었으나 어찌하였든 나는 이 냇가에서 거닐고 앉고 부질없이 돌팔매질하고 달도 보고 생각도 하고 학기 시험에 몰리어 노ー트를 들고 나와 누어서 보기도 하였다.[21]

여기서 麗水는 잘 알다시피 박팔양의 호이다. 여수가 지용을 찾아 경도에 왔던 것이다. 이들 세 명은 상당히 친밀한 관계에 있었고, 여수가 일본 경도에 와 이국 땅에서 오랜만에 셋이 회합하다 보니 자신들의 처지로서는 좀 버거운 카페를 들를 용기를 냈을 것이다. 그렇다면 루바쉬카를 입은 이는 누구인가? 나는 그가 박팔양일 것이라고 생각한다. 그는 세 인물 중 특히 사회주의 사상에 젖어 있었을 뿐 아니라 루바쉬카를 즐겨 입은 문인으로 되어 있다. 그의 시 「태양을 등진 거리 위에서」를 보면 "나는 오늘도 / 단 하나밖에 없는 나의 단벌 「루바시카」를 입고 황혼의 거리 위로 걸어간다"라는 구절이 나온다. 그의 외모는 지용처럼 왜소했던 것으로 되어 있다. 안석주는 그에 대해 다음과 같이 묘사하고 있다.

---

20) 김학동, 앞의 책, p.263
21) 정지용, "압천 상류 (상)", 정지용전집 상권, 동지사, 1949, p.51

妹氏의 夭折로 氏는 모든 데 落望하엿고 於是乎 인생의 허무를 늣
겻스니 凹凸面鏡에 빗추어 보아야 키가 보히고 몸집이 보히는 짤막
한 키가 더 조라든드시 懷疑에서 더 큰 세계를 피하고 주저안젓다
고 할 수 잇지 안을가? (중략) 발자최마다 흐드기는 드시 애처러워
보히는 그 거름거리에 연황색 안면이 설어웁다 여수여! 고흔 노래
를 읍조려달라 그대의 노래를 이즌지 오래이외다!22)

당시 루바쉬카나 보헤미안 넥타이는 예술가들의 유행 패션이었던
것 같다. 루바쉬카는 사회주의 등 좌익사상에 대한 동경을 나타냈으
며, 하쿠슈나 하기와라 사쿠타로도 보헤미안 넥타이의 애용자였고,
그리고 도쿄에 유학하고 있었던 한국인 유학생들도 곧 그것을 흉내
내고 서울까지 그 유행을 가져왔던 것으로 되어 있다.23) 따라서 보헤
미안 넥타이를 맨 이는 박제찬이고, 앞장을 서서 제비처럼 젖은 채
뛰여가는 뻿적 마른 놈이 정지용이 되는 셈이다. 분위기나 장식에 호
사 취미가 있는 지용의 취향상 카페 프란스를 그래도 전에 들른 사
람은 그였을 것이고, 아는 집이니까 그가 앞장을 섰을 것이다. 자기
자신을 '이 놈'이라든가 '또 한 놈'이라고 표현했을 리가 없고24), '이
놈' '또 한 놈'은 어휘의 용례상으로 볼 때 화자 주위에 있는 두 인
물을 하나씩 지칭하는 것으로 보는 것이 타당하다. 그가 휘문고보 학
적부상에 156센티미터 키에 45킬로그램이었다는 지적25)도 "뻿적 마
른 놈"이 지용임을 짐작케 하는 근거가 되는 것이다.

　그렇다면 '빗두른 능금'이란 무슨 비유인가? 이에 대해 "빛 두른,
갓 익어 붉은 색깔이 도는"26) "겉만 빨간 빛을 두르고 속은 그렇지

---

22) 안석주, "캐나리아의 애인 麗水 박팔양씨"(<조선일보> 1933. 2. 7)
23) 사나다 히로코, 앞의 책, p.114
24) 권영민은 시적 화자를 '이 놈'으로 보고 있다. 권영민, 앞의 책, p.50
25) 이숭원, 앞의 책, p.32
26) 권영민, 앞의 책, p.248

않은, 즉 관념만을 농하고 살행이 따르지 않는 사이비 사회주의자를 의미한다"27) 등의 지적이 있는데, '빗'을 '빛'으로 보는 이 해석들을 그대로 받아들이는 데에는 난점이 있다. 지용은 '빗'과 '빛'을 명확히 구분했다. 그의 시에는 '빛'이란 표기가 여러 편의 시에 나타나는데, 그 중 몇 편의 시를 소개하면 다음과 같다.

① 우리가 이웃에 간 동안에 / 해ㅅ빛이 입마추고 가고, (「해바라기씨」)
② 오늘 아침 바다는 / 포도 빛으로 부풀어졌다. (「바다 1」)
③ 보라ㅅ빛으로 피여오른 하늘이 만만하게 비여진다. (「말 1」)
④ 나비가 한 마리 날러 들어온 양하고 / 이 종히ㅅ장에 불빛을 돌려대 보시압. (「엽서에 쓴 글」)
⑤ 해설피 금빛 게으른 울음을 우는 곳 (…) 흐릿한 불빛에 돌아앉어 도란 도란거리는 곳 (「鄕愁」)
⑥ 나지익 한 하늘은 白金빛으로 빛나고 / 물결은 유리판 처럼 부서지며 끓어오른다. (「甲板 우」)

이 외에도 「따알리아」, 「이른 봄 아침」, 「다시 海峽」, 「琉璃窓 2」, 「촉불과 손」, 「蘭草」, 「지는 해」, 「그의 반」 등에서 '빛'이란 표기를 볼 수 있는데, 이 모든 시에서도 '빛'을 '빗'으로 잘못 표기한 것은 없다. 이에 대해서는 이숭원도 지적하여 지용은 '빗'과 '빛'을 명확히 구분하여 썼고, '빗두른'이 '빛 두른'이라면 두 어절로 띄어 썼을 확률이 높으며, 다음 행의 "벌레 먹은 장미"라는 시행과의 호응을 생각하더라도 '빛 두른'이라는 말보다는 '비뚤어진'이 더 어울린다고 하고 있다.28) 그러므로 '빗두른 능금'은 '비뚤어진 능금'으로 읽어야 한다. 그렇다면 '비뚤어진 능금'이란 무슨 뜻인가? '머리'와 연결시켜

---

27) 사나다 히로코, 앞의 책, p.115
28) 이숭원 "정지용 시 해석에 대한 몇 가지 이의"(≪현대시학≫ 2004. 4월호)

볼 때 설익거나 잘못된 사상을 지녔다는 것으로 생각할 수 있다. '벌레 먹은 장미'도 부정적 의미이므로 "일견 화려한 것 같으면서도 썩어가고 있는"[29]으로 해석하는 것이 적절하다. 결국 여기 등장하는 세 사람은 1920년대 초 사회주의나 낭만주의에 빠져 마치 위대한 사상가나 예술가처럼 행세하는 젊은이들을 묘사한 것이라고 할 수 있다.

4. '카페 프란스'의 대상에 대한 논의

시 전체를 살펴볼 때 '카페 프란스'의 외관이나 내부는 이국적이며, 장식적이다. 입구에 종려나무, 앵무새, 장명등을 비롯하여, 내부에 경사 커튼, 대리석 테이블, '울금향'이란 별칭을 가진 여급, 이국종 강아지 등 카페 전경을 머리 속에 떠올릴 때 주인이 상당히 신경을 써서 이국적으로 카페를 꾸몄음을 알게 된다. 일본에서도 카페란 것이 외국에서 수입된 문화 공간이고, 그 곳을 찾는 손님도 이국적 분위기에 빠지고 싶어 찾기 때문에 주인이 손님의 취향을 고려하여 그같이 꾸몄을 것이다. 그 카페 안에 있는 생명체는 '패롯 서방' '울금향 아가씨' '이국종 강아지'이다. 이들에 대해서는 비유적인 표현으로 보는 이가 있는가 하면, 실제의 인물로 파악하는 등 다양한 의견이 제시된다. 이 장에서는 이에 대해 하나씩 점검해 보기로 한다.

1) '패롯 서방'

'패롯 서방'에 대해 독특한 견해가 제시되기도 한다. 이 견해에 따르면 세 청년이 카페 문 안에 들어서자 카운터 쪽에 있던 카페 여급

---

29) 상동.

하나가 이들을 맞이하여 "오오 패롯(鸚鵡) 서방! 꾿 이브닝"하고 인사를 한 것이라고 하면서, 그 근거로 카페를 찾는 손님들이 먼저 카페 종업원에게 인사하는 법은 없고, 손님이 앵무새를 향해 하는 인사라는 것도 어울리지 않으며, 앵무새에게 '서방'이라는 것도 어울리지 않는다고 한다.[30] 그러나 이 해석은 납득하기 어렵다. 어느 여급은 손님을 맞이하며 인사를 하는데, 또 다른 '울금향'이란 별칭의 여급은 졸고 있다는 자체가 자연스럽지 못하며, 만약 한 여급이 손님을 맞으러 나갔다면 그녀가 입구로 나갈 때 카페에 같이 근무하는 동료로서 다른 여급인 '울금향 아가씨'를 깨웠을 것이다. 그것이 손님을 맞는 정상적인 태도이다. 앵무새에 대한 관점도 너무 경직되었다고 판단되는데, 카페를 들어서는 손님들이 얼마든지 카페 앞에 동물이 있으면 마치 사람을 대하듯 인사를 할 수 있는 것이다. 더구나 사람의 말을 그대로 따라 하는 앵무새인데 오히려 그냥 들어가는 사람이 몰인정할 정도로 이상한 것이다. '서방'도 앵무새에게 친근하게 붙여줄 수 있는 호칭이다. 그렇다면 시의 전개를 토대로 어떤 가상을 할 수 있을 것인가?

이 시 전체를 볼 때 카페의 분위기는 바깥의 비 내리는 분위기와 마찬가지로 을씨년스럽고 손님조차 없다고 보아야 한다. 또한 이 카페는 '자작의 아들'처럼 부유한 층이나 드나들 수 있는 것이지, 경제적 사정이 여의치 못한 유학생에게는 버거운 장소이기에 대접을 제대로 받지 못하는 것이다. 다만 장식이나 이국적 정취를 좋아하는 지용에게는 전에 왔던 이 카페의 장식물들—문 앞의 앵무새·경사 커튼·울금향 아가씨·대리석 테이블·이국종 강아지 등—이 마음에 들기 때문에 그가 안내자가 되어 친한 친구들과 더불어 어려운 발걸음을 했다고 보아야 한다. 앞장을 선 것은 앞서 말한 대로 그가 이

---

30) 권영민, 앞의 책, pp.50−55 참조

카페를 적어도 한 번은 들른 것이고, 다른 이들에겐 생소한 장소라는 얘기이다. 다른 이들도 들른 곳이라면 어느 한 사람만이 앞장 설 필요가 없고, 같이 보조를 맞춰 들어가는 것이 보통이다. 그러므로 "오오 패롯(鸚鵡) 서방! 꾿 이브닝"이라고 인사를 하는 것은 앞장 서 간 화자라고 보아야 한다. 그에 따라 곧 이어지는 응답인 "『꾿 이브닝! (이 친구 어떠하시오?)』"도 앵무새의 것이 될 수밖에 없다. 앵무새는 동어 반복을 하기에 똑같이 '꾿 이브닝'이라고 하는 것이다. 활자가 굵은 것은 앵무새가 나타내는 말의 이질성을 표현하기 위해 의도적으로 쓴 것이다.[31] 이에 대해서 사나다 히로코는 구체적인 근거를 대고 있다.

> 고딕체로 표기한 것은 앵무새 목소리가 사람 소리와 다른 것을 시각적으로 표현한 것이다. 활자 크기를 몇 가지 섞여 쓰거나 다양한 글꼴을 쓰거나 하는 것은 지금은 만화책에서도 많이 쓰이는 기법이지만 그 당시에는 다다이스트, 아나키스트 시인들이 많이 썼었다. 정지용이 휘문고보 시절의 「요람」지의 동료로서 김화산, 박팔양 같은 친구들과 친하게 지내면서 그런 영향을 어느 정도 받았지 않을까 싶다.[32]

권영민은 괄호 부분의 (이 친구 어떠하시오?)에 의문을 제시하고 이 부분 때문에 '꾿 이브닝'의 주체를 앵무새로 볼 수 없다고 한다. 그러나 (이 친구 어떠하시오?)는 앵무새의 말 '꾿 이브닝!'을 시인이 그런 의미를 지닌 것이라고 풀이한 것이다. 영어로 치자면 "How are you?" 정도가 된다. 그런 점에서 "(이 친구 어떠하시오?)는 『꾿 이브닝!』을 주해한 것"[33] "이라든가 "꾿 이브닝!"이라는 고딕체 표기는

---

31) 최미숙, 앞의 책, p.260
32) 사나다 히로코, 앞의 책, p.117

보통의 음성과는 다른 소리임을 나타내는 표지이며, 괄호 속의 말은 그 뜻을 풀이한 내용임을 정지용은 시행의 재배치를 통해 드러내고자 한 것”[34]이라는 견해는 이 구절을 바로 본 것이라 할 수 있다. 잘 알다시피 정지용은 기타하라 하쿠슈우의 영향을 많이 받고, 그가 주재한 ≪근대풍경≫에 계속 글을 투고한 바, 하쿠슈우의 기법 중의 하나가 패러프레이즈의 성격을 띤 부분을 괄호 안에 집어넣는 것이었다.[35] 정지용 역시 「시계를 죽임」, 「밤」, 「태극선」 같은 시에서 괄호를 사용하여 화자의 심정을 특별히 따로 표현하거나, 패러프레이즈 성격의 언술은 괄호 안에 넣어 처리한다.

2) '울금향 아가씨'

'울금향 아가씨'에 대해서는 튤립으로 보는 견해(박민영, 이시우 등), 아가씨로 보는 견해(이숭원, 최미숙, 사나다 히로코 등), 양쪽으로 다 볼 수 있다는 견해(최원식 등)가 있다. 그러나 시인의 시적 장치나 의미 구조 등을 고려할 때 '울금향'이란 별칭을 지닌 아가씨로 보는 것이 자연스럽다. 그녀가 졸고 있는 것은 고달픈 생활이나 술집 생활에 적응하지 못했기 때문으로 보는 것[36]보다 앞서 말했듯이 손님이 없기 때문인 것으로 추측된다. “오늘도”의 '도'라는 조사가 부여하는 뉘앙스를 생각해 볼 때 그녀는 오늘 뿐만 아니라 화자가 전에 들렀을 때에도 졸은 것이요, 만약 고달픈 생활이라 그랬다면 주인이

---

33) 신진, 정지용 시의 상징성 연구 (성균관대 박사학위논문, 1992), p.55
34) 이숭원, 앞의 글(≪현대시학≫ 2004. 4월호)
35) 예를 들어 그의 시 「柳河」나 「わかる勘下」을 보면 패러프레이즈를 하는 부분에서 괄호로 처리하고 있다.(小海永二 편, 現代詩の解釋と鑑賞事典, 旺文社, 1979, pp.138 −143 참조)
36) 사나다 히로코, 앞의 책, p.118

아가씨를 그대로 그 카페에 근무시켰을 리가 없다. 손님이 없으니 여급이 졸아도 주인이 어쩔 수가 없는 것이다. 시의 표면에는 드러나지 않지만 아마 세 사람이 카페에 들어선 이후에는 깨어나 그들의 시중을 들었을 것이다. 손님에 대한 예의에 깍듯한 일본 풍습에 비추어 볼 때 고객은 아니지만 손님의 신분인 그들을 놔두고 계속 졸고 있었을 리는 없다. 그리고 세 사람은 그녀의 서비스를 받으며 술을 마셨을 것이다. 그리고 화자인 '나'는 취해 테이블 위에 얼굴을 묻고 독백조로 "나는 자작의 아들도 아니란다 / 남달리 손이 히여서 슬프구나! // 나는 나라도 집도 없단다 / 대리석 테이블에 닷는 내 뺨이 슬프구나!"라고 탄식을 했을 것이다. 이렇게 보아야만 전체적인 전개가 자연스럽다.

'울금향 아가씨'를 '튤립'으로 볼 수 없는 중요한 이유는 그렇게 되면 이 시에서 카페의 가장 중요한 구성 인자인 '아가씨'에 대한 언급은 하나도 없다는 것이요, 그것은 앞장서서 뛰어간 화자의 심리 정황에도 어긋난다. ≪학조≫지에 "추립브(鬱金香) 아가씨"라고 표기되었던 것을 『정지용시집』에서 "鬱金香 아가씨"라고 한 것에 대해서도 각각 견해가 달라 "漢字가 풍기는 요염한 분위기"(사나다 히로코) "청각적으로나 시각적으로 농익은 분위기"(최원식) "비관적이고 슬픔에 찬 내면 정서를 강조하기 위해 튜울립보다는 우울의 '鬱'자가 들어 있는 '울금향'을 택함"(김종훈) 등으로 엇갈린 판단을 하고 있으나, 근거가 부족하기에 어느 쪽으로 속단할 수는 없는 것 같다. 그러나 세련된 표현이란 측면에서 볼 때 "추립브(鬱金香) 아가씨"보다는 "鬱金香 아가씨"가 깔끔하고 정제되었다는 느낌을 준다. 튤립의 한자어에 해당하는 '鬱金香'이 있기 때문에 굳이 외래어 표기와 한자를 병기할 필요는 없는 것이다.

3) ‘이국종 강아지’

‘이국종 강아지’에 대해서는 “카페의 분위기에 잘 어울리는 외래종 고급 애완동물”(사나다 히로코) “일본 여급”(김동석) “감정의 주체인 ‘나’의 다른 표현”(김종훈) “일본인으로서 카페의 여급”(이석우) “졸고 있던 카페의 여급 ‘울금향 아가씨’를 지칭함”(권영민) “이국 정조의 모든 사물들을 지칭하는 말”(정의홍) 등 해석이 분분하다. 우선 ‘이국종 강아지’를 카페의 여급으로 보는 관점에 문제가 있다는 것은 다음 언급으로부터 여실히 드러난다.

> 명령조가 아니고 당부하는 어조라는 점이나 앞에서 화자가 “울금향 아가씨”에게 보인 상냥한 눈길을 생각하면 강아지를 여급으로 보는 것은 약간 무리가 있어 보인다. 아무리 화자가 일본 제국주의를 싫어한다 하더라도 슬픈 사연을 가지는 불쌍한 여자에게 한풀이는 하지 않을 것이다.[37]

또한 당시 카페의 아가씨가 손님의 발을 핥거나(≪학조≫에는 “핥아다오”로 되어 있음), 빨지는 않았다고 본다. 이런 해석은 정지용이 식민지 지식인이라는 사실을 너무 염두에 두었기 때문에 나온 것으로 받아들여진다. 그러므로 ‘이국종 강아지’는 카페에서 주인이 기르고 있는 강아지이다. 그것이 미국이나 영국 개인지 또는 다른 나라의 개인지는 모르나 원산지가 한국이나 일본이 아닌 애완견이었을 것이다. 시적 화자는 이 강아지로부터 동병상련의 정을 느꼈다. 고향을 떠나와 이역 땅에 살고 있는 강아지나, 역시 나라를 잃고 이국 생활을 하는 화자 자신의 처지가 같다고 생각한 것이다. 이 논리의 연장선상에

---

37) 사나다 히로코, 앞의 책, p.126

서 본다면 "내 발을 빨아다오"는 화자가 강아지로부터 위무를 받으려는 태도이다. 그는 관동대지진으로 인한 조선인의 희생에 대해 상당히 민족적 비애감을 지니고 있었고, 비록 휘문고보의 배려로 유학을 하고 있기는 하지만 '자작의 아들'도 아닌 백수의 처지이며, "나라도 없고 집도 없는" 자신에 대해 굴욕감 내지 고독감을 지니고 있었다고 보아야 한다. 따라서 같은 처지인 강아지에게 위안을 받고자 한 것이다. 강아지가 어느 대상을 핥는다든가, 빤다는 것은 그 대상에 대한 친근감의 표시이다. 그만큼 자신을 친근하게 대해줘 비애감이나 고독감을 덜게 해 달라는 것이다. 이 부분을 놓고 "발을 빨아달라고 한 것이 일제에 대한 적개심"[38]이라는 해석한 이가 있는데 이는 타당치 않다. 카페를 찾아올 때나 들어설 때의 그의 태도나 기분-앞장 서 뛰어간다든가 앵무새에게 경쾌하게 인사를 한다든가 등-만으로 보아도 그의 심적 상태가 적개심으로 이어진다는 것은 어울리지 않는다. 이런 해석이야말로 의도의 오류라고 할 수 있다. 그런 점에서 이 작품이 시대의식이나 정치 상황 인식의 토대 위에서 쓰여진 것이라는 주장은 성립이 불가능하다는 지적[39]은 정당성을 확보한다.

5. 나가며

「카페·프란스」는 독자들이 쉽게 이해할 수 없는 시텍스트이다. 비유의 본의나 대상들의 실체, 포말리즘 기법을 구사한 시인의 의도 등을 파악한다는 것이 만만치 않다. 그러나 한편으로 이 시텍스트만큼 많은 정보를 제공해주는 작품도 드물다. 이 시를 제대로 이해하면

---

38) 김동석, 앞의 글, pp.178-179
39) 김용직, 앞의 책, p.76

1920년대의 문화 배경, 당시 조선 유학생의 의식 내지 실태, 1920년대 모더니즘 기법의 수준 등을 가늠할 수가 있다. 그러므로 「카페·프란스」는 시교육 현장에서 제대로 다룰 만한 가치가 있는 작품이다. 그러나 소통 구조에 있어 매개자의 위치에 있는 연구자들의 확대 해석은 시인의 의도를 벗어나 독자들의 이해를 혼란스럽게 했다. 그 결과 수용상의 문제점을 야기시킨 것이다.

지금까지 살펴본 바를 정리하면 이 시에서 프란스 카페로 가는 세 사람은 1920년대 풍조에 어설프게 휩쓸린 젊은이들이다. 루바쉬카 외투, 보헤미안 넥타이의 의상과 "빗두른 능금" "벌레 먹은 장미" 같은 비유를 통해 그 사실은 추출된다. 해석의 논란을 많이 빚었던 '패롤 서방' '울금향 아가씨' '이국종 강아지'는 비유적으로 표현된 대상이 아니고 시에 제시된 그대로 앵무새, 아가씨, 강아지이다. 그리고 화자가 식민지 지식인으로서의 비애를 지니고 있는 것은 사실이지만 '빨아 다오'라고 강아지에게 요구한 것을 일제에 대한 적개심으로까지 볼 수는 없다. 여기에는 화자가 카페를 들어설 때의 심적 상태가 판단의 근거가 된다. 이를 토대로 하나의 결론을 도출하면 시에 대한 해석은 일단 표면상의 진술 자체에 충실하여 이루어져야 한다는 것이다. 비유의 기법이 분명하지 않은 이상 억측은 금물이다. 학생들을 수용자로 하는 시교육 현장에서는 특히 그렇다.

소통구조 면에서 볼 때 시교육 현장에서 이 작품에 대한 교사의 역할은 절대적이다. 이 작품은 교사가 없이는 제대로 소통이 되지 않는다. 그러면 교사가 해야 할 역할은 무엇인가? 1920년대 한국과 일본의 정치·경제 상황, 당시 조선인 유학생들의 실태, 카페의 등장 시기와 분위기, 카페의 수준 등을 배경 지식으로 학생들에게 제공해야 한다. 뿐만 아니라 루바쉬카 외투를 입거나 보헤미안 넥타이를 매는 당시의 복장에 대한 젊은이들의 취향을 알려줘야 한다. 이 정도의 배경 지식을 교육한다면 이 작품은 학생들로 하여금 상당한 흥미를 끌게 할 소지가 있다. 수용미학의 관점에서 본다면 시텍스트는 수용자에게 자유롭게 열려 있어야 하지만, 이 작품은 이렇듯 예외이다. 그 점에서 「카페·프란스」는 시교육 방법의 또 다른 측면을 일깨워 주고 있는 작품이다.

제2부

허무와 낭만과 사랑의 앙상블

1. 상실과 허무, 혹은 존재의 본질적 물음

황금찬 시인이 시단에 발을 내디딘 것은 그렇게 빠른 나이는 아니었다. <현대문학>으로 추천이 완료된 것이 1956년이요, 첫 시집을 낸 것이 48세 때인 1965년이니까 데뷔가 늦은 셈이다. 그 이전의 <청포도> 동인 활동까지를 따지자면 좀더 거슬러 올라갈 수 있으나 공식적인 데뷔를 따지자면 그렇다. 그러나 그는 그 후부터 지금까지 무려 삼십 권이 넘는 시집과 열 권이 넘는 산문집을 내어 왕성한 창작열을 보이고 있다. 매년 한 권, 그렇지 않으면 적어도 2년에 한 권의 시집을 출판했다는 얘기이다. 이에 대해서 그는 왜 그런지 할 말이 많고, 웃고 싶은 때보다 울고 싶은 때가 더 많기 때문이라고 한다. 누군들 삶의 굴곡이 없으랴마는 그가 겪은 수많은 경험들, 특히 슬픈 경험 속에서 솟아나는 우수와 비애와 허무의 정조가 그로 하여금 쉼없이 시를 쓰게 하는 것이다.

황금찬 시에서 우선 지적할 수 있는 것은 상실과 허무의 정조이다. 그는 사실 살아오면서 많은 것을 잃은 시인이다. 고향을 잃었고, 사

랑하는 아내와 자식을 잃었고, 흉금 없이 속 마음을 다 털어 놓던 문
단의 지인들을 잃었다. 한 번 만나고 다시는 못 만나는 이별까지를
따지자면 더 많은 경우가 있으리라. 잃을 때마다 그가 느끼는 삶의
쓸쓸함이 얼마나 컸을까? 정이 많고, 눈물이 많고, 마음이 따뜻한 사
람들에게는 살면서 겪는 이 상실의 경험이 감당하기 힘든 충격이 되
는데 그가 그에 해당한다. 따지고 보면 우리는 살아가면서 많은 것들
을 잃는다. 친하게 지내던 이들을 잃고, 아끼던 물건을 잃고, 사랑과
행복을 잃는다. 그리고 나이가 들수록 그 잃는 건수나 양이 점점 많
아진다. 눈 앞에 사라진 것들, 마음속에 텅빈 공간을 만든 것들. 그
빈 자리를 무엇으로 채울 것인가? 그 대체물이란 것을 찾기 어려우
며, 설사 대체물이 생겼다 한들 잃어진 것들에 대한 애정이나 애착을
그것이 대신하지 못한다. 과거의 경험은 대부분 기억 속에서 아름답
게 부풀려진다. 가령 어릴 적 어느 소녀와 우연한 기회에 손을 한 번
잡은 적이 있다 할 때 소녀의 아름다움과 그윽한 눈빛, 손의 촉감은
과거의 실제보다 과장되어 추억의 성장을 한다. 그러기에 잃은 것들
에 대해 더욱 허무한 마음이 드는 것이다.

① 가을 벌레가 울고 있는가
　내 사랑했던 여름의 여인은
　서울 종로 마로니에 공원
　식어가는 거리 위에
　짙은 웃음소리만 남겨 놓고
　지금 어디쯤 가고 있을까

　가면 돌아오지 않는다
　86년의 여름도
　지즐대던 빗소리도

내 연인처럼
돌아오지 않는다.
　－「가을 연인」－

② 가을 언덕에
　시들어가는
　저 잡초의 의미는 무엇일까

　영원하지 않은 여름에
　젊은 계절도
　꽃잎 위에 말라가는 세월

　달은 언제나
　망월이 될 수 없고
　지붕 위에 앉아 있던 비둘기는
　날아가고 보이지 않았다.

　비원 연못가에
　비가 내릴 때
　연잎에 울리던 빗소리도
　이미 멎은 지 오랬고.

　걸어 다니던
　언덕 길에 남겨 놓은
　신발 자국도 없으렷다.

　세수물에 떨어진 흰 머리카락을
　시드는 잡초처럼
　지금 바라보고 있다.

-「가을 언덕에서」-

①에서 느껴지는 정조는 누구나 쉽게 파악하듯이 상실감이다. 가을 벌레가 울고 있는 지금 화자가 사랑한 여름의 여인이 그의 앞에 없다. 오직 그녀의 짙은 웃음 소리만 귓가에 맴돌 뿐이다. 가을 벌레의 울음 소리는 더욱 그녀의 짙은 웃음 소리를 생각나게 한다. 그러나 가면 돌아오지 않는 것은 이것만이 아니다. 86년의 여름도 아니오고, 지즐대던 빗소리도 돌아오지 않는다. 내 연인과 더불어 그녀와 함께 했던 모든 것들이 돌아오지 않는 것이다. 이 상황에서 그가 느끼는 것은 무엇인가? 상실감인 것이다.

②에서도 화자는 가을 언덕에 시들어가는 잡초를 보고 세상 만사의 이치를 돌이켜본다. 여름이 영원할 수 없어 이내 가을이 오고, 달도 언제나 망월(望月=보름달)만은 아니요, 앉아 있던 비둘기도 날아가 보이지 않는다. 빗소리도 그치면서 더 이상 소리를 내지 않고, 언덕 길에 남겨 놓은 신발 자국도 어느 새 없어졌다. 이렇듯 모든 것이, 자연과 인간을 막론하고, 사라지는 것이다. 한 번 가면 다시 오지 않는 것이다. 그렇다면 세수물에 떨어진 흰 머리카락은 무엇을 말하는가? 그것은 바로 시드는 잡초에 다름 아니요, 그와 같이 머지 않아 자신도 사라지리라는 것을 느끼는 것이다. 그는 그의 시집 『언덕 위의 작은 집』(1984) '시인의 말'에서 자신의 소망이 가장 인간적인 말로 하늘의 이치를 말하고 싶은 것이라고 했는데, 어느 누구도 거역할 수 없고 어느 때인가는 겪게 되어 있는 '사라짐'을 하늘의 이치 중의 하나로 말하고 있다고 볼 수 있다. 다음의 짤막한 시도 이와 함께 논의될 수 있는 시이다.

그 시각에

비가 내렸다.

떠나기 위하여
손을 잡는
구름과 구름도 젖고 있었다.

철새 한 마리 허망하구나
연륜이 없는 공허
 -「이별」-

엇갈리는 구름과 구름도 이별을 하고, 철새도 다른 곳으로 가야
하기 때문에 이별을 준비한다. 그러나 언제 만난다는 기약도 없다.
그야말로 허망하기 짝이 없고, 공허하다. 우리는 시인의 이러한 공허
함에 대한 경사에 대해 무어라고 말할 수 없다. 그것은 인간으로서
가장 본능적인 물음이기 때문이다. 인간은 자신에게 가장 본능적인
물음을 하게 될 때 자신의 모습을 양파 껍질처럼 한 꺼풀 한 꺼풀
벗기게 된다. 존재의 물음은 공허감을 불러온다. 존재라는 것의 의미
가 확연히 드러날 수 있는 성질의 것이 아니며, 그에 따라 우리가 터
득했던 그 모든 것이 의미를 잃어가기 때문이다. 허무는 이 순간에
찾아온다. 자신이 텅 비어 있다는 생각이 허탈감을 가져와 허무를 느
끼게 하는 것이다. 그러나 그와 더불어 소득이 있다면 양심의 부름에
직면할 수 있다는 것이다. 허무 의식은 욕망이란 것이 부질없다는 생
각에 이르게 하고, 하나씩 하나씩 소유한 것을 버림으로써 두려움도
초조함도 벗어날 수 있다. 황금찬 시인의 경지는 이에 이른 것 같다.
어떤 모양으로든 이별을 해야 하는 것이 우리에게 주어진 운명이라
면 나이 든 시인에게 구름처럼 철새처럼 인생을 이별해야 하는 것이
허망하기만 할 뿐이다.

2. 음악, 혹은 삶의 위안과 낭만

황금찬은 낭만적인 시인이다. 편운 조병화는 1988년 황금찬의 고희를 축하하며 "당신의 시엔 / 천진무구의 영혼이 흐르오 // 당신 웃음엔 / 불순이 없어 좋소"라고 했지만 그 말 그대로 천진함과 순수함이 가득한 얼굴을 하고, 그 얼굴에 딱 어울리는 캡을 쓴 이가 그이다. 게다가 넉넉한 미소와 풍부한 얘기거리를 지니고 있으니 남녀를 불문하고 인기가 없을 수가 없다. 그러나 그것만으로 낭만적인 인간이라고 할 수는 없을 것이다. 아름다운 여인에 매료될 줄 알고, 무엇보다도 음악을 사랑한다는 것이다. 그는 음악을 내 삶의 꽃같은 존재라고 말하면서 음악을 사랑하는 사람은 행복한 사람이라고 단언하고 있다. 그가 일본 동경의 부두 시바우라에서 노동을 하며 공부를 하고 있을 때에도 그 고단함을 풀어주는 것은 '명곡당'의 음악이었다. 그는 자신의 운명이 야속하다고 여겨질 때에는 베토벤의 '운명교향곡'을 들었고, 고향의 산천이 그리워질 때에는 '전원교향곡'을 들었다. 음악은 그야말로 그에게는 구원의 존재였다. 그래서 그에게는 음악과 관련된 시들이 많다. 그 중 몇 편을 살펴보기로 한다.

> ① 여름바다는
>   잠을 자지 않고
>   오데트 공주가 되어 춤을 추고
>   모래 언덕에 앉은
>   지그프리드는
>   분명 백조의 벗이 된다.
>   남풍이 물결을 타고 앉아
>   수십 개의 손가락으로 연주하는
>   은빛 건반의 악기 소리

물의 요정들이
일제히 신비의 커튼을 열고 수선대며 나온다
　　-「여름바다」 전문-

② 시인의 집에서
　피아노
　소리가 들린다

　즉흥 환상곡

　프레데리크 프랑수아
　쇼팽

　그는 사랑의
　시를 쓰고

　시인은
　추억의 피아노를
　연주하고.
　　-「시인과 피아노」-

③ 호수는
　말이 없고

　하얀 물새들이
　날고 있다.

　한낮에도
　등불을 밝히고
　말하려나

안개의 언덕에서
엑토르 베를리오즈의
환상교향곡이
한 줌의 추억을
연주하고 있다.
　　－「물새들이」－

　①은 잘 알다시피 차이코프스키의 「백조의 호수」를 인유한 시이다. 시인은 여름 밤바다의 밀려오는 파도를 보며 「백조의 호수」 속의 지그프리드와 오데트를 생각했다. 지금 여름 밤바다 모래 언덕에 앉은 시인은 밀려오는 파도의 흰 물거품을 바라보며 한없이 그 정경에 빠져든다. 마치 지그프리드가 오데트에 빠지듯이. 파도 소리는 수십 개의 손가락으로 연주하는 은빛 건반의 악기 소리로 들린다. 밀려오는 파도를 물의 요정들이 커튼을 열고 수선대며 나온다고 생각한 것도 기발하거니와, 그를 쳐다보는 자신을 지그프리드로 바꿔 놓아 아름다운 자연과 합일될 수 없는 슬픔을 그들의 이루어지지 못하는 슬픈 사랑에 견준 것 또한 뛰어난 착상이다. 음악을 좋아하고 음악에 조예가 깊기 때문에 발휘된 상상력이라고 할 수 있다.

　②에는 쇼팽의 「즉흥환상곡」이 나온다. 물론 쇼팽이란 이름과 ‘즉흥환상곡’이라는 곡명만 시어로 쓰인 것이지만 피아노의 시인이라고 하는 쇼팽과 그 쇼팽의 음악을 피아노로 치면서 피아노로 쓴 시를 읊고 있다는 30대의 주부. (이에 대한 구체적인 내용은 그의 또 다른 시 「피아노와 시인」을 통해 알 수 있다) 시인은 그 여인이 진정한 시인이라고 생각하여 “시인은 / 추억의 피아노를 / 연주하고”라고 한 것이다. 특히 즉흥환상곡이 혼자서 감당하기 힘든 사랑을 했던 24세의 쇼팽이 그 사랑의 감정을 실어 감미롭고 매력적인 곡조를 만들었다는 배경을 안다면 비록 짤막한 시이지만 이 시가 형성하는 분위기

를 더욱 깊이 있게 느낄 것이다.

③에서의 베를리오즈의 「환상교향곡」은 그가 영국의 여배우 해리엇 스미드슨을 짝사랑해서 작곡한 것이다. 안개 낀 고요한 호수, 하얀 물새들의 비상, 이 자연 속에서 시인은 이루어지지 못한 과거의 사랑을 떠올린지 모른다. 그렇지 않으면 하필 베를리오즈의 「환상교향곡」일까? 아마도 시인의 열정적이면서도 애틋한 과거의 사랑이 호수와 물새들로 인해 추억으로 떠올려졌으리라.

이렇게 그는 자신의 감정이나 심경이 어떠하냐에 따라 그에 맞는 음악을 시어나 시의 배경으로 활용하고 있다. 요즈음은 교향곡보다는 바이올린 협주곡을 좋아한다고 한다. 그 중에서도 차이코프스키의 협주곡이나 브르흐의 협주곡을 많이 듣는다. 나이가 듦에 따라 취향이 바뀐 것이다. 섣부른 판단인지 모르지만 비애와 우수의 개인적 정조가 보다 심층적인 민족적인 정조로 옮겨간 것은 아닐까. 여하간 그의 시에서 음악이 차지하는 비중은 자못 크며, 음악에 대한 지식이 그 음악이 등장하는 시에 대한 이해에 하나의 관건이 되고 있다.

3. 신앙에 바탕을 둔 인간적인 사랑

황금찬 시의 또 하나의 비중 있는 주제는 사랑이다. 그는 그의 시집 『지구에 비극적 종말은 오지 않는다』(1987) '머리말'에서 시의 역할은 사랑과 미움 사이에 놓여지는 사랑의 가교라고 말했다. 그에 의하면 가장 위대하고 가장 아름다운 것은 보이지 않는데, 사랑이 바로 보이지 않는 것이며, 그 사랑의 가교인 시가 있기에 인류는 멸망하지 않는다는 것이다. 그만큼 그는 사랑을 절대시하고 있다. 물론 이 때의 사랑이란 이성 간의 사랑만을 말하는 것이 아니요, 포괄적인 의미를 지닌다.

누가 밟고 갔을까
가을 하늘
비가 오더니 바람이 불고 있다

춥겠구나
눈먼 사람아
네가 앉았던 의자 위에
비행운처럼 식어가는 체온

영혼의 샘터엔
표주박이 없다

신이 불던
풀잎 피리소리도 들리지 않고
클로토가 짜는
운명의 바디 소리

사랑해야 한다
죽도록
오늘이 끝나기 전에
황혼이 산을 내리고 있다
　　－「낙엽」－

이 시를 보면 그의 사랑에 대한 관념은 확고한 듯하다. 간접적으로 사랑의 메시지를 전달한다거나 은연 중에 사랑의 정조를 나타내는 것이 아니고 '사랑해야 한다'와 같이 거의 강요에 가까운 강도로 사랑을 강조하고 있다. 이 같이 자신있게 그가 사랑할 것을 독자들에게 요구하는 것은 사랑만이 이 혼탁한 세계를 구원할 수 있다고 믿기 때문이다. 지금 우리가 살고 있는 세계는 비인간화로 치닫고 있다. 적자생존의 냉혹한 현실 앞에서 우리가 살고 있는 사회는 시기, 질투, 증오, 살인, 폭력이 미만해 있으며, 점점 삶의 조건은 열악해지고 있는 것이다. 시인이 생각하기에 이를 구제할 수 있는 것은 오직 사랑뿐이다. 사랑이란 그것이 누구에 대한 사랑이건 간에 휴머니즘을 바탕으로 하지 않고서는 불가능하기 때문에 서로가 서로를 사랑한다는 것은 휴머니즘의 회복이요, 그렇게 될 때 비로소 우리의 사회도 인간다운 사회가 될 수 있는 것이다. 어느 면에서 보면 그것은 크리스챤으로서의 그가 예수의 고귀한 사랑의 정신을 받들어 그 사랑을 실천하고자 하는 것이기도 하다.

　이 시에서 화자는 낙엽을 통해 '눈먼 사람'의 신세를 생각한다. 비가 오고 바람이 불면 떨어지는 낙엽과 같이, 인생의 가을을 맞은 '눈먼 사람' 역시 추위가 닥치면 체온도 식어가고 앞날이 어떨지 예측하기 어렵다. 더구나 그는 영혼의 물을 뜰 표주박도 없는, 영혼이 메마른 사람이다. 이 '눈먼 사람'이 구원받을 수 있는 길은 사랑을 하는 것뿐이다. 클로토가 짜는 운명의 베라는 것은 정해 있기 마련이다. 그의 베는 어쩌면 거의 다 짜 아트로포스가 자를 준비를 하고 있는지 모른다. 그러므로 황혼이 산을 내려오기 전에 죽도록 사랑하는 것만이 '눈먼 사람'이 취할 태도이다. 이 '눈먼 사람'은 인생의 황혼기를 맞은 시인 자신도 될 수 있고, 맹목적인 삶을 살아가는 우리 모두가 될 수도 있다. 사랑에 대한 이와 같은 단호한 요구는 「사랑교실」이란 시에도 찾아지는데 거기서 그는 "사랑하라 / 사람이 사람을 사랑하지 않으면 / 인류는 패망하고 말 것이다"라고 단언하고 있기도 하다. 다음도 그가 사랑에 대한 관심을 표명한 시들이다.

꽃은 사랑으로
피고
잎은 지혜로
자라는데

이 밤에
외롭게 흘러가는
저 별 하나는
어느 곳에서 쉬게 될까

삶의 사랑과
죽음의 지혜를 모르는 나는
이 바람 앞에서
망각의 피리를 불고 있다.
　－「사랑과 지혜」－

나는 오늘 여기에
선한 꽃나무의
씨를 심고 있느니

그대
구름으로 피어날
은혜의 물방울을
그 생명에 뿌려라
기다림은 하늘의 길이요
사랑은 꽃나무를 자라게 하느니
우주의 생명은 사랑이다.
　－「길은 하늘에」 고린도전서 4장 6절－

내 사랑

강가에 서 있는 나무와 같다

떠나간 사람
돌아오지 않을 줄 알면서도
하염없이 서 있는 저 느티나무

저무는 가을
노을도 강물에 스러지고
새들도 숲으로 돌아가는데

그리움마저
앙상한 가지로 남았어도
돌아서지 못하는 사랑이여

내 사랑
별빛에 젖어 강가에 서 있다.
　　　　-「강가에 서서」-

　황금찬 시인의 사랑이 현실의 모두를 포괄하는 넓이를 갖고 있다
고 지적한 이도 있지만(채수영 "사랑의 정신과 시적 특징") 이들 시
에서 보는 바와 같이 사랑이 꽃나무를 자라게 하는 생명성의 원천으
로 등장하기도 하며, "떠나간 사람 / 돌아오지 않을 줄 알면서도 / 하
염없이 서 있는 저 느티나무"와 같이 '무한한 기다림'으로 정의되기
도 한다. 시인이 보기에 꽃이 피는 것, 꽃나무 씨의 생명을 키우는
것, 더 나아가 우주의 생명이 있게 하는 것은 사랑이다. 사랑이 있으
면 꽃나무도 자라고, 우주도 존속한다. 그러나 거꾸로 사랑이 없으면
생명이 없는 것이기에 아무 것도 존재할 수가 없다. 그 사랑은 경우
에 따라 상처를 받을 수가 있다. 자신이 사랑을 한 상대방이 떠나감

으로 인하여 자칫 사랑의 실패를 가져올 수 있는 것이다. 이 때 사랑의 기다림이 필요하다. 사랑이란 것은 주고받는 행위가 아니다. 무한히 베푸는 사랑, 예수와 같은 사랑이 진정한 사랑인 것이다. 그 사랑의 실현을 위해선 기다림의 자세를 지녀야 한다. 이상의 일련의 사랑시를 정리해 볼 때 시인이 전달하고자 하는 사랑의 메시지는 인간적인 따뜻한 마음씨에서 오는 포괄적인 사랑이요, 그 근간에 신앙이 자리 잡고 있다.

4. 잠언적 시의 음성을 위하여

황금찬 시인의 시세계를 상실과 허무, 음악 속의 낭만, 사랑의 세 항목으로 살펴보았지만 서른 권이 넘는 그의 시집들이 펼쳐 놓는 시세계가 이것으로 정리되는 것은 아니다. 소외된 계층에 대한 시선, 고향 의식, 사물 속에 투여된 관조와 명상의 깊이 등 세세히 다루자면 그 항목은 너무나도 많다. 그러나 결국 수렴될 수 있는 큰 주제는 사랑과 허무와 낭만이라고 필자는 생각한다. 사실 시인으로서 이 외에 또 관심을 가질 것이 무엇인가. 살아온 삶의 역정이 지난했기에 상실감과 허무감이 차지하는 비중이 자못 컸으며, 음악을 알고 멋과 여유를 즐길 줄 알았기에 낭만이 배어 있는 시를 썼고, 한 인간으로서 정이 많고 또 독실한 크리스챤이었기에 사랑을 강조했다. 혹자는 그의 시를 놓고 쇄말적인 일상사에 매몰되어 있는 것이 아니냐는 우려를 하기도 하고, 탈정치적인 실존이라고 꼬집기도 하지만, 나는 천상 시인으로서의 시는 이런 것을 초월하는 곳에 있다고 생각한다. 시인 모두가 현실 인식에 투철할 필요가 없고, 더구나 정치적인 제스쳐를 지녀야 할 이유가 없는 것이다. 오히려 그보다 우리는 삶에 대한 혜안을 지닌 노시인에게서 나오는 시의 음성에 귀를 기울여야 한다. 그래서 묵시적 내지는 잠언적 성격을 띠는 시들의 행간의 의미를 가슴에 새겨야 하리라.

사물들의 응시를 통한 존재의 본질적 인식

1. 이수익 시인의 최근시의 경향

현대사회의 가장 두드러진 특징을 꼽는다면 그 중 하나는 인간의 고립화일 것이다. IT 산업의 발달로 세계 속에 아무런 시차 없는 정보의 공유가 이루어지고, 교통 수단의 발달로 국가와 국가 간의 왕래가 아주 먼 거리를 제외하고는 거의 일일 생활권으로 좁혀들었지만, 인간과 인간 간의 거리는 점점 멀어지고 있다. 인간과 사물과의 거리도 마찬가지이다. 이제 인간은 홀로 기계와 마주하는 시간이 많아졌다. 텔레비전 앞에서 자기가 좋아하는 프로에 빠진다든가, 게임 중독이 될 만큼 게임에 열중한다든가, 인터넷을 뒤지며 정보의 바다를 헤매는 것이 현대인의 일상사이다. 이 철저한 소외는 개인이기주의로 이어지고, 우울증을 낳으며, 자살로 귀결되기도 한다. 이 심각한 삶의 문제를 어떻게 할 것인가? 우리는 그 해답의 실마리를 이수익의 최근 시에서 찾을 수 있다. 그는 자신의 존재에 대한 근거를 끊임없이 스스로에게 물음으로써, 사물들에 대해 철저히 응시를 함으로써, 이 현대사회가 안겨주는 소외로부터 벗어나 더불어 사는 삶을 꾀한다.

응시는 사물들에 대한 관심이요, 사물들과 함께 존재하려는 것이다. 그로부터 사물들은 본질적으로 드러나고, 삶의 진리를 우리에게 내보인다. 시인의 시적 포즈는 둘로 나누어 살펴질 수 있다.

2. 자아와 대상과의 진정한 만남

이수익 시에서 우선 발견할 수 있는 것은 대상들과 자신과의 비교이다. 가령 「오체투지」같은 작품을 보면 누에는 몸을 풀어서 아름다운 비단을 짓고, 거미는 하늘벼랑에 그물을 치며, 해는 넋놓고 붉은 피로 지고 있다고 하면서, 나는 몸을 풀어서 세상에 무엇을 남기냐고 반문하고 있다. 누에나 거미나 해 같은 대상들도 오체투지함으로써 주어진 자신의 삶에 충실한데, 예순을 훨씬 넘어 노년기로 접어든 시인은 인간으로서 이렇다할 존재의 참모습을 보이지 못하고 있다는 생각 끝에 오는 자책이다. 그것은 물론 이수익 시인만의 존재론적 물음은 아니다. 우리 모두 따지고 보면 존재의 진리와는 거리가 멀게 살고 있는 것이다. 인간 본연의 모습에서 많이 벗어나 있다. 다만 그 자각을 하지 않고 있는 것이다. 그러므로 "몸을 풀어서 / 나는 세상에 무얼 남기냐"라는 것은 시인이 '양심의 부름'을 체험했음을 의미한다. 대개 존재의 진리를 스스로에게 묻게 될 때 '텅 비어 있음'의 느낌이 점점 커지게 되고, 이 고독감이 '양심의 부름'을 야기한다. 「아직 우리는 말하지 않았다」에서는 자아와 대상과의 관계를 더욱 진지하게 탐구하면서 둘 사이의 본질적인 만남의 중요성을 얘기하고 있다.

나는 강물에 한 마디 말도 하지
않았다. 강물도 내게 한 마디 말하지

않았다.
우리가 본 것은
순간의 시간, 시간이 뿌리고 가는 떨리는 흔적,
흔적이 소멸하는 풍경……일뿐이었다.

마침내 내가 죽고, 강물이 저 바닥까지 마르고,
그리고 또 한참 세월이 흐르고 흐른 다음에야
혹시, 우리가 서로에게 하려고 했던 말이 어렴풋이
하나, 둘 떠오를지 모른다. 그 때까지는

우리는 서로 잘 모르면서, 그러면서도 서로
잘 아는 척, 헛된 눈빛과 수인사를 주고 받으며
그림자처럼 쉽게 스쳐 지나갈 것이다. 우리는
아직 한 마디 말도 하지 않았다.
　－「아직 우리는 말하지 않았다」 전문－

　시인은 나와 강물의 관계를 얘기하고 있다. 나와 강물은 서로 아직 한 마디 말도 하지 않은 상태이다. 내가 진지하게 강물에게 말을 건넨 적도 없고, 강물 역시 내가 누구냐고 물어오지 않았다. 그러므로 둘은 서로 수많은 만남을 가졌으면서도 사실 미지의 관계이다. 둘 사이에 개입한 것이 있다면 순간의 시간이다. 그 시간들의 무수한 집합체가 있었을 뿐이다. 그러나 나와 강물이 그런 식으로 존재해서는 안된다. "우리가 서로에게 하려고 했던 말"이 분명히 있는 이상 그 말을 해야 한다. 그러나 그 말은 어쩌면 두 존재의 사라짐 이후 한참 세월이 흐른 다음에야 어렴풋이 하나, 둘 떠오를지 모를 일이고 지금의 상태에서는 불가능하다. 두 존재가 사라지기 전까지 아마 우리는 지금까지 해 오던 대로 서로 잘 모르면서도 잘 아는 척 "헛된 눈빛과 수인사"를 주고받을 것이다. 그것이 시인의 생각이다. 이러한 잘

못된 만남은 물론 나와 강물에 국한되지 않는다. 나와 나무, 나와 다리, 나와 꽃 등 내가 일상적으로 대하는 많은 사물들과의 관계에 있어서도 마찬가지다. 아직 나는 그들과 한 마디 말을 하지 않은 상태요, 그것인 내가 죽기까지도 그럴 것이다. 우리는 대상을 "그림자처럼 쉽게 스쳐 지나"가는 상태로 만난다. 그러므로 만나도 만나지 않은 것이다. 이 얼마나 삭막한 관계인가. 시인은 이 잘못된 만남을 우리에게 일깨우고자 한다. 그는 천사나 악마 같은 존재와의 만남에서도 진정한 만남을 바란다.

> 천사는 양 어깨에 날개를 달고
> 천사는 뽀오얀 우윳빛 살결을 드러내며
> 부드러운 발성의 그의 이름처럼
> 아름다운 맨발을 가졌지만
> 천사는 늘 말이 없고, 표정을 깊이 감춘 채
> 오로지 완성된 그의 순수만을 보여준다.
>
> 하늘에서 내려온 천사는 이 땅에서 차마
> 범접하기 어려운 미묘한 상징과 은유로써
> 전신을 감싸안고
> 복되도다! 지상의 사람들을 위로하지만
> 그러나, 나는 그런 천사가 싫다.
>
> 저 군더더기 없이 완벽한 몸매와 얼굴의
> 마네킹 같은, 상투적인, 그리고 하늘과 땅의 비밀을
> 모두 알면서도 모르는 척 내색하지 않는
> 그 용의주도한 냉정함이 나는 싫다.
> 차라리 머리에 뿔이 돋은 징그러운 악마와
> 술잔을 부딪치며 가슴을 열겠다.
> ―「당신의 천사」 전문―

기존 관념 속의 천사는 양 어깨에 날개를 달고, 뽀오얀 우윳빛 살결을 드러내며, 아름다운 맨발을 가진 존재이다. 뿐만 아니라 늘 말이 없고, 표정을 깊이 감춘 채 오로지 그의 순수함만을 보여준다. 그러기에 천사에게는 범접하기 어려운 면이 있다. 그러나 천사의 이러한 완벽함은 오히려 내게 거부감을 준다. 아무리 "복되도다"라고 지상의 사람들을 위로한다 할지라도 어딘가 마네킹 같고 상투적이며 냉정하다. 인간이고 천사이고간에 부족한 모습을 보이고 흠이 있어야 정이 갈텐데 천사는 흠이 없다. 그래서 차라리 머리에 뿔이 돋고, 징그러운 모습을 한 악마를 택한다. 악마는 자신의 부족한 점을 그대로 드러내어 보여준다는 점에서 천사보다 훨씬 정이 간다. 자신을 감추려는듯 전신을 감싸안고, 하늘과 땅의 비밀도 다 알면서 모르는 척 내색하지도 않는 천사에 비해 솔직하다. 그러므로 시인은 오히려 악마에게 친근감이 가서 그에게 술잔을 부딪치며 가슴을 열겠다고 한다. 시인이 천사보다는 악마에게로 관심이 기울음은 그가 존재와의 만남에 있어 진정한 만남을 원한다는 것을 간접적으로 시사한다. 우리 주변엔 천사처럼 잘 포장된 채 참모습은 숨기고, 완벽함을 지향하는 무리들이 너무나 많다. 그러나 그들은 가식적이다. 자기 내부의 진실을 내보이지 못할 때 그런 존재와의 만남은 아무런 의미가 없다. 시인이 이 시를 통해 말하고자 하는 바는 그런 것으로 판단된다.

이상에서 볼 때 이수익 시인이 자아와 대상 간의 관계를 묻고, 진정한 만남을 원하는 것은 자아에 대한 철저한 인식을 하기 위함이며, 그러한 인식의 바탕 위에서 현재의 나의 삶도 의미가 있다는 판단을 했기 때문으로 풀이된다. 그 태도는 한 마디로 인간 본질로의 접근이라고도 할 수 있다. 그의 이러한 태도는 사물들에 대한 철저한 응시로 이어진다.

3. 하찮은 존재들에 대한 응시

　사물들에 대한 이수익 시인의 응시는 하찮은 존재들로 향해 있다는데 그 특징이 있다. 버려져 있는 자전거들, 죽어 있는 지렁이, 짝짓기하는 큰넓적송장벌레, 음식점 마당에 엎드려 있는 개, 우묵한 다라이안의 미꾸라지 등이 그들이다. 그는 그것들을 어떻게 생각하는 것일까? 자전거를 대상으로 한 「배후는 따뜻하다」를 먼저 보기로 하자.

> 길 옆
> 자전거보관소에
> 몸이 뜯긴, 오래된, 주거불명의
> 자전거 몇, 버려져 있다.
>
> 안장이 사라지고
> 체인이 풀린
> 타이어가 땅바닥까지 함몰된 자전거들이
> 구겨진 풍경의 액자를 만들며
> 어둠 속을 비스듬히 누워 있다.
>
> 오랜 무관심에 길들여진 편안함이
> 어느덧 그 심연에
> 맞닿아
> 나태와 궁핍이 제법 반질반질하다.
>
> 이제는 더 이상 뜯길 것 없으므로
> 자유가 너희를
> 화평케 하리라!　　(하략)
> 　－「배후는 따뜻하다」 중에서－

우선 이 시에서의 몇 대의 '자전거'는 길 옆 자전거보관소에 방치된 물건이다. 몸이 뜯기고, 오래되었고, 주거불명이다. 분명 그들도 새 것이었을 때에는 주인에게 관심과 사랑의 대상이었을 것이다. 그러나 이제는 누가 훔쳐 갔는지 안장도 사라지고, 체인도 풀리고, 타이어까지 펑크가 나서 함몰되어 있다. 자전거로서의 기능을 완전히 상실했다. 그래서 누구도 관심을 갖지 않는다. '오랜 무관심' 속에 있는 것이다. 일상적인 가치 기준으로 본다면 어느 사물이 타자의 관심 속에 있다는 것은 존재의 의의를 느낄 수 있는 것이고, 개체로서의 가치를 소유하게 되는 것일 것이다. 반면에 무관심 속에 놓인다는 것은 존재 의의를 상실한 버려진 존재요, 소외된 무가치의 개체라 할 수 있다. 그러나 과연 그렇게만 생각할 수 있는 것일까? 시인은 생각하기를 자전거가 관심 속에 있다는 것은 기능을 상실하지 않았다는 것이요, 그 상태에서는 누군가를 태워 달려야 하고, 또 타기를 기다려야 한다. 그것은 곧 속박이다. 그러나 더 이상 뜯길 것이 없을 정도로 망가진 자전거는 오랜 무관심 속에 놓이게 되고, 그래서 자유를 얻은 것이요, 비로소 화평할 수 있다. 그러므로 생각하기 나름에 따라 존재의 의미는 변환된다. 다 뜯겨져 버려진 자전거는 쓸모없는 하찮은 고물이 아니요, 자유롭고 화평한 존재이다. 몇 대의 버려진 자전거들은 그 메시지를 우리에게 전달하고 있는 것이다. '배후는 따뜻하다'는 이 시의 제목도 그런 차원에서 받아들여야 할 것이다. 죽은 지렁이를 시의 소재로 삼은 「吉日」도 같은 차원에서 얘기될 수 있다.

보도블록 위에
지렁이 한 마리 꼼짝없이
죽어 있다.
그 곳이 닿아야 할 제 생의 마지막 지점이라는 듯.

물기 빠진, 수축된 環節이 햇빛 속에 드러나
누워 있음이 문득 지워진 어제처럼
편안하다.

부드럽고 향기로운 흙의 집 떨치고 나와
온몸을 밀어 여기까지 온 莊嚴한 고행이
이 길에서 비로소 해탈을 이루었는가,
금빛 왕궁을 버리고 출가했던 그
고타마 싯다르타같이.

몸 주위로 밀려드는 개미떼 조문 행렬 까마득히

하루가 간다.
　－「吉日」 전문－

　지렁이는 부드럽고 향기로운 흙의 집을 떨치고 나와 보도 블록 위
에서 죽었다. 왜 이곳까지 기어 나온 것일까? 분명 보도 블록 위는
물기가 없어 죽을지도 모른다는 것을 감지했을 터인데, 그 곳이 자기
가 닿아야 할 생의 마지막 지점이라는 듯 물기는 빠지고 수축된 환
절의 모습으로 죽었다. 시인은 그 지렁이의 죽음을 "온몸을 밀어 여
기까지 온 장엄한 고행"으로 보고 있다. 그의 눈에 지렁이는 단순한
환절동물이 아니다. 지렁이가 해탈을 이룬 부처로 보인다. 사실 지렁
이를 하찮은 동물로 여기는 것은 인간 세계를 중심으로 볼 때 그런
것이지, 지렁이의 세계에서 본다면 인간이 이상스런 동물일 수 있다.
부처가 만물 속에 내재할 수 있는 것이라면 얼마든지 지렁이가 부처
가 될 수 있는 것이다. 지렁이의 주검 주위에 까맣게 모여드는 개미
떼도 지렁이의 사체를 먹기 위해 몰려드는 것으로 보기보다 조문 행
렬로 볼 수 있다. 이런 인식의 바탕은 어디서 이루어지는가? '나'의

중심적 사고를 벗어나는 데에서 비롯된다. '나'의 존재 가치는 이미 틀에 잡힌 사고 속에서 정해진 것이어서 불완전하다. 가령 아무 것도 존재하지 않는 미개지의 땅이 있어 그 곳에 '나'를 놓는다 하더라도 '나'란 존재의 가치가 그대로 존속할 수 있는 것일까? 아닐 것이다. 할 수 있는 일이 아무것도 없는, 전혀 소용에 닿지 못하는 물건에 지나지 않을지 모른다. 지금의 '나'의 존재는 '너'가 있고, '그들'이 있어 그 가치를 지니는 것이다. 그러므로 특히 시인에게 있어서는 지렁이를 지렁이로 보지 않는 인식의 전환이 필요하다. 현상적인 시선보다는 본질적인 시선이 무엇보다 중요한 것이다. 죽은 지렁이를 통해 해탈을 이룬 부처를 보는 것, 그 시선이야말로 세계-내-존재에 대한 염려의 시선이요, 위기의 21세기를 극복할 수 있는 따뜻한 시선일지 모른다. 시인이 짝짓기하는 큰넓적송장벌레에게 시선을 돌리는 것도 마찬가지로 얘기될 수 있다.

> 짝짓기하는 큰넓적송장벌레 한 쌍이
> 들켰다.
> 온갖 꽃이며 풀들 만화방창 피어나는 숲 속
> 도도한 녹음의 물살 한가운데서도 흔들림없이
> 폭염에 날려보내는 불의 화살에도 끄떡없이
> 오로지 사랑에, 사랑에만 몰입한 나머지
>
> 누가 옆에서 보는지도 모르고
> 봐도 그냥 어쩔 수 없다는 듯이
> 황홀한 열애의 구덩이에 빠져 있는
> 저 끝없이 단순하고 후안무치한 것들 탓으로
>
> 고요 속엔
> 불온한 뜨거움이 끓고 있다.

－「들끓는 고요」－

　제목부터가 모순 형용을 보여주고 있는 이 시에서 우리는 짝짓기를 하면서 '황홀한 열애의 구덩이'에 빠져있는 큰넓적송장벌레 한 쌍의 사랑을 본다. 그들의 사랑을 누가 주시하겠는가. 짝짓기의 움직임을 누가 보겠는가. 그러나 시인은 이들의 사랑을 철저히 응시하고 있다. 이들은 비록 조그마하고 하찮아서 누군가의 주목을 끌 만한 존재가 되지 못하지만 이들의 사랑은 어떤 도도한 녹음의 물살에도 흔들림이 없고, 불의 화살과도 같은 폭염 속에서도 끄떡없다. 생각하기에 따라서는 누가 보는가에도 아랑곳하지 않고 황홀한 열애를 하고 있는 그들의 행동이 어찌 보면 단순하고 후안무치한 것일지 모른다. 그러나 시인은 그들의 그러한 사랑에 편을 들고 박수를 보낸다. 그들로 말미암아 "고요 속에 / 불온한 뜨거움이 끓"을 수 있는 것이고, 그것이 바로 우주 운행의 원리이다. 고요 속에는 상대적으로 들끓음이 있을 수 있는 것이요, 그 들끓음이 하찮은 미물에게 얼마든지 있을 수 있다는 것이다. 만물은 어느 누구에게도 동등한 존재 가치가 부여되어야 한다. 그러한 인식이 팽배할 때 비로소 우리가 사는 세상은 넉넉할 수 있다. 「풍경을 읽다」에서는 비좁은 다라이 안에 있는 미꾸라지가 응시의 대상이 된다.

　　골목시장 노점상 할머니 앞
　　우묵한 다라이 안은
　　꾸불텅꾸불텅 미꾸라지들 온몸으로 쓰는 육필(肉筆)이
　　선연하다.

　　물 맑은 어느 수로(水路)에서 미끄러지듯 길을 만들며
　　물 향기를 들이키던 족속이

지금은 그늘진 고무 다라이 안 얕은 수심에 갇혀
아수라로 한 판 뒤엉켜
서로 먼저 대가리를 밀어넣으려고 죽기 아니면 살기!
한사코 안으로 안으로 파고든다, 부글거리는 거품을 말아올리며.

이미 할머니는 남아 있는 미꾸라지를 떨이로 팔아
오늘 하루치 장사를 막 접으려는 참인데
죽음의 예약이 임박한 줄을 모르는 저 경골어류(硬骨魚類)들은
해 그림자 떨어지는 경계 밖으로
펄떡펄떡 달아나려 한다.

할머니,
당신도 누군가의 손에서 지금
일몰의 떨이로 나와 있지는 않은가요?
　　－「풍경을 읽다」 전문－

　미꾸라지들은 원래 물 맑은 어느 수로에 있어야 할 존재이다. 그 미꾸라지들이 잡혀 와서 지금 비좁은 다라이 안에 있다. 그 속에서 죽기 아니면 살기라는 식으로 대가리를 안으로 쳐박으며 파고들고 있다. 이제 곧 죽을텐데 그것도 모르고 펄떡펄떡 달아나려 한다. 그야말로 아수라장이다. 시인은 이 미꾸라지들의 생존의 몸부림에서 우리 인간들의 모습을 본다. 세상 틀에 갇혀 서로 밀치고 헐뜯고 나만 살겠다고 아귀 다툼을 하는 인간들의 모습이 저 미꾸라지들과 다를 바가 무엇이랴. 미꾸라지를 팔러 나온 할머니의 신세도 미꾸라지와 마찬가지이다. 떨이로 팔려 나가 곧 죽을 미꾸라지는 사회에서 떨이 신세가 된 채 죽음에 임박한 할머니와 같은 것이다.

4. 더불어 사는 삶에 대한 바람

　이상에서 볼 때 이수익 시인의 메시지는 둘로 정리될 수 있다. 그 중 하나는 대상을 통해 자신을 돌이켜보는 것이다. 그가 누에나 거미를 보고 자신이 그들과 같지 못함을 자책한 것도, 강물과의 만남에서 서로 한 마디 말도 하지 않았다고 고백한 것도, 모두 사물들을 통한 철저한 자아 성찰이라고 할 수 있다. 사실 우리 앞에 존재를 드러내고 있는 모든 사물들은 그들 나름의 생존 방식이 있고, 그들 나름의 말을 하고 있다. 그런데 우리는 그들을 외면하고, 그들의 말에 귀를 기울이지 않는다. 그 결과 그들과의 진정한 만남이 이루어지지 않는다. 존재의 본질적인 인식을 위해서는 진정한 만남을 해야 한다. 그것이 결국 올바로 사는 것이요, 더불어 사는 삶을 꾀하는 것이다.

　다른 하나는 하찮은 존재들에 대한 응시를 통해 인간 중심주의에서 벗어나는 것이다. 시인이 생각하기에 이 세상에 존재의 가치가 없는 것은 없다. 미물들도 엄연한 그들의 삶이 있고, 그 삶의 방식이 존중되어야 한다. 그들을 하찮게 여기는 것은 인간의 우월주의이다. 그것은 인간의 오만이요, 위선이다. 그런 삶을 계속 살게 된다면 인간은 자연과 대척하면서 더욱 고립되고 소외될 것이다. 인간도 죽으면 결국 한 줌 흙이 되어 자연으로 돌아가는 것이 아니던가. 우리는 여기서 시인이 주위의 모든 것들에 대해 따뜻한 시선을 보내고자 함을 발견한다. 이 역시 더불어 사는 삶의 태도라고도 볼 수 있다. 물론 이 따뜻한 시선이 최근의 시에서 비롯된 것은 아니다. 근래 들어 부쩍 늘어났을 뿐이다. 그것은 인생의 황혼기에 접어든 시인이 존재의 본질적인 인식에 더욱 기울게 되었음을 의미하기도 한다.

문화유산을 통한 온고지신의 정신

1. 시의 깊이를 위한 휴식

사천(沙泉) 이근배 시인이 첫 시집 『사랑을 연주하는 꽃나무』를 펴
낸 해는 1960년이었다. 그는 그 책의 후기를 "사람을 사랑하는 정신
에서 나의 시는 태어났습니다"라는 말로 시작하고 있다. 자신의 외로
움을 극복하기 위해 사람을 사랑하고 싶어 했고, 사람을 사랑하고플
때면 종이 위에 토해놓지 않고는 못배기게 한, 그의 안에서 꿈틀거리
던 시정(詩情). 그것이 모여 첫 시집을 엮어낸 것이다. 그리고서 1981
년, 그러니까 첫 시집 나온 지 21년만에 두 번째 시집 『노래여 노래
여』를 펴냈고, 다시 그로부터 23년 후인 2004년에 『사람들이 새가 되
고 싶은 까닭을 안다』를 출간했다. 시력 40년이 넘는 시인이 겨우 시
집 3권을 냈다는 것은 분명 과작이리라. 다른 분야의 글까지 따지자
면 시조집도 있고, 기행문집도 있지만 시만으로 볼 때 그렇다. 그러
나 나는 그의 이 긴 휴식을 의미 있게 받아들인다. 어차피 진정한 시
인은 제대로 된 시집 한 권만 있어도 되는 것이다. 과거를 돌이켜 보
더라도 시집 한 권 분량도 안되는 시들을 남기고서도 인구에 회자되

는 시인이 있는가 하면, 생전에 엄청난 시를 쏟아냈음에도 불구하고 건질 만한 시 하나가 없어 별로 거론되지 않는 시인들도 있다. 그러니 정지용의 말과 같이 시를 짓는 데 있어 마소의 과로나 토끼의 다산을 본받을 필요는 없다. 물론 시를 쓰지 않은 휴식 기간이 후에 그의 시작(詩作)에 아무런 도움이 되지 못해서는 곤란하다. 이근배 시인의 휴식은 내가 보건대 시에 대한 그의 경건성 내지 결벽성의 결과요, 이것이 더욱 시의 깊이를 더한 것 같다. 특히 내가 주목한 것은 두 번째 시집『노래여 노래여』에서 이미 기미를 보인 고담적 분위기의 시들이다. 그는 그 책의 '자서'에 해당하는 "시간을 뒷걸음치면서"라는 제목의 글에서 자신이 가려는 길은 조선왕조나 신라쯤이며, 그때로 시계바늘을 되돌려놓고 뒷걸음치면서 시를 쓰고 싶다고 밝히고 있다. 그리고 우리의 역사를 무한한 문학의 자원으로 생각하고, 그 속에서 사상事象을 추출해서 현대적으로 재구성한 것이 그가 천착하고자 하는 시세계라고 말한다. 그는 분명 온고지신의 정신으로 과거의 것들을 애호하며, 그들로부터 교훈을 얻고자 애쓴다. 나는 세 번째 시집의 시세계를 이 같은 경향의 시들을 중심으로 논해보고자 한다.

2. 사천의 연벽(硯癖)과 '벼루 읽기'의 정체

그의 이번 시집에서 우선 눈에 띄는 것은 '벼루 읽기'라는 부제가 달린 10편의 시들이다. 아는 사람들은 다 아는 일이지만 사천의 벼루 수집은 메니아의 수준이다. 좋은 벼루가 혹시 나와 있지 않을까 하여 괜히 인사동 거리를 어슬렁거리기도 하고, 좋은 벼루가 눈에 띄면 경제적 부담을 무릅쓰고 구입을 했다. 누군가 '연벽'은 병이라 했지만 사천도 분명 벼루에 관한 한 그 애정이 병적이다. 왜 그는 그렇게 벼루를 좋아하는가? 벼루 속에서 벼루를 대하던 이들의 생각과 사랑을 발견하고, 그들의 숨결을 느끼기 때문일 것이다. 시인은 벼루의 먹때를 벗기다 검은 물소리에 섞여 풀려나오는 소리를 손 끝에 만지기도 하고, 벼루의 살이 저렇게 패이기까지 숱한 낮과 밤을 생각으로 갈고 사랑으로 닦은 이들의 숨길을 느끼기도 한다.(「사랑 앞에서는 돌도 운다」) 그런가 하면 우리네 사는 모습이며 우주 만물을 화초석 벼루에서 본다.(「하동」) '벼루 읽기' 10편 중 하나에 속하는 「구욕안」이란 시는 그의 '벼루 읽기'가 얼마나 전문적인 안목에서 이루어지고 있는가를 잘 보여주고 있다.

지난해 여름
북경 해왕촌 시장에서
겨우 찾아낸
단계 벼루 이마에 박힌 구욕안처럼
내 심장 속까지 꿰뚫어보는
그 눈!

나는 지금 빨려들고 있다
겨우 움켜쥔 사랑 한 줌
흔적도 없이 날려버리고
왕겨 같은 빈 껍질로
풀, 풀, 풀
후, 후, 후
바람보다 가볍게 바스라지고 있다
사랑을 놓치고서
나는 없다
　－「구욕안」 중에서－

중국 사람들은 눈이 있고 청화(靑花)가 있는 단계석을 제일로 치는데, 그 눈 중 모든 눈을 눈 아래로 굽어보는 왕눈이 구욕안이다. 구욕새의 눈처럼 생긴 데에서 유래한 명칭이다. 그러므로 어떤 단계석 벼루도 청화에 구욕안이 있는 수암의 벼루를 능가할 수 없다. 그만큼 희귀성이 있는 것이다. 시인은 중국에 가서도 벼루를 탐문했고, 북경 해왕촌 시장에서 구욕안이 있는 단계 벼루를 겨우 찾아냈다. 그리고 그 구욕안을 보면서 그것이 내 심장 속까지 꿰뚫어본다고 느꼈다. 그만큼 그 눈은 사천에게는 경이적이었다. 전문적 안목이 있는 사천이기에 가능한 일이다. 벼루를 모르는 범인(凡人)이 어찌 단계석의 구욕안을 보고 내 심장 속까지 꿰뚫어보는 눈을 생각해낼 수 있겠는가. 이 시에서 우리가 주목할 것은 바로 그것이다. 내 심장까지 꿰뚫어본다면 내 모든 것을 들킨 것이요, 나는 벌거벗은 자아가 될 수밖에 없는 것이다. 결국 사천은 벼루의 문양으로부터 자아 성찰을 했다고 할 수 있다. 벼루를 보는 그의 감별의 경지가 얼마나 높은가를 가늠케 한다. 「세한도」역시 그런 차원에서 거론할 수 있는 시이다.

> 노인은 눈을 뜬다
> 낙뢰(落雷)처럼 타버린 빈 몸
> 한 자루의 붓이 되어
> 송백의 푸른 뜻을 세운다
> 이 갈필(渴筆)의 울음을
> 큰선비의 높은 꾸짖음을
> 산인들 어찌 가릴 수 있으랴
>   -「세한도」중에서 -

추사의 「세한도」가 유명한 것은 한 폭의 그림 속에 내재된 복합적인 상징과 함축 때문이다. 이 그림에는 유배지에서의 추사의 고독과 비애와 절조가 상징적으로 드러나 있을 뿐 아니라, 어려운 상황을 무릅쓰고 추사에게 책을 보내준 우선(藕船) 이상적의 변치 않는 마음씨와 그 고마움에 보답하기 위해 '우선시상藕船是賞(우선, 이것을 감상해 보게)'이라는 관지(款識)를 써서 그림을 그려준 추사 김정희의 인간성이 담겨 있다. 그러나 추측컨대 사천은 이 그림에서도 '벼루'를 읽고 있었을 것이다. 그가 주의 깊게 보고 있던 것은 소나무도 잣나무도 아니요, 추사의 필묵법과 그를 통해 엿볼 수 있는 추사의 고도의 필력이리라. 추사는 이 그림 처음부터 끝까지를 초묵만 써서 그렸다. 초묵을 거의 물기가 없는 갈필 상태로 그린 것이 「세한도」이다. 이 방법은 고도의 필력이 없으면 붓끝이 갈라지고 들떠서 섬세한 표현이 불가능한 것이다. 그러나 추사는 이 어려운 필묵법을 성공적으로 완수했다. 사천은 이 갈필의 대단함을 보고 있고, 그 갈필에 내포된 추사의 울음과 꾸짖음을 듣고 있다. 그러면서 갈필의 원동력이 된 벼루의 재질을 가늠하고 있는 것이다. 아마 훌륭한 벼루가 없었던들 이 예술품의 완성이 불가능했을 것이란 생각을 했는지 모른다. 추사에 대한 시인의 찬탄은 다음 시에서 더욱 뚜렷이 드러난다.

> 한자는 본래 균형을 맞춰 써야 되는 법인데
> 추사는 글씨의 모양을 찌그러뜨려서
> 자기 글씨를 만들었고
> 그것은 세상을 한 번쯤 들었다 놓는 힘을 가진 것이었다
> 왕희지도 구양순도 안진경도
> 꿈도 꾸지 못한 일이었다
>   −「추사 고택에 가면」중에서−

사천은 충남 예산군 신암면 용궁리에 있는 추사 고택을 둘러 보고 있다. 포스트 모더니즘이 유행하던 때이다. 추사 생가의 천장이며 마

루며 기둥에 걸려 있는 복제판 추사의 글씨들. 글씨의 모양이 한자의
격을 갖추지 않고 찌그러뜨려져 있거나 납작하게 눌려져 있다. 그러
나 그 글씨 속에는 세상을 한 번쯤 들었다 놓는 힘이 있다. 격을 벗
어났으면서도 격을 높이 초월한 경지. 그것이 추사의 글씨다. 이 파
격은 왕희지, 구양순, 안진경 등 중국의 내로라 하는 어느 서예가도
따라올 수 없다. '포스트 모던'이란 진정 이런 것이 아니던가. 괜히
서양의 사조를 흉내내며 누구나 할 것 없이 글 쓰는 이들이 '포스트
모던'을 떠들고 다니지만 진정한 포스트 모더니스트는 사천의 생각
으로는 바로 추사였던 것이다. 여기서 우리는 사천의 '벼루 읽기'가
한국적인 것에 대한 애정으로 이어짐을 엿볼 수 있다.

　이상이 그의 '벼루 읽기'의 대강이거니와 마치 시인 백석이 제사
때 쓰는 목구木具에 배인 손때로부터 조상의 자취를 더듬듯이, 사천
은 벼루로부터 조상의 숨결을 느끼고 조상의 예지를 배운다. 그에게
있어 벼루는 한갓 광물이 아니요, 정신의 결정체인지 모른다. 권도홍
의 말과 같이 천년수를 누리는 벼루는 한 편의 드라마와 같아 오늘
권문에 있다가 내일에는 백면 서생의 책상 위에 놓일 수도 있다. 그
러므로 우연히 수집한 벼루에는 그 벼루의 역사만큼 그를 거쳐온 임
자들의 별별 사연이 다 담겨 있는 것이다. 이렇게 볼 때 사천이 벼루
를 찾아 헤매고 그에 매달리는 것은 벼루를 '읽어냄'으로써 과거의
정신적 유산을 복원하려는, 정체성 탐구의 노력이라고 할 수 있다.

3. 역사적 인물들을 통한 삶의 반추

　사천의 시에는 "이 나라 큰 어른들 말씀을 들을 줄 아는 귀를 열
어야겠다"(「서법 연구」)는 구절이 있다. 그것은 그에게 있어 단순히

시의 한 구절로 끝나는 말이 아니다. 누구보다도 한국적인 것을 사랑하고, 과거도 훌쩍 몇 백 년을 거슬러 올라가 조선 왕조 때나 신라쯤에 머물려는 시인은 우리가 귀감을 삼아야 할 조상들의 말씀과 발자취에 관심을 기울인다. 그 인물들을 헤아려보면 정약용, 김시습, 이이, 송익필, 전봉준, 이옥봉, 매창, 단종, 정몽주, 김정희 등을 꼽을 수 있다. 그들 중에는 고난을 당하여 그를 극복해가는 과정에서 가르침을 준 이들도 있고, 멸사봉공의 정신으로 민족을 위해 목숨을 바친 이들도 있으며, 인간다운 의연함이나 풍류로 감동을 준 이들도 있다. 어느 경우라도 다 귀감이 될 수 있는 이들이다.

구름으로 떠돌다가
눈비되어 내렸는가
초립으로 하늘을 가린
숱한 충절들이 엎드려
이끼 낀 금표(禁標)를 쓸고 있다
귀머거리 하늘을 떠받치고 선 돌탑에 굳은 촉루
춘삼월이 와도
자규는 날아오지 않는다
자규의 울음을 들을 줄 아는
제왕은 돌아오지 않는다
　　-「청령포에 와서」-

역사를 통해 잘 알듯이 단종은 수양대군에 의해 억울하게 쫓겨 이곳 영월 청령포에 유배되어 왔다. 유배 생활을 하면서 단종은 '자규시'를 쓴다. 자신을 "한 마리 원한 맺힌 새"에 비유한 '자규시'는 "하늘은 귀머거리인가 아직 애끓는 호소를 듣지 못하고 어찌하여 수심 많은 이 사람에게 귀만 밝게 하였는가"로 끝맺고 있다. 한스러움과 처절함을 느끼게 하는 시이다. 시인은 그 청령포에 와서 '자규시'를 생각해내고 단종의 비통함과 억울함을 떠올리며 '자규시'에 답하는 이 시를 짓는다. 세월이란 것은 무상한 것. 이제 춘삼월이 와도 단종이 죽었으니 자규도 날아오지 않고, 자규의 울음을 들을 줄 아는 제왕도 돌아오지 않는다. 그러나 어찌 자규나, 자규의 울음을 들을 줄 아는 제왕이 그 당시의 그들로 국한되겠는가. 억울한 삶을 사는 자들과, 그들의 억울함을 살피지 못하는 자들이 너무나 많은 것이 이 세상이고 보면 제 이, 제 삼의 자규나 제왕이 얼마든지 있을 것이요, 이 시는 그런 점에서 과거 역사의 영역을 벗어나 현장성을 띠며 확대될 수 있는 것이다. 이 시의 진정한 가치도 여기에 있으리라. 사천은 다음과 같이 역사적 인물을 통해 올바른 삶에 대한 자각을 하기도 한다.

> 부끄럽습니다
> 고향을 팔고 또 팔았는데
> 이제 와서 담을 타고 넘어
> 입한재를 엿보게 되었습니다
> 큰절 한 번 못하고 지나쳤던
> 구봉 선생 산소 앞에
> 이렇게 무릎 꿇는 법도
> 오늘에야 깨닫게 되었습니다
>   -「입한재」-

　사천의 고향 당진 출신으로 예학의 태두인 구봉 송익필은 천민 출생이면서도 이이와 학문을 논할 만큼 학문적 깊이가 있고, 인간 됨됨이로 따져도 자신의 영화를 위한 변절의 유혹을 단호히 뿌리칠 만큼 절개가 굳었던 인물이다. 입한재는 그를 모신 사당으로 당진 원당리에 있다. 시인은 사석에서 사람들을 만나면 자신이 당진 출생이란 것을 내세웠지만, 정작 그의 고향의 큰 인물인 구봉 송익필을 알아보지 못하고 그에 대한 예의를 차리지 못한 채 지냈왔다. 이제야 그를 모신 입한재도 엿보게 되고, 그의 산소 앞에 무릎도 꿇는다. 고향의 까마득한 후손으로 면목이 없다. 외적 규범을 중시하는 예학을 강조한 그이기에 더욱 부끄러움이 크다. 시인은 그동안 성주산 기슭의 마을 이름이 원당이 된 까닭도 몰랐고, 큰 둥치의 소나무들이 어우러져 있는 것도 안 보였다. 한 마디로 말해 고향을 내세웠어도 고향을 모른 자인 것이다. 그러나 이제 고향의 인물을 바로 알고 나니 왜 마을 이름이 원당인지 알겠고, 그리고 큰 둥치의 소나무들이 어우러져 있는 것도 비로소 보인다. 고향이 제대로 그의 내부에 자리잡게 된 것이다. 확대하여 말하자면 조국의 산하를 바로 파악한 것이다. 그렇지만 고향에 대한, 더 나아가 조국에 대한 소홀함이 비단 사천만의 경우는 아닐 것이다. 한국인으로 한국에 살면서 한국의 산하를, 한국의 인물을 제대로 알고 있는 이가 얼마나 되는가. 아마 시인은 고향의 인물을 거론하면서 은연 중에 그를 개탄하고 있는 것인지도 모른다. 이 부끄러움은 율곡 이이를 떠올리는 「오죽헌」이란 시에서도 그대로 노정된다.

겨울 바다에 와서
여자와 팔짱을 끼고 수평선을 보고
모래밭을 거닐어도 보는
여름철이면 파도에 몸을 적신다든지
그런 것만으로는
직성이 안 풀린다는 듯이
한 번쯤 오죽헌을 돌아보곤 했었다
그러나 이 여름 나는 부끄럽다

       갑자기 할아버지가 내게
       격몽요결을 가르쳤던 일이 생각나고
       …비례물동(非禮勿動)하며
         -「오죽헌」-

    시인은 여름철 강릉에 피서를 와서 관광도 겸한다는 생각에 오죽
헌을 들른다. 그러나 피서차 온 김에 지나칠 요량으로 들른 오죽헌에
서 시인은 부끄러움을 느낀다. 집구경 삼아 여기 저기 기웃거리기도
하고, 함께 온 여자와 구경 거리로 둘러보는 자신의 행동이 '비례'라
는 것을 자각했기 때문이다. 그 옛날 시인의 할아버지가 이율곡의
『격몽요결』을 가르칠 때 귀에 익게 들려주던 구절이 "예가 아니면
행동하지 말라"는 '비례물동'이 아니던가. '비례물동'을 가르친 주인
집에 와서 무수히 비례를 저지른 것이다. 시인은 이 여름에 이르러서
야 "과연 내가 오죽헌에 발을 디딜 자격이 있는가. 이곳을 훌쩍 돌아
보고 갈 수 있는 일인가. 이제는 이래서는 안될 것 같다"는 생각을
한다. 그래서 그는 이 여름이 갑자기 부끄러운 것이다. 그러나 이 부
끄러움이 사천으로 끝날 일은 아니다. 이 땅에 사는 얼마나 많은 사
람들이 선인들의 가르침에 귀를 닫고 살았는가. 선인들을 모신 사당
이나 생가를 들를 때 그들이 생전에 남긴 말씀을 가슴에 새기었던들
오늘날 우리의 삶이 이렇게 어긋나지는 않았으리라. 이런 것을 보면
사실 사천은 자신의 부끄러움의 고백을 빌어 부끄러움을 모르는 우
리 모두에게 경종을 울리고자 하는 것일 것이다. 그것은 더 나아가
무조건 외래적인 것을 숭배하고 우리 것의 우수성에 대해서는 무지
한 이들에 대한 질책이기도 하다.

       조선시를 쓰라
       백성들이 운다

저 갓 패어난 보리이삭처럼
핏기 마른 머리칼을 세우고
꺼이꺼이 부황난 봄을
백성들이 울고 간다

무엇으로 때울거나
아홉 고을 물이 흘러드는
탐진의 갯벌 같은 목숨
어디 가서 만날거나
한 포기 구황(救荒)의 풀을

밤이 이슥토록
들기름불 심지 돋우고
내 외로운 뼈 쳐들어
목민심서를 쓰노니
저를 더불어 초충처럼 우노니

먹을 갈아
주린 백성들의 슬픔으로 붓을 세워
이 한량 없는 어둠을 끄라
기민시(飢民詩)를 쓰라
기민시를 쓰라
　　－「다산 초당」1. 기민－

　이 시는 2부로 구성되어 있다. 1부의 제목이 바로 굶주린 백성, '기민'이다. 이 시를 읽게 되면 얼마나 다산이 굶주린 백성을 걱정했는가를 짐작할 수 있다. 백성의 편안함을 누구보다도 염려했던 다산. 그의 대표적인 저서 『목민심서』만 하더라도 백성을 다스리는 자들이 어떤 자세를 지녀야 하는가를 일러 놓은 책이지만 결국은 백성을 위

해서 지은 것이다. 다산이 생각하기에 먹을 갈아 붓으로 글씨를 쓰는
이들은 백성들의 슬픔을 대변할 시를 써야 한다. 그래서 백성들의
'한량없는 어둠'을 꺼야 한다. 그래야만 올바른 목자(牧者)라고 할 수
있다. 시인은 다산 초당에 와서 다산의 이 외침을 듣고 있다. 그러면
서 반성을 하고 있다. 다산은 외로운 뼈를 쳐들어 목민심서를 쓰고,
백성들의 울음과 함께 하고자 초충처럼 울기도 했는데 나는 무엇을
했는가 하고. 과연 나는 조선시를 썼는가, 기민시를 썼는가. '기민'은
그 시대에만 있었던 것은 아니다. 국민소득 만불을 외치는 지금도 빈
부 격차의 심화로 '기민'은 우리 주위에 산재해 있거늘, '한량없는 어
둠'은 여전하거늘, 나는 무엇을 했는가. 그러나 이 역시 사천만이 반
성할 일이 아니요, 글을 쓴다는 자들 모두가 반성해야 할 일이다. 이
런 점에서 사천이 선인들의 가르침에 귀를 기울이는 것은 자신을 성
찰하기 위함이기도 하지만, 선인들의 고결한 정신을 외면해 온 우리
에게 그 메시지를 전달하여 삶의 귀감을 삼게끔 하려는 시인의 배려
라고 할 수 있다.

4. '한국적인 것'의 시적 형상화를 위하여

사천 이근배 시인이 '벼루 읽기'에 힘쓰고, 훌륭한 선현들의 발자
취를 더듬는 것은 시인으로서 그가 지닌 큰 덕목이다. 그것이 바로
이숭원의 지적대로 "뿌리 찾기"요, 민족의 정체성으로 이어지기 때문
이다. 더구나 그가 누구보다 시조에 애착을 갖고, 틈나는 대로 열심
히 국토 기행을 하는 것도 따지고 보면 다 이와 연관되는 것이다. 여
기서 우리는 민족과 조국을 위하는 그의 우직한 인간다움을 엿본다.
사실 우리의 것을 모르고, 우리의 '뿌리' 찾기에 소홀한 채 남의 것

만 추종하는 이들이 얼마나 많은가. 그러나 사천의 생각으로는 이런 저간의 사정은 가치가 전도된 '난시' 현상이다. 조금만 주의를 기울여 우리의 문화 유산을 살펴보면 그 속에 우리가 본받아야 할 고매한 정신이나 가르침이 너무나 많다. 그러므로 시인은 그동안 그 메시지를 전달하려고 노력했던 것이고, 앞으로도 그에 주력할 것이다.

물론 시집 전체를 조망해보면 그의 관심이 이러한 주제에만 집중되어 있는 것은 아니다. 그의 과거사에 얽힌 한과 슬픔, 가족에 대한 애정과 그리움, 경물에 대한 그 나름의 시적 인식 등이 또 다른 주제로 내세워질 수 있다. 기법적인 면에서 볼 때에도 종결형 어미로 시를 끝나지 않게 하여 여백이나 여운의 효과를 추구한다든가, 시조와 같은 짧은 형식의 치중 및 전통적인 운율 의식, 철저한 감정의 절제 등이 엿보인다. 그러나 역시 사천 시의 큰 줄기를 찾는다면 문화 유산을 통한 '한국적인 것'의 발견과 그로부터의 깨달음이라고 본다. 그야말로 온고지신의 정신 지향이다. 과거로 되돌아가 그곳에 시선을 두려는 이러한 그의 시적 포즈는 분명 값지고 정당한 것이다. 하지만 메시지가 강한 주제를 시적으로 형상화하는 데에는 어려움이 따르는 법이다. 아마도 그의 고민과 딜레마도 여기에 있을 것이다. 그러나 시적 기량이 뛰어난 그이기에 이 어려움을 잘 극복하리라 본다. 이제 더 이상의 휴식을 말고, 앞으로도 깊이 있는 시로써 그의 호 '사천沙泉'이 의미하는 바와 같은 한국적 정서의 '오아시스'를 우리에게 제공해주길 기대한다.

'유리'가 되어 '멱라'의 길 찾기

1. 대상에 대한 시인의 시선

이기철 시인의 시는 정신적 세계에 대한 탐구가 그 나름의 의장에 의해 분명히 드러나 있어 쉽게 지나칠 수가 없다. 그의 시를 읽고 우리는 그가 시 속에 등장시키는 사물들의 움직임과 상징성, 공간들의 의미를 주시하게 된다. 그는 때로는 따사로운 인간애로 세상의 추위를 감싸려고 하기도 하고, 때로는 올바른 삶의 길을 찾으려고 애쓰기도 한다. 시인의 기본적인 자세라고도 할 수 있는 그의 시적 포즈에 유난히 눈길이 가는 이유는 어느 면에서 보면 무거운 주제인 이러한 메시지를 차분하고 진솔하게 잠언적 토운으로 제시하고 있기 때문이다. 그의 시를 읽으면 우주가 전개하는 울림의 내밀성을 느낄 수 있으며, 또한 사물들이 주체적인 움직임으로 다른 사물들과 교융함을 본다. 예를 들어 "완두콩이 제 몸을 푸른 물로 물들인다"든가, "길들이 서성인다"든가 하는 서술에서 더 이상 '완두콩'이나 '길'이 무감각한 대상들이 아니요, 하나의 생명체로 존재하는 것임을 느끼는 것이다. 이를 다른 말로 표현한다면 대상의 軟性化라고 할 수 있다. 시인

스스로 "내 주위의 모든 여리고 애틋한 것들의 참다움과 아름다움을 점차 크게 보이게 한다"고 했듯이 그는 하찮은 미물에게서 참모습을 발견한다. 조물주가 세상에 존재하게 했을 때는 그 작고 누구도 돌보지 않는 것들에게도 존재의 의미가 있을 것이라고 생각하고, 그들을 눈여겨 보는 것이다. 분명 우주는 몸체가 큰 것들만이 주인은 아니다. 눈에 쉽게 띄지 않는 것들도 그들 나름대로 숨을 쉬고 생명의 움직임을 보이고 심지어 무기물조차도 그것이 자리한 위치, 그 모양새에 따라 그 나름의 의미를 지니는 것이다. 시인은 이들을 불러 모아 대화를 하고, 이들에게서 삶의 자세를 배운다. 나는 이번 글에서 그 중 특히 시인이 의미를 두고 있는 '유리'와 '멱라'를 중심으로 그의 시세계를 살펴보고자 한다.

2. '유리'의 세계로의 지향

'유리'란 무엇인가? 불순물이 섞이지 않은 순수함이요, 투명함이며, 차라리 제 몸을 산산이 부술지언정 진실을 왜곡하지 않는 정신의 결정체이다. 시인이 '유리'가 되고자 함은 '유리'의 차원에 이르고자 함이요, 그러한 세계로의 지향이라고 말할 수 있다.

> 유리에 닿는 길이 나의 종교다
> 그 수정의 문간에 닿기 위해
> 나는 오랜 사색의 흰 길을 걸어 왔다
> 　－「유리의 나날 4」－

시인은 "유리에 닿는 길이 나의 종교다"라며 유리로의 지향을 종교와 동일시하고 있다. 한 사람에게 있어 종교가 지고의 믿음임을 생각할 때 유리는 '나'에게 절대적인 대상이라는 것을 직감한다. 그 유리는 다음 행에서 '수정의 문간'으로 바뀐다. '수정'이란 유리와 마찬가지로 맑음, 투명함의 특성을 지니지만 그 외에 고귀함이란 특성이 더 있다. 그러므로 시인이 유리를 수정이라 할 때에는 그만큼 유리에 대한 인식이 철저하다는 것이다. 그러면 유리에 닿기 위해, 바꿔 말해 수정의 문간에 닿기 위해 '나'는 무엇을 했는가? 오랜 사색의 흰 길을 걸어왔다. 우리는 여기서 '오랜'과 '흰'에 주목할 필요가 있다. '오랜 사색'이란 유리로의 지향을 위해 상당한 시간을 할애했다는 것이요, '흰 길'이란 걸어온 길이 그만큼 순수했음을 보여준다. 유리를 가치 있게 꾸미려는 의장, 유리의 길에 심층적인 의미를 두려는 의도를 이 두 수식어로부터 간파할 수 있다.

> 새는 하늘에 없는 길을 내는데
> 나는 산중에 있는 길마저 놓친다
> 마음의 남루 씻기 전에는 아미타에 들 수 없다고
> 고색 창연한 무량수전이 내 등을 떠민다
> —「유리의 나날 9」 부석사에서—

　사물들은 저마다 존재의 근거를 우리들에게 내보이고 있다. 바람에 흔들리는 은행나무잎들, 오랜 세월을 그 모양으로 버티고 있는 거대한 바위, 하늘을 솟구쳐 날아오르는 철새들의 움직임 등 어느 것 하나도 무의미한 현존은 없다. 하이데게의 이른바 '근원적인 말함'(Sagen)이다. 사실 시를 짓는다는 것은 이 사물들의 '근원적인 말함'을 발견하여 독자들에게 전달하는 일이다. 그러나 '근원적인 말함'을 발견한다는 것은 시인에게도 쉬운 일이 아니다. 사물들로부터의 울림의 내밀성에 귀를 기울여야 하며, 그 귀가 열려져 있어야 한다. 그 때서야 비로소 '근원적인 말함'에 예비적인 태세가 될 수 있고,

왜 내가 존재하는지의 근거를 확보할 수 있는 것이다.

이 시에서 '나'는 산중에 있는 길마저 놓치는 미혹의 존재이다. 새는 이미 자신이 갈 길을 알고 있어 설사 길이 없다 하더라도 길을 낼 수 있는데, 미혹한 나는 길 위에서도 길을 찾지 못한다. 마음이 누더기로 되어 있는 자는 그런 것이다. 그런 자가 아미타가 된다는 것은 어불성설이다. 나는 고색창연한 무량수전 앞에서 그 사실을 깨닫는다. 무량수전이 내게 그 사실을 가르쳐 주었다. 이것은 뒤바꿔 내가 무량수전의 근원적인 말함에 귀를 기울였기에 가능한 일이다.

유리여, 어떤 불꽃으로 태워도
너의 투명한 육신 검은 재가 되지 않는다
어떤 혹한에도 너의 명징한 육신 얼음이 되지 않는다
순수에 길든 너의 몸은 깨어져 천 조각 파편으로 흩어질지언정
먹빛 진창에 살 섞지 않는다
　－「내 안의 유리 1」－

시인이 염두에 두고 있는 '유리'의 정체성은 이 시를 통해 보다 확실히 추출이 된다. 그것은 투명, 명징, 순수로 정리될 수 있다. 어떤 불꽃에도 검은 재가 되지 않고, 어떤 혹한에도 얼음이 되지 않으며, 먹빛 진창에 살 섞지 않는 육신이 유리이다. 유리에 대한 철저한 관찰에서 유리의 본성을 파악한 시인은 단언적인 어투 '~않는다'를 반복하며 유리로의 동일화를 갈망한다. 그렇다면 유리 지향의 궁극적인 목표는 무엇인가?

어느 영원의 단애에 서면
내 영혼의 향기 한 가닥 들판의 꽃으로 피어날 수 있을까
작게 피어 더욱 아름다운 꽃처럼

단추 속 온기를 추운 나무들에 나누어줄 수 있다면
흩어져도 멀리 가는 향기같이
비로소 내 하루 유리라 말할 수 있으리
　　－「내일의 유리 1」－

돌아보면 베옷처럼 구겨진 세월
어느 아침 문득 가시 같은 깨달음 오면
나는 입던 옷 신던 신발 버리고
맨살로 대지를 적시는 수정의 물이 되리
제 몸 불태워 어둠을 밝히는
찢겨서도 영롱한 불꽃이 되리

내 유리를 향해 걸어갈 때
　　－「내일의 유리 2」－

　시인은 한 가닥 들판의 꽃, 작고 아름다운 꽃으로 피어나서 영혼
의 향기를 지니거나, 추운 나무들에 온기를 나누어줄 수 있을 때
'내'가 유리라고 말할 수 있다고 한다. 시인이 인식하는 살아온 세월
이란 '베옷 같이 구겨진 세월'이다. 그러므로 가시 같은, 아픈 깨달음
이 올 때 나를 구속하던 모든 것들을 버리고 "맨살로 대지를 적시는
수정의 물"이 될 것이고, 제 몸 불태워 어둠을 밝히는 불꽃이 될 것
이다. 그러나 시인이 생각하기에 유리가 될 수 있음은 그리 간단치가
않다. "어느 영원의 단애에 서면"이라든가 "내 유리를 향해 걸어갈
때"는 유리로의 부단한 지향을 나타내는 것일 뿐, 유리와 내가 쉽게
일치되지 않고 있는 어려움을 암시한다. 하기야 어떻게 인간이 쉽게
유리와 같은 차원에 이르겠는가? 여기에는 정신적 수련에 의한 부단
한 정진이 수반되어야 할 것이다. 이상에서 우리는 시인이 함축하고
자 하는 '유리'의 의미망을 어느 정도 가늠할 수가 있다. 하찮은 사

물들에게도 주의를 게을리 하지 않는, 시인의 만물에 대한 편재적 사유가 광물로서의 '유리'를 이만큼의 함축적인 시어로 창조함도 간과할 수 없는 그의 시적 능력이다.

3. '멱라'를 통한 정체성 추구

이기철 시인이 내세우는 또 하나의 의미 대상은 '멱라'이다. 멱라는 중국 동정호 남쪽을 흐르는 강으로 초나라 굴원은 그의 나라가 진나라에 유린 당하고, 초나라 회왕을 죽음에 이르게 한 자란에게까지 억울한 누명으로 추방 당하자, 울분을 참지 못해 그곳에 빠져 죽었다. 그러나 시인은 멱라를 정신의 강의 은유로 그의 시에 등장시키고 있다. 그가 '멱라'라는 공간을 설정함은 무슨 이유일까? 정의가 실천되지 않는 세상에서 시인 역시 굴원처럼 그 억울함을 풀 수 있는 공간이 필요했기 때문일까, 아니면 그 곳을 유토피아로 인식한 것인가? 여하간 굴원과 같은 뛰어난 능력과 지혜로운 본성을 지닌 자가 빠져 죽어 몸 담은 공간이기에 남다른 공간으로 시인에게 인식됐음은 분명하다. 그러면 시인은 그의 시에서 '멱라'를 어떻게 변주하고 있는가?

일생이 아름다워서 아름다운 사람은 없다
일생이 勞役과 상처 아문 자리로 얼룩져 있어도
상처를 길들이는 마음 고와서 아름다운 사람은 있다
때로 삶은 우리의 걸음을 비뚤어지게 하고
毒 묻은 역설을 아름답게 하지만
멱라 흐르는 물빛이 죽음마저도 되돌려주지는 못한다
아무리 걸어온 제 발자국 헤아린 자 없어도

발자국 뒤에 남은 혈흔 쌓여
한 해가 되고 일생이 된다.
   ー「멱라의 길 1」ー

이 지상에 무한한 서쪽은 없어 급히 달리던 산맥은 바다에서 멎고
마음의 편서풍은 멱라를 데리고
저 혼자 지구의 끝을 가고 있다
마음의 멱라여, 나는 아직 얼마나 더 아파야
영원의 끝을 만질 수 있나
   ー「멱라의 길 2」ー

우리는 이들 시를 통해 시인이 얼마나 그 자신의 정신의 강인 '멱라'를 빌어 정신적 깊이를 추구하는지를 알 수 있다. '유리'가 순수, 명징, 투명함과 같은 정신적 태도를 상징하는 대상이라면, '멱라'는 그가 안주할 수 있는 바람직한 정신적 공간이다. 그는 정신의 강이 깊고 넓게, 따뜻하고 하찮은 것까지도 감싸면서 흐르기를 간절히 바란다. 그러므로 그의 시선은 결코 지상의 높은 곳이나 세속적인 허명의 장소에 머무는 것이 아니요, 낮은 곳이나 세상 사람 아무도 돌보지 않는 것들이 옹기종기 웅크리고 있는 곳에 머문다. 우리의 삶을 되돌아보면 우리는 정말 부와 권력과 명예 등에 집착해서 살아왔다. 문제는 그 수치스런 과거가 과거로 끝나지 않고, 현재에도 유효하고, 미래로 이어질 개연성이 충분히 있다는 데에 있다. 삶이란 것은 유한한데, 종착지가 얼마 남지 않았는데, 죽으면 모든 것들이 부질없는데, 끊임없이 헛된 것들의 유혹에 빠져 헤어나지를 못하고 있다. 하여 나란 존재는, 나의 진정한 모습은 찾아볼 길이 없다. 이 무명의 미혹함을 어찌할 것인가. 시인은 그를 염려하며 그 모든 것들이 극복된 공간을 마련하고자 하는 것이다.

어둠은 어두워질수록 제 살을 피워무는
불빛을 밝게 한다
생각하면 나는 너무 멀리 걸어왔구나
내 걸어온 길들이 모두 나를 떼밀고
내 바깥으로 사라졌구나

그러나 상추잎처럼 푸르던 날들과
葉綠을 물고 날아간 새들은 내 기억의 장롱 속에서
노래한다
마음의 어디에도 멱라가 있고
꿈의 어디에도 九江이 흐른다고
돌들도 시간 속에서 수정을 품는다고
　　　—「시인」—

"나는 너무 멀리 걸어 왔다"는 회한은 내 걸어온 길들이 사라져버림을 깨닫는 것과 함께 깊은 허무감에 빠지게 한다. 이 허무감이 시인만의 몫은 아니다. 우리의 인생이란 것이 그런 허무감으로 연속되어 있다. 그 진리를 깨달은 것은 어둠 속에서이다. 어둠은 어두워질수록 불빛을 밝게 하듯이, 시인이 처한 어두운 상황은 오히려 어둠으로 함몰시키기보다 이러한 삶에 대한 반성을 하게끔 했다. '생각하면'이란 것은 '생각하지 않은 나'와의 구분 속에 놓인다. 우리는 대부분 '생각하지 않는 나'로 살아간다. 이것이 '생각하는 나'로 바뀐 것이다. 이 때 비로소 나의 위치를 파악하고, 나의 처지도 이해한다. 하지만 내 걸어온 길이 모두 부정적인 것은 아니다. '그러나'란 어휘는 걸어온 길 중에서 긍정적으로 선택될 수 있는 것들이 있어 그를 바탕으로 얼마든지 나의 삶의 태도가 전환될 수 있음을 내비친다. 그러면 선택되는 것들은 무엇인가? '상추잎처럼 푸르던 날들'과 '엽록을 물고 날아간 새들'이다. 내 기억의 장롱 속에는 다행히도 그것들이 있는 것이다. 다만 그들의 소중함을 인식하지 못한 것이다. 그들은 무어라고 나를 가르치는가? 멱라가 따로 있는 것이 아니고, 마음의 어디에도 멱라가 있다고 한다. 중국 강서성에만 九江이 흐르는 것이 아니요, 꿈의 어디에도 九江이 흐른다고 한다. 하찮고 가치 없는 돌들도 시간 속에서 값진 수정을 품을 수 있다고 한다. 이제 기억의 장롱 속에서 지나간 과거 속에 묻혀 있는 가치물들을 꺼내야 한다. 무조건적인 과거의 배제는 어리석은 일이다.

> 흐르는 물이여, 흘러가는 것만이 너의 일생이라 해도
> 너의 곁에서 열매 맺고 너의 곁에서 수태하는
> 산 것들의 한 꾸러미 삶을 외면해서는 안 된다
> 바람은 눈보라를 몰고 와 펄럭이는 나날의 책장을 넘기지만
> 천 길 깊이 고인 마음의 우물물을
> 두레박으로 길어올리지 못한다
>   —「멱라의 길 3」—

그렇다. 우리에게는 어느 누구에게나 '산 것들의 한 꾸러미 삶'이란 것이 있는 것이다. 물은 흘러가고 없지만, 흐르고 흘러 끊임없이 새로운 것을 받아들이지만, 흐르는 물의 곁에서 열매 맺고 수태한 삶의 흔적을 어찌 외면할 수 있을 것인가? '멱라'가 바람직한 공간이 되는 길은 이런 것들을 수용하는 데 있다. 바람이 눈보라와 함께 나날의 책장을 넘길 수는 있어도, 고통과 아픔과 회한의 하루 하루를 보내게 할 수는 있어도, 그 세월의 경과 속에 깊이 고인 마음의 우물물은 어쩌지 못한다. 그러기에 '산 것들의 한 꾸러미 삶'은 소중한 것이다. 이상에서 살펴볼 때 시인이 구축하려는 정신의 강 멱라는 포괄적인 공간이다. 따뜻함과 넉넉함이 있고 너그러움이 있는 공간, 무조건적으로 세속적인 이욕을 추구하지 않고 나의 정체성을 찾을 수

있는 공간인 것이다.

4. 척박한 삶의 극복을 위하여

이기철 시인의 시에서 우리가 주목해야 할 것이 물론 '유리'와 '멱라'의 함축적인 의미 영역만은 아니다. "가난이 부끄럼은 아니라 해도 / 햇빛이 양식인 나무들은 넉넉하겠다"(「나무들의 양식」)든가, "얼마를 더 가면 제 잎을 잘라 가슴에 꽂아도 / 소리하지 않는 풀들의 무심을 배울 수 있으랴"(「地上의 길」) "가본 길만이 길이 아니다, 어둠 속으로 벋은 / 가보지 않은 길은 얼마나 깊고 싱싱한가"(「地上에서 부르고 싶은 노래 2」) 등에서 나는 눈이 번뜩 뜨이고 귀가 활짝 열리는 것을 느낀다. 그의 시는 때로는 낮게 깔리며 엄숙하게, 때로는 감미롭게 속살거리며 인간의 기본적인 삶의 자세를 현대인들에게 교화하고 있다. 이미 이순을 넘긴 이 시인의 따사로운 시선이 앞으로 어느 곳을 깊게 내려가 머물지 궁금하지 않을 수 없다. 한 가지 분명한 것은 그가 결코 우리를 실망시키지 않고, 우리의 척박한 삶을 시로 윤택하게 하리라는 것이다.

황혼 속에 비춰본 '나'의 거울

1. 김광규, 무욕의 삶에 대한 의지

최근에 시단의 중진에 속하는 세 시인이 시집을 냈다. 김광규의 『시간의 부드러운 손』(문학과 지성사, 2007), 문정희의 『나는 문이다』(뿔, 2007), 이시영의 『우리의 죽은 자들을 위해』(창비, 2007)가 그것이다. 세 사람 모두 이순에 이르렀거나, 이순을 넘긴 이들이다. 그들은 한결같이 황혼기에 접어든 자신을 거울에 비춰보고 있다. 누구나 그렇게 되는 것이겠지만 나이가 들면 지금까지의 삶을 뒤돌아보고, 삶을 정리하게 된다. 그들도 예외는 아닌 것 같다. 이제 그 시집들을 차례로 살펴보기로 한다.

김광규 시인이 4년만에 펴낸 『시간의 부드러운 손』은 제목이 암시하듯 고희의 늘그막에 다가선 시인이 주위의 것들에 대해 친화적인 태도를 지니게 되었음을 보여주는 시집이다. 여기서 '시간의 손'이란 거역할 수 없는 시간의 영향으로 받아들여지는데, 그를 '부드러움'으로 연결함은 곧 시인이 모든 것들에 대해 대립적이라기보다 정감적으로 바라본다는 것이다. 일반적으로 '부드러움'의 함의는 유연·

여유·포용·사랑이요, 이것은 각박·냉정·엄격·경직·배척과는 상대적이다. 그러므로 '부드러움'의 경사는 그가 「시인의 말」에서 말한 "체념과 초탈의 시점에 이를 때까지 노년을 부끄럼 없이 살아가려 한다"는 다짐을 자연스럽게 노정한 것으로 간주된다.

이번 시집에서 우선 발견되는 시인의 포즈는 노년에 수반되는 자아의 변화에 대한 감회이다. 가령 그는 어느 때부터인가 신경질을 부려도 허망한 기억이 되살아나지 않는다. 전에 없었던 일로 그로서는 그런 현상을 도저히 믿을 수가 없다. 그러나 그것이 부정할 수 없는 현실이다. 그의 한 생애의 후반기는 그렇게 잃어버리며 잊어버리며 시작되는 것이다. (「어느 날」) 그런가 하면 정신이 멀어져가는 자리에 몸뚱이 혼자 주저앉아 안으로부터 무너지는 소리를 듣는다. 그 소리가 그에게 송도음처럼 들려온다. 점점 정신은 희미해지고, 육체는 한 군데 두 군데 고장이 나는 것이다. (「몸의 소리」) 사실 이러한 변화는 시인만이 겪는 것은 아니다. 적어도 오십을 넘긴 사람들은 대부분 자기도 모르게 쇠약해진 자아를 체험한다. 그 때 어떤 감정을 갖게 되는가? 젊을 때 미처 하지 못한 일들에 대한 회한이다. 그에겐 여러 사람과 어울려 놀지 못하고 저만치 비켜서서 그들이 노는 것을 혼자 바라만 본 일이 있다. 지금은 그 놀이를 하고 싶어도 다시 할 수가 없다. 이제는 혼자서 쉬는 날도 며칠 남지 않은 듯하다. (「놀지 않고 쉬는 날」) 인생의 황혼기에 접어들어 죽음을 예감하게 되었다고 볼 수 있다. 그래서 시인은 보이지 않는 손이, 벽오동 잎보다 훨씬 커다란 손이, 빨리 떠나가라고 뒤에서 슬며시 등을 떠미는 것을 느낀다. 가야할 세대가 된 것이다. 세대 교체는 자연의 섭리다. 그것은 되돌릴 수 없는 시간의 손이다. 그 손은 그러나 가라고 거세게 밀치지 않기에 '부드러운 손'이다. (「효자손」)

시인이 세월을 얼마나 의식하는지는 시집의 첫 페이지를 「춘추」

라는 시로 장식한 사실에서 쉽게 간파할 수 있다. 잘 알다시피 '춘추'란 해[年]를 뜻하기도 하고, 나이를 뜻하기도 한다. 이 시를 보면 시인은 "창 밖에 산수유 꽃피는 소리"를 듣는가 했더니, 어느 새 "뒤뜰에서 후박나무 잎 지는 소리"를 듣는다고 한다. 그동안 시인은 겨우 시 한 줄 보탰을 뿐이다. 결국 아무 것도 한 것 없이 거의 한 해를 보낸 것이나 마찬가지다. 어찌 허망한 마음이 들지 않겠는가. 그는 땅에 떨어진 갈잎 하나조차도 예사롭게 보이지 않는다. 자신의 처지와 같다고 생각한다. 하여 땅에 떨어진 갈잎에 고인 빗물을 보고도 "땅으로 돌아가는 어쩌면 마지막 / 빗물이 잠시 머물러 / 조그만 가을 거울에 / 온 생애를 담고 있습니다"(「가을 거울」)라고 읊는다. 그런가 하면 플라타너스 가로수의 나뭇잎들을 가리키면서도 "늙어가는 부모들처럼 세상을 떠나려 하지 않는다"(「마지막 잎새들」)고 하고, 하루의 일과를 "언제쯤 멈출지 알 수 없는 / 여생의 하루를 이렇게 보내고/ 쓰다 만 시 몇 줄 남긴다"(「어느 금요일」)고 하고 있다.

 삶의 무상함을 온 몸으로 받아들이며 그가 지니게 되는 태도는 주위 것들에 대한 따뜻한 시선이요, 무욕의 삶에 대한 지향이다. 따뜻하게 세상을 바라보게 되었다는 것은 무엇을 의미할까? 모든 것을 너그럽게 받아들인다는 것이요, 욕망에 얽매이지 않고 초탈하게 되었다는 것, 만물의 현상에 애정을 가지게 되었다는 것이다. 흙을 고르는 호미질을 하는 모녀를 보고 "도란도란 평화롭다"(「비 오는 주말」)라고 한다거나, 현대시 강습회에 참석한 여성 강습생이 그녀의 집에 핸드폰 통화를 하는 것을 듣고서 "부럽다 어리고 작아서 따뜻한 가정"(「핸드폰 가족」)이라고 하는 것, '그리마'라는 징그러운 벌레를 보고도 "결코 귀여운 미물은 아니지만 / 더불어 살겠다는 것이지요"(「그리마와 더불어 2」)라고 하는 데에서 이런 정서의 일단을 쉽게 발견한다. 무욕의 삶 또한 이번 시집 곳곳에서 산견되는데, 예를 들어 주변에 있는 아파트를 보고 자신이 소유한 아파트가 아님에도 "우리에게 비록 아파트 한 채도 없지만 / 그때부터 어디를 가든지 우리 아파트 / 없는 곳 없다"(「우리 아파트」)고 한다든지, "보여줄 것 없어서 마음 놓고 / 가난하게 살 수 있는 곳 / 그립다 화산이 없는 나라"(「화산이 많은 나라」), "살았던 흔적 모두 지우고 / 소리 없이 죽어 있는 노린 재처럼 / 아무도 모르는 주검으로 / 버려져야지"(「남긴 이야기」)라고 하는 데에서 시인이 무욕의 삶을 추구하고 있음을 추출하게 된다.

김광규는 이미 「희미한 옛사랑의 그림자」 시절부터 삶의 정도(正道)가 무엇이어야 하는가를 숙고해온 시인이다. 그만큼 그는 일관적이다 할 만큼 자신의 삶을 되돌아보아 왔다. 그러므로 이번 시집에 담긴 주제가 낯설지를 않다. 그러나 칠순을 얼마 남겨 놓고 있지 않은 시점에서 펴낸 시집이라 그런지 이번 시집에서는 그 주제가 더욱 여러 편의 시에 미만되어 있다는 느낌을 받는다. 아마 앞으로의 시집도 이 범주를 크게 벗어나지 않으리라는 생각이다.

2. 문정희, 욕망의 허망함에 대한 반추

문정희의 시는 항상 읽는 이로 하여금 자신도 모르게 감탄이 나오게끔 한다. 문 시인의 언어 운용에는 다른 사람이 도저히 따를 수 없는 솔직함과 기발함, 시원스러움이 담겨 있다. 바둑을 두는 기사에게 단수를 부여하듯이 시인에게도 단수를 부여한다면 그녀는 분명히 9단의 부류에 속하지 않나 싶다. 이 능란함은 그의 시재에 기인하는 것이겠지만, 시에 대한 끊이지 않는 열정이 그에 덧붙여 한 몫을 한 것이 아닌가 한다.

그녀는 간혹 시집에 '오라, 거짓 사랑아'처럼 도발적인 제목을 붙이는 일이 있거니와, 이번 시집도 단호하게 '나는 문이다'라는 제목을 달고 있다. 그럴 듯한 제목도 많을텐데 어찌해서 이 제목으로 수록된 시가 있는 것도 아닌데 이 같은 제목을 선택했을까. 더구나 그녀는 '자서'에서 "나는 문이다 / 하늘 아래 문이 있다"라고 해 놓고, 다음에 "이제 문을 잊고 싶다" "나는 문이 아니다"라고 하고 있다. 이 이율배반적인 진술에 분명 시인의 의도가 담겨 있으리라. '문'의 함의가 너무 많아 정확한 의미역을 확정짓기는 어렵지만, 추측해 보건대 열고 닫는 기능을 지닌 문의 타성을 벗어나겠다는 의도로 읽혀진다. 그것은 이순을 넘어선 시인이 지금과는 다르게 새로운 출발을 하려는 출사표이기도 하다.

그렇다면 '문'의 화두는 무엇인가? 좀더 자유로움을 구하겠다는 것, 사회의 틀에 얽매인 위선의 틀을 벗어던지겠다는 것, 새로운 '나'를 찾겠다는 것, 이제는 모든 것을 받아들이는 것이 아니라 모든 것을 버리겠다는 것은 아닐까. 언제나 자유분방하며, 가식적인 것을 벗어던지려고 한 시인이고 보면 이러한 각오는 충분히 짐작되는 것이기도 하다. 이 시집 역시 수록된 첫 시 「아침 이슬」의 의미가 심상치 않다. 시인은 이 시에서 '아침 이슬'을 "영롱한 한 방울의 은유"로 정의하면서, "고통은 원래 부드럽고 차가운 것은 아닐까"라고 한다. 누가 고통을 이렇게 정의 내릴 수가 있을까. 그녀가 아니고는 어려운 일이다. 사랑을 '짧은 절정' '순간의 보석'이라 함도 기막힌 정의이지만, 이를 '이슬'과 연결시키고 있는 것도 놀랍다. 그리고 이어서 "맑고 위태한 시간을 머금고 있는가"라고 하고 있다. 결국 '사랑은 이슬'이라는 은유가 성립한 셈이다. 한 눈에 반하고, 앞뒤 가리지 않고 빠져 들고, 어떠한 희생을 치르더라도 받아들이는 사랑은 그녀가 말하듯 정말 순수하면서도 위태로운 '이슬' 같은 것인지 모른다. 그녀가 '동백꽃'을 서술하는 태도도 직선적이다. "가장 눈부신 순간에 스스로 목을 꺾는 동백꽃"도 전적으로 수긍되는 관찰이거니와, 동백꽃의 떨어짐을 "모든 언어를 버리고 / 오직 붉은 감탄사 하나로 / 허공에 한 획을 긋는 / 단호한 참수"라고 한 것도 절로 탄성을 자아내게 한다. 이러한 뛰어난 상상력과 반짝이는 정의가 그녀의 장점이다. 그러나 그녀는 동백꽃을 닮지 못한다. "전 존재로 내지르는 / 피 묻은 외마디의 시 앞에서 / 나는 점자를 더듬듯이 / 절망처럼 / 난해한 생의 음표를 더듬고 있다"라는 것은 자아와 동백꽃의 괴리를 여실히 보여 주고 있다. 그러고 보면 그녀는 이슬이나 동백꽃 같은 사랑을 원하나 아직 그런 사랑을 실천하지 못하고 있는지도 모른다.

그녀의 새로운 삶의 태도를 엿보게 하는 것은 「홀로 죽기」란 시이다. 흙탕물에 빠져 첨벙첨벙 온몸에 진흙을 묻히다 보니 문득 생이 환한 들판이라는 것, 진흙 없이는 꽃도 없으니 한 번 뒹구는 일 가상하다는 것은 위선과 가식을 집어던지고 나 자체로 진솔히 살겠다는 것이요, 그동안 굴욕과 인내로 모은 훈장과 졸업장들, 즉 지금까지의 삶에서 그녀에게 부여되었던 세속의 영광이란 것이 얼마나 보잘 것 없는 것인지를 깨달았다는 것이다. 살 속에 남은 사랑의 흉터들도 한 때 눈이 멀어 욕망에 빠져 그렇게 된 것인데, 이제 와 생각하니 그것들도 쓸데없는 것으로 받아들여진다. 그래서 베드로가 세 번 예수를 부정하듯이 "이제는 아니오 아니오 아니오 / 새벽닭이 울건 말건 모두 버리노니"라고 하며 그동안의 모든 것을 부정한다.

이번 시집에서 시인은 여러 편의 시들을 통해 과거를 되돌아보고 그에 대한 회한을 피력하고 있다. 「안개 속에」란 시에서는 "우리가 무엇을 더 바라겠는가 / 조금 물기 있고 / 조금 흔들리는 것인 / 안개 속에 / 서로 어깨를 기대고 부비는 것 말고"라고 하며 끝내는 사라지는 존재들의 허망함을 노래하고 있으며, 「사하라에서의 하루」에서는 "사하라, 끝도 없는 속살에 / 얼굴을 묻고 운다 / 사방에 길이 있지만 / 길을 몰라 제자리에서 버둥거리는 나는 차라리 검은 모래"
라며 절망 속에 방황하는 자신을 내보이고 있다. 자아의 정체성을 찾
으려는 몸부림은 이 밖에도 "눈빛 속에 나를 널어두고 싶다 / 한 사
흘만 / 설산이 되고 싶다"(「설산에 가서」)라든가 "나는 이쪽도 저쪽도
아니다 / 좌도 우도 아니다 아니고 싶다 / 회색은 더구나 아니다 /
늘 사이에서 / 나를 서성일 뿐이다"(「흔들림을 위하여」)에서 추출된
다. 자신에 대한 반추가 집약적으로 한 편의 시로 전개된 것이 시집
의 마지막을 장식한 「내가 한 일」이다. 어머니에게 배운 말로 몇 낱
의 시를 쏟아낸 일이 있지만 그것은 욕망이었고, 목숨을 걸고 아이를
낳고 기른 것도 살다보니 그렇게 된 것이지 나의 의지는 아니었으며,
결국 태어나서 그저 늙어가는 일이 전부라는 것은 이 나이에 이르고
보니 모든 것들이 다 헛되고 헛되다는 고백이다. 그러나 이 시의 끝
부분에 해당하는 "강물을 안으로 집어넣고 / 바람을 견디며 / 그저
두 발로 앞을 향해 걸어간 일 / 내가 한 일 중에 / 그것을 좀 쳐준다
면 모를까마는"라는 시구에서 보듯 역경을 이겨내며 목표를 위해 정
진한 일은 조금이라도 인정받고 싶은 심정이다.

문정희는 언제나 '당당한 여자'였다. 그 명제는 지금도 변함이 없
다. 그녀의 왕성한 문필 활동은 타의 추종을 불허한다. 그러한 그녀
가 욕망의 허망함을 노래하고, 과거에 대한 회한을 읊조리고 있다는
것은 조금 의외의 일이다. 그러나 한편으로 생각하면 그런 태도야말
로 이순을 넘은 연치에 이른 시인의 자연스럽고 바람직한 포즈이다.
현명한 늙음을 맞이하려면 그동안의 모든 욕망을 하나 둘 버리면서
몸과 마음을 가볍게 해야만 한다. 그녀는 그 작업에 착수한 것 같다.
그런 점에서 이번 시집을 의미 있게 받아들인다.

3. 이시영, 가치 있는 죽음에 대한 환기

이시영의 『우리의 죽은 자들을 위해』는 우선 수록된 시들을 형식상으로 살펴볼 때 남다른 특징이 드러나는 시집이다. 대부분의 시들이 산문체의 시, 아니면 10행 이내의 짤막한 단시로 구성되어 있다. 그는 「시인의 말」에서 말하길 "때론 한 줄의 기사가 그 숱한 '가공된 진실'보다 더 시다웠다"고 한다. '한 줄의 기사'는 무엇을 의미하는 것일까. 사실을 그대로 전하면서, 짧아야 하는 기사의 특성 때문에 내용의 핵심만을 추려 축약이 된 것 아니겠는가. 그것은 곧 시의 특징이기도 하다. 그렇다면 훌륭한 기사 한 줄은 훌륭한 시 한 편이 아닐 수 없다. 그것이 시인의 생각이다. 리얼리즘에 기운 시인에게는 그러한 것이 시다운 것이다. 촌철살인의 에피그램과 같다고나 할까. 물론 이런 시들을 선보인 것이 이번이 처음은 아니다. 시인은 이전부터 그런 형태의 시들에 관심을 보여왔고, 발표해 왔다. 언제부터인지 이시영의 시는 단시 아니면 산문체의 시였다. 그것은 그의 시관이 변했음을 간접적으로 드러내는 것이다. 이러한 변화가 과연 바람직한 것인가 그렇지 않은가를 논한다는 것은 무의미하다. "내려갈 때 보았네, / 올라갈 때 보지 못한, / 그 꽃"(고은 「그 꽃」 전문), "연탄재 함부로 발로 차지 마라/ 너는 누구에게 한 번이라도/ 뜨거운 사람이었느냐"(안도현 「너에게 묻는다」 전문)처럼 아주 짧은 시도 훌륭한 시가 될 수 있기 때문이다.

그가 무엇에 눈길을 보냈는가는 시집 표제에 그대로 나타난다. '우리의 죽은 자들을 위해'는 죽은 자들의 죽음을 조상하며 기리자는 것이다. 그가 지칭하는 '죽은 자'는 여러 부류이다. 그 중에 우선 눈길이 가는 것은 과거에 정의를 위해 죽었던 이들의 죽음이다. 시인 자신이 과거 유신헌법 반대라든가 6월 항쟁 등으로 민주화운동에 앞장 서 왔기에 이런 죽음에 특별한 관심을 보이는 것 같다. 과거에 정의를 위해 죽었던 이들의 죽음을 헛되게 하지 않는 것, 그것은 사실 살아 있는 이들의 의무이다. 그러나 과연 죽은 자들을 위한 노래를 우리는 불렀는가. 그들의 죽음을 딛고 서서 우리의 삶을 구가한 일은 없는가. 여기서 시인은 쩨뿔베다의 작품을 인용한다. 쩨뿔베다는 그처럼 70년대에 민주혁명에 참가한 칠레의 작가이다. 그의 소설 「검은 머리 여인과 금발 여인」에서 까르멘과 마르시아는 신음은 토해냈을지언정 사람이나 강, 나무, 산 등 그 어느 이름도 발설하지 않고 고문을 이겨냈다. 그 대신 두 여인은 죽은 자들을 위해 당당히 눈물을 흘렸다. (「우리의 죽은 자들을 위해」) 그래야 하는 것이리라. 값진 죽음에 동참하기 위해서는 그런 태도를 취해야 하는 것이리라. 이같은 시인의 외침이 시 행간 속에 내재되어 있다. 그러나 우리의 현실은 어떠한가. 그가 보기에 민주화를 위해 목숨을 바친 이들의 죽음을 값지게 하고 있지를 않다. 까마득하게 그들의 죽음을 잊고 있는 것 같다. 「모년모월모일」이란 작품도 군산 제일고등학교 교사로서 억울하게 '오송회'라는 조작공안사건에 얽혀 죽은 군산 제일고등학교 교사 이광웅의 죽음을 환기한다. 어쩌면 많은 이들이 이광웅을 잊었든지, 아니면 그를 모를 것 같기에 다시 한 번 그의 죽음을 떠올리는 것이다.

시인의 눈에 비친 죽음은 이 외에도 정토마을의 보살핌 속에 살다가 외롭게 떠나는 죽음, 이스라엘과 레바논의 전쟁, 이스라엘과 팔레스타인의 전쟁이 야기한 죽음, 단 한 번 짧은 비명으로 자신의 육신을 기꺼이 바치는 양의 죽음, 미국 시인 앨런 긴즈버그와 미국 칼럼니스트 부크월드의 아주 특별한 죽음, 스콧 남극 탐험대원들의 죽음, 아르헨티나 실종자들의 죽음, 1980년 3월 총살형을 당한 박흥주 대령의 죽음이나 1961년 민족일보 조용수 사장의 죽음, 아프카니스탄에서 '테러와의 전쟁'으로 2006년에 죽은 4천명의 죽음 등 한 민족이나 한

국가, 한 시대에 국한되는 것이 아니고 모든 것을 초월하여 편재되어 있다. 이 시점에 이르러 우리가 음미해야 할 사항은 왜 시인이 이렇게 많은 죽음을 떠올릴까 하는 것이다. 그것은 죽음이란 것이 인간 누구에게나 닥칠 불가항력적이며 숙명적인 것이요, 그 죽음의 의미를 올바로 되새길 때 삶도 완성될 수 있다는 믿음 때문이다. 우리는 주위에서 같은 인간으로서 눈뜨고 볼 수 없는 비극적인 죽음을 너무나 많이 보게 된다. 그리고 그 죽음에 대해 너무나 무관심하다. 그러나 죽음에 대해 아무렇지 않게 생각하거나, 죽음을 부정하는 자는 완전치 못한 삶을 사는 자이다. 죽음과 삶은 철저히 분리된 것이 아니라 동전의 양면처럼 불가분의 관계에 있는 것이다. 그는 이미 시 「라이프찌히, 토마스 교회를 가다」에서 "100명의 소년합창단이 마태수난곡과 칸타타를 연습 중이었다. (…) 소년들의 웃음소리가 미끄러져내리곤 했다. (…) 바흐의 구리로 된 무덤 표지판이 제라늄과 함께 장중히 누워 있었다."같은 서술을 통해 생과 사의 나란한 동반을 보여주었다. 그런 점에서 우리는 이번 시집을 통해 시인이 고발하는 죽음들을 눈여겨 볼 필요가 있다.

이시영은 죽음뿐만 아니라 카슈미르의 짐꾼 하싼과 그와 같은 노동자들, 포이동 266번지 판자촌 사람들, 1949년 방림 다리 밑에 천막생활을 하던 동광원 식구들, 풍찬노숙에도 웃음을 잃지 않는 선량한 농부 같이 사회에서 소외되거나 힘든 삶을 살아가는 이들에게도 눈길을 보낸다. 그러나 무엇보다도 주목하게 되는 것은 단시의 함축과 비약의 묘미를 살리고 있는 다음과 같은 작품들이다.

검은 새우 그림으로 유명한 청말의 근대 화가 제백석의 '초충도'에 여치 한 마리가 갈색 낙엽을 타고 시린 물살 위를 조용히 흘러가는 것이 있는데 마른 여치의 긴 수염이 長江의 물결 위에서 바르르 떨렸다.
　　－「가을」 전문－

유마거사께서 말씀하시었다.
"모든 차별을 여의고 그저 무심히 봄길을 걸을 뿐이다."
오늘밤 동해 호미곶 파도 높이 솟구치겠다.
그리고 그 아래 물고기들 가지런히 놀겠다.
　　－「가지런히」 전문－

　이 시들은 비록 시 전체의 길이가 짧지만 풍부한 의미의 연상 속에 있다. 여치가 갈색 낙엽을 타고 시린 물살 위를 조용히 흘러간다는 것과, 그 여치의 긴 수염이 장강의 물결 위에서 바르르 떨렸다는 데에서 우리는 한 생명체의 시련과 감내와 본능을 끄집어내게 되며, 유마거사의 말씀처럼 모든 차별을 버리고 무심히 봄길을 걷는다면 아무리 파도 높이 솟구치더라도 그 아래 물고기들은 가지런히 놀 수 있다는 서술을 통해서는 무차별의 현묘한 경지와 이상적인 삶의 지표를 발견하게 된다. 선시에서 볼 수 있는 이런 압축과 비약과 생략, 그리고 그를 통한 시의 내밀화는 바로 이전의 시집 『아르갈의 향기』(2005)에서도 선보여 읽는 이로 하여금 고개를 끄덕이게 했는데, 이번 시집에서도 어김없이 등장하면서 기대를 저버리지 않고 있다.
　세 시인이 삶을 차근차근 정리할 시점에 이르러 자아의 정체성 찾기에 몰두하고 있음은 마치 황혼 속에서 자기를 거울에 비춰보는 것과 같다. 그것은 얼마 있지 않으면 닥치는 죽음의 어둠에 앞서 지금까지의 '나'는 무엇이었고, 앞으로의 '나'는 과연 어떠해야 하겠느냐를 스스로에게 묻는 일이다. 이 점에서 이번 세 시인의 시집은 올바른 삶을 살아가려는 이들에게 적지 않은 도움을 주리라 믿는다.

제3부

과거에 대한 애정과 존재론적 염려

1. '아쉬움'에 대한 불망기

꽤 오래 전에 나는 유자효 시인의 시세계를 논한 적이 있다. 그때 그의 화두는 '떠남'이었다. 그런데 최근에 낸 그의 시집 제목은 '아쉬움에 대하여'이다. 화두가 '아쉬움'으로 바뀌었다. 몇 년만 있으면 이순의 연치에 다다르는 시인이 '아쉬움'의 정서를 노래한다는 것은 무슨 의미를 지니는 것일까? 그것은 미련이라기보다는 사라진 것들, 또는 사라지는 것들에 대한 애정이다. 돌이켜보면 과거의 것들은, 그것이 내 주변의 인물이건 어느 특정한 대상이나 공간이건 간에 나의 자취에 다름 아니다. 아마 무한히 섬세한 광학 현미경이 있다면 그를 통해 그들에게 남은 나의 잔영을 볼 수 있을 것이다. 그렇다. 우리가 과거로 거슬려 올라가려는 것은 이제는 잃어버린 나의 잔영이 과거의 추억물에 남아 있기 때문이다. 유자효는 그들에게서 아쉬움을 느낀다.

정거장마다 서는 춘천행 완행 열차를 타고

겨울 빛 속으로 떠났다
나의 청춘도 이렇게 늦게
정거장마다 서 가면서
나의 곁을 천천히 떠나버렸다
그 뒤 나는 한번도 만나지 못했다
떠나간 나의 청춘, 나의 사랑, 나의 추억을
그들은 어디서 살고 있을까?
그들도 나를 그리며 울고 있을까?
정거장마다 서는 춘천행 완행 열차를 타고
겨울 빛 속으로 떠났다
떠난 뒤 소식 없는 나의 청춘
그 그리운 시간을 찾아
　　－「아쉬움에 대하여」 전문－

　이 시에서 발견되는 나의 감회는 떠나버린 것들에 대한 아쉬움이다. 젊음이 한창이던 시절이 엊그제 같은데 어느덧 초로라고 할 수 있는 이순의 나이에 다가서고, 예전에 마음을 설레며 정열적으로 사랑했던 이도 이제는 없고, 과거의 모든 추억들도 다시는 만날 수 없다. 그것은 마치 지금 타고 있는 춘천행 완행 열차가 정거장마다 섰다가 떠나가 버리는 것과도 같다. 돌이킬 수 없는 지나침. 우리는 살면서 이 행위를 되풀이하며 서서히 죽음의 문에 들어선다. 춘천행 완행 열차의 종착점은 춘천이지만, 인간의 열차는 종착점이 죽음이다. 언제 그 많은 역들을 지나 왔을까? 종착점에 이르러 존재의 시간을 마감한다는 것을 알기에 떠나 보낸 모든 것들이 그립고 아쉽다.
　과거를 돌이키는 시인의 시선은 자신에게만 국한되는 것이 아니라 어머니가 모시던 신들이나 운조루와 같은 전통 한옥에도 머물러 있다.

　　겨울 운조루를 보았느냐

그 단아함 속에 깃든
단호함을 보았느냐
쑥대머리처럼 헝클어진
종부의 머리
문 닫힌 사당 앞에
지천으로 흩어져 날리고 있는
갈대의 잔해
쓸만한 자식들은 모두 떠나고
무엇에 놀랐는지
늘 도망쳐 다니는
젊은 종손이 지키고 있는
누 백년 늙은 퇴옥
호랑이 뼈 대신
말 뼈가 걸린
슬픈 권위의 잔해
시골 양반의 위엄과 은덕을 그늘처럼 깔고 앉아서
이제는 눈 속에 묻혀 사라져 가는
겨울의 전설
그 서릿발 같은 아름다움을 보고 있느냐
　　－「구례 운조루에서」 전문－

　운조루. 조상들이 고른 최고의 명당 집터인 이 곳은 문화 유씨 종
가댁으로 어느 전통 한옥보다 큰 위용을 자랑하던 곳이다. 유씨 가문
은 이 곳이 명당인 탓에 이 지방 제일의 부귀를 누렸다. 시인은 겨울
에 그 운조루를 찾았다. 그러나 그가 본 것은 무엇이었던가? 문 닫힌
사당 앞에 갈대의 잔해만이 지천으로 흩어져 날리고 있고, 옛날의 영
화는 어디로 사라지고 누 백년 늙은 퇴옥만이 있을 뿐이다. 모두가
떠난 이곳을 지키는 이는 오로지 늘 도망쳐 다니는 젊은 종손이다.
그는 사람들이 너무 많이 찾아오는 탓에 귀찮아 도망쳐 다니는 것이

다. 부귀영화란 그런 것이다. 권불십년, 화무십일홍이란 말이 있듯이 세월의 흐름 속에 어떠한 영화도 퇴락하기 마련이다. 그러나 시인은 운조루에서 퇴락의 모습만 보는 것은 아니다. 비록 시골 양반의 위엄과 음덕이 눈 속에 묻혀 사라져 간다고 하더라도, 그래서 겨울의 전설이 된다 할지라도, "서릿발 같은 아름다움"을 그 속에서 보고 있다. 그 아름다움이란 시인이 지칭하듯 "단아함 속에 깃든 단호함"이다. 유자효가 천상 시인일 수밖에 없는 이유가 여기에 있다. 그는 남들과는 달리 과거의 잔존물 속에서 가치를 발견해 내며 그로부터 아쉬움을 느낀다. 아쉬움의 감정은 다음과 같이 어머니가 치성을 드리던 산신각에서도, 시인이 과거에 만난 적 있는 인물로부터도 유발된다.

①   (상략)
　　빌고 또 빌고 울고 또 울어도
　　풀리던 일 하나 없었고,
　　그래도 돌아가시기 전까지 숨을 헐떡이며 찾아가던 절
　　부처님은 어려워
　　대웅전이 아닌 산신각에서
　　서리서리 풀어내던 사설 가락은
　　친정 아버지의 아버지, 그 아버지의 아버지에게
　　늘 어린 손녀가 울며 불며 일러바치던
　　신산한 세상살이
　　못 견딘 푸념이자 원망이었던 것을
　　　　－「산신각」－

② 온천 마을 노보리베츠의 술집 산페이에서 까르르 까르르 웃던 구니에
　　북해도를 떠나본 적이 없고 동경도 가보지 못했다는 이 아가씨는
　　물만 한두 잔 사주면 손님 곁에서 노래도 부르고 곰살궂게 말상

대가 되곤 했는데
　그늘이라곤 찾아볼 수도 없이 열심히 일하고 다람쥐같이 폴폴
날아다니며 손님의 말은 빠뜨리지 않고 귀기울이다가
　뭐가 그리 우스운지
　술집이 울리도록 까르르 까르르 웃던 북해도 까마귀같은 일본
여자 구니에.
　　　－「북해도 인상」 전문－

그 예전에는 어머니의 사설이 길게만 느껴졌고, 몇 번을 빌고 울
어도 풀리던 일이 하나 없어 원망스럽게만 느껴졌던 산신각. 그러나
나이가 든 이제는 알 것만 같다. 왜 어머니가 절 뒤켠 산신각에 엎드
려 그 많던 눈물을 쏟았는지, 서리 서리 풀어내던 사설 가락이 신산
한 세상살이 못 견딘 푸념이자 원망이었다는 사실도. 그렇다면 그가
예전에 본 산신각과 지금의 산신각의 차이는 무엇인가? 산신각은 산
신각일 뿐이고, 예전이나 지금이나 변한 것은 하나도 없는 것을. 하
지만 엄밀히 말해 그는 이제 산신각을 제대로 보고 있는 것이다. 그
이전의 산신각이 현상적인 형체에 지나지 않는 산신각이었다면, 지금
의 산신각은 존재론적인 산신각이다. 모든 경험의 총체가 내재된 과
거의 역사이다. 시인이 산신각에서 아쉬움을 느끼고 있는 것은 산신
각을 둘러싼 모든 것들이 지금은 없어졌다는 데에 있다. 우리는 항용
과거의 풍부함과 현재의 결핍함 사이에 놓인다. 흘러간 추억들 속에
는 모든 것들이 풍부한데, 지금은 그것들이 사라지고 없어졌기에 아
쉬운 것이다. 이것은 시인만의 감정이 아니고 모든 이들이 공통적으
로 느끼는 일이다. 따지고 보면 우리의 삶이란 하나씩 버리고 잃고
하는 가운데서 지나가는 것이다. 뒤를 돌아보면 그 버려진, 잃은 흔
적들이 곳곳에 널려 있다. 그렇다고 되돌아가 그것을 다시 찾을 순
없다. 그러기 때문에 아쉬움으로 남는 것이다.

②에서 시인이 일본 아가씨 구니에를 떠올리는 것도 마찬가지 이유이다. 그녀는 온천으로 유명한 노보리베츠의 산페이라는 술집에서 일하는 아가씨였던 모양인데, 여느 아가씨와는 달리 물만 한두 잔 사주면 곁에서 노래도 부르고, 그늘이라고는 찾아볼 수 없는 맑은 모습으로 열심히 일을 했다. 이국 땅에서 뜻하지 않게 마주친 순수함. 충분히 시인에겐 인상적이었을 것이다. 그러나 그 구니에도 이제 시인의 과거 속에 묻힐 수밖에 없고 그렇기에 아쉬움으로 남는다. 시인에게는 이렇듯 과거의 잔존물에 대한 애정이 있다. 그것이 그 자신에게 국한되건 안되건은 상관없다. 지나간 것들을 보면 다시는 돌아올 수 없는 것들이란 감정 때문에 애정을 갖게 되고 그것이 아쉬움으로 되는 것이다. 그러므로 과거를 끊는다는 것은 그에게는 있을 수 없는 일이다.

스님 말씀하시길
팔뚝에 얹은 쑥의 불길이 '따끔'하는 순간
무수한 과거의 업장이 소멸됐으니
다시는 업을 짓지 말라 하셨다

기가 막혀라
한 순간에 수천 생이 백지 되다니
　―「연비」 전문―

연비(燃臂)란 무엇인가? 불교의 승려가 되기 위해서는 네 단계를 거쳐야 하는데, 삭발 다음에 하는 것이 '연비'이다. 이는 부처님이 가르쳐 주신 진리를 깨닫기 위해 자신의 육신도 바칠 것을 맹세하는 의식이라 할 수 있다. 중국 선종의 조사인 달마가 혜가에게 불법을 간절히 원한다면 그 믿음을 보이라고 하니 혜가가 자신의 팔을 칼로 베어 달마에게 바친 데서 비롯되는 이 연비 의식은 초의 심지에 불을 붙여 팔뚝의 일부나 혹은 손가락을 태우는 것으로 되어 있는데 출가자의 경우 예외없이 행해진다. 요즘에는 향불로 따끔하게 지지는 정도로 간략화됐다. 시인은 그 간략한 연비 의식을 본 것 같다. 그러나 팔뚝에 잠시 동안 쑥의 불길을 따끔하게 쏘여 어찌 불법에 귀의했다는 표징이 될 수 있을까? 더구나 무수한 과거의 업장이 소멸되고, 다시는 업을 짓지 않게 될까? 이 의식은 하나의 형식에 지나지 않는 것이다. 과거의 업장이란 그렇게 간단히 소멸될 수 없다. 우리는 수천 생의 과거를 지니고 사는데 그것이 어느 순간에 백지가 된다는 것은 어불성설이다. 그리고 과거를 굳이 끊을 필요도 없다. 과거는 과거대로 의미 있는 지나침이요, 다만 그로부터 깨달음을 얻고 아쉬움을 느끼면 되는 것이다. 시인은 불교의 의식을 보면서도 이같이 아쉬움의 정서를 찾아낸다.

2. 전쟁을 바라보는 휴머니스트의 시선

유자효 시인의 이번 시집에서 두 번째로 큰 비중을 차지하는 것은 9·11사태와 그 연장선상에서의 이라크 전쟁에 대한 관심 표명이다. 사실 이 두 사건은 세계에 유일한 강대국으로 군림하고 있는 미국에 대한 저항과 그 결과를 단면적으로 보여주고 있다. 현대 문명의 총화요, 미국이 지닌 저력의 상징이라고 볼 수 있는 뉴욕 무역센터가 두 동강이 나 무너져 내리고, 그 순간 그 안에 있던 내로라 하는 인물들이 생명을 잃었다. 미국의 자존심이 여지없이 뭉개지는 순간이었다. 오로지 복수만을 위해 아무런 죄없는 삼천 여명의 목숨을 앗아간 테러 행위였다. 그러나 비극은 여기서 그치지 않았다. 미국은 그에 대

한 보복으로 이라크에 첨단 무기로 공격을 하여 죄없는 이라크 시민
들 수천 명을 죽음으로 몰아 넣었다. 그 가운데는 천진난만한 아이들
도 다수 포함되어 있었다. 미국 대통령 부시는 독재자 후세인을 제거
해야 한다고 말했지만, 테러를 근절시키기 위해선 어쩔 수 없는 전쟁
이라고 하였지만, 과연 아무런 죄없는 이들을 무참히 죽일 만큼 명분
이 있었는가. 시인은 시인이기 이전에 다년 간의 기자 생활과 방송인
생활을 한 사람답게 이 사건을 인간적인 입장에서 고발하고 있다.

거대한 폭음과 함께 그들은 사라졌네
마지막 순간을 기다리던 절망 속에
'사랑해' '행복해주오' 꽃잎처럼 날린 말들

순식간에 죽음이 올 때 영혼은 어찌 할까?
무슨 일이 일어났는지 어리둥절하다가
사라진 육체를 보고 기겁하지 않을까?

건물이 무너지고 화염에 휩싸이는
엄청난 재앙 속에 영혼들은 어찌할까?
준비는 안됐어도 빨리 떠나야 할 정든 지상
　　(하 략)
　　－「뉴욕 911」－

사담 후세인의 25년 철권 통치는 악이었지만
그의 독재 아래 많은 사람들이 죽어갔지만
불타는 만년 고도
탱크 아래 가루가 되는 바그다드, 바스라, 움카슬에서
진주하는 미군에게 키스까지는 너무 했다
중무장한 영국 여군에게 꽃을 바치는 것도 지나쳤다

약한 자의 관용은 비굴이거늘
－「이라크 시편 3」－

　　두 시에서 시인의 이번 사태를 보는 인식은 분명히 드러난다. '사랑해' '행복해주오'는 자신은 육신과 영혼으로 분리되고, 사랑하는 이와는 죽음과 삶, 이승과 저승으로 분리되는데도 죽는 순간까지 사랑하는 이들에게 남겼던 말이기에 그 속에 담긴 진실이 모든 사람들에게 가슴 뭉클한 감정을 갖게 한다. 그러나 과연 이러한 비극적 순간이 그들만의 몫일까? 그렇지는 않을 것이다. 우리 모두가 어느 순간에 어떤 경우를 당할 지 모른다. 그렇다면 순식간에 죽음이 올 때 영혼은 어찌할 것인가? 미처 준비는 안됐지만 건물이 무너지고 화염에 휩싸이는 엄청난 재앙 속에 빨리 떠날 수밖에 없는데, 지상에 정든 것들은 많고… 나의 영혼이 이런 급박한 때에 '사랑해' '행복해주오'라는 말을 사랑하는 이에게 남길 수 있을까? 시인은 이를 궁금해 하고 있다. '이라크 시편'들도 그의 직업의식적인 판단이 엿보이는 작품들이다. 그는 자국에게 무기 공격을 하여 엄청난 피해를 입혔음에도 불구하고 적군들에게 키스를 하고 꽃을 바치는 이라크 시민들의 태도를 비판한다. 비록 후세인의 독재를 종식시켜준 그들이지만 엄연히 조국을 초토화시킨 그들이 아니던가. 점령군인 그들에게 베푸는 호의는 약자의 비굴함이지 결코 그들을 너그럽게 용서한다거나 사랑한다는 자세로 봐 줄 수는 없다. 아무리 궁지에 빠진다 한들 인간으로서의 자존심은 지켜야 하는 것이다. 이러한 자세는 비단 이라크인들에게만 요구되는 것은 아니다. 힘의 논리가 지배하는 현대사회에서 약자의 계층이 명심하고 지녀야 할 자세이다. 우리는 역지사지의 입장에서 시인이 설정해 놓은 이 시의 행간의 의미를 파악해야 한다.

바빌론아 바빌론아
엄청난 재앙이 너에게 떨어졌구나
도시는 화염에 쌓여 있고
나라 전체가 死神의 방문을 받고 있구나
네가 지은 죄 무엇이었나?
독재로 나라를 무장한 죄
쿠르드인을 학살한 죄
동족들을 죽인 죄
독가스를, 화학 무기를 개발한 죄
너의 죄 너무 커서 백인들의 응징을 받고 있느냐?
왜 죄는 지도자가 짓고
죄의 값은 백성들이 치러야 하나?
　(하략)
　－「이라크 시편 4」－

　이 시의 서두 부분인데 이에 앞서 이 시에는 텔레비전에 나온 어린 이라크 소녀가 "여러분은 저를 죽이고 싶으세요?"라고 말했다는 프롤로그가 붙어 있다. 이 프롤로그는 두말 할 것 없이 시인이 전쟁은 어떤 명분으로도 정당화될 수 없다는 것을 미리 말하고 있는 것이다. 어린 소녀의 질문은 지구촌에 닥친 엄청난 비극에 아무런 감각 없이 살고 있는 우리들의 폐부를 찌른다. 물론 미국이 내세운 명분처럼 테러는 근절되어야 하며, 수많은 사람들에게 비인간적 삶을 살게 한 후세인의 독재는 마감을 해야 할 것이다. 그러나 그를 위해서 죄 없는 사람들이 무수히 죽어야 한다는 것은 정당한 논리가 아니다. 세계의 지성인들은 이미 그에 대해 우려를 하고 다른 방법을 강구할 것을 촉구하였다. 시인도 마찬가지의 논리이다. 어린 소녀가 왜 죽어야 하며, 죄없는 백성들이 왜 죄의 값을 치러야 하나? 죄를 묻는다면 이라크의 지도자 후세인에게 물어야 하며, 죄없는 이들의 희생이 9·

11 테러의 보복이라면 더욱 안되는 것이다. 보복은 보복의 악순환만을 가져올 뿐이다. 그러나 다른 사람도 아닌 대한민국의 대표적인 방송 매체에서 중책을 맡고 있는 시인이 이러한 입장 표명을 한다는 것은 쉬운 일이 아니다. 흑백 논리가 난무하며, 이라크 전쟁을 보는 시각도 진보와 보수의 양쪽이 첨예하게 갈라진 상황에서 어느 한 쪽을 편든다는 것은 자칫하면 중책 자리를 담보로 한 입장 표명일 수 있다. 그러나 그는 용감하게 비인간적인 처사를 고발했다. 휴머니스트로서의 그의 진면목을 보여주었다. 그런 점에서 이번 시집의 '이라크 시편들'은 그 작품들이 지니는 메시지를 무엇보다도 높이 평가해야 할 것이다. 시인의 전쟁에 대한 염려는 다음과 같이 서정성을 띠면서 펼쳐지기도 한다.

비온 뒤 하늘은 구름을 밀어가고
황금빛 노을로 붉게 타는 서녘 하늘
그 노을 지상에 내려 이 산하를 적시네

오색으로 갈아 입은 자연의 품에 안겨
먼 하늘서 들려 오는 신호를 받노라면
시간의 흐름도 축복 이 세상은 황홀한데

멀리서 들려오는 전쟁의 굉음이여
함께 살지 못하는 원한의 찢김 속에
무수한 살육의 소리 피 흐르는 저 하늘
 -「가을 소견」 전문-

  시조의 호흡을 유지하고 있는 이 시는 시인의 긍정적인 세계관을 첫째 연과 둘째 연에 담고 있다. 비온 뒤 구름이 사라진 하늘, 서쪽으로는 황금빛 노을이 붉게 물들고, 그 노을의 빛이 지상의 산과 강도 모두 적셔 자연은 온통 오색으로 황홀하다. 이 어찌 이 지상에 사는 이들에게 내려진 축복이라고 하지 않을 수 있겠는가? 그러나 멀리서는 전쟁의 굉음이 들려온다. 서로가 원한이 맺혀 서로를 죽이고 하늘 역시 피로 붉게 물들었다. 이쪽에는 축복의 아름다운 하늘이 있고, 저쪽에는 살육의 소리 가득하고 피 흐르는 비극의 하늘이 있다. 우리는 과연 두 하늘 중 어느 하늘을 택할 것인가? 정말 인간으로 이 지상에 존재하는 한, 원한의 피와 무수한 살육의 소리 가득찬 저 하늘이 우리의 머리 위에 있어서는 안된다. 이 시에는 그러한 시인의 주장이 서정적인 호흡을 유지하며 잔잔히 펼쳐져 있다.

3. 존재에 대한 염려

이번 시집의 3부를 구성하는 시들은 대개 존재론적 염려를 주제로 하고 있다. 과거의 추억물로부터 아쉬움을 느끼고, 21세기의 대재앙이라고 할 수 있는 9·11 테러와 이라크 전쟁을 보면서 비인간적 행위를 고발하던 시인의 의식은 이제 이승과 저승의 경계를 넘나들면서 존재에 대한 염려를 하고 있는 것이다. 사실 염려란 그리 쉬운 사고 행위는 아니다. 눈 앞에 펼쳐진 사물들에 몰두하고 있을 때, 대상들의 본질과 맞대면하고 있을 때, 비로소 염려는 가능하다. 시인은 지금 이 염려를 하고 있다. 그가 염려를 할 수 있는 것은 양심의 부름을 항상 염두에 두고 있었기 때문이다. 염려와 양심의 부름은 불가분의 관계를 형성한다. 그가 직업상 누구보다 시국에 예민할 수밖에 없었던 탓도 있지만, 그는 그를 둘러싼 모든 것들에 대하여 눈여겨보고 귀를 기울였기에 양심의 부름을 받았고, 그것이 염려로 이어졌다.

갠지스 어귀에서 쓰러져 울었으리 / 이루지 못한 꿈을 모닥불에 태
웠으리 / 육신은 재로 흐르고 / 허무하다 / 윤회여 (「전생」 전문)

벚꽃과 개나리와 목련과 진달래와 / 이렇게 아름다운 현생과 노닐
다가 / 떠나도 여한없으리 / 더 볼 것이 없으니 (「4월 송」)

천사의 옷을 입고 하늘에서 노닐더니 / 손을 대자 먼지처럼 바스러
져 내리다 / 어느새 사라진 여름 떠나버린 푸르름 (「잠자리」)

3부에 실린 3행 내지 5행 정도의 짤막한 시들 중에서 골라본 것들
이다. 인간이나 꽃이나 곤충들까지 이승에서 살다가 죽으면 그것으로
끝이 아닌가 하는 허무함이 이들 작품 속에 내재되어 있다. 봄 한 철
을 아름답게 피었다가 이내 지고 마는 벚꽃, 개나리, 목련, 진달래같
이, 가볍게 자신의 몸을 움직여 하늘을 노닐다가 먼지처럼 바스러져
내리는 잠자리같이 인간 역시 아무리 잘났다 한들 결국엔 육신은 재
로 흐르고 이 세상을 하직하는 것이다. 이러한 삶을 보고 어찌 허무
하지 않다 할 것인가. 더구나 어느덧 중년의 나이를 넘어서 노년으로
접어들고 있는 시인이고 보면 허전함과 고독함은 자연스레 수반되는
감정이다. 그의 고독함은 다음과 같이 토로되기도 한다.

빈 들판에 홀로 가는 사람이 있었습니다
때로는 동행도 친구도 있었지만
끝내는 홀로가 되어
먼 길을 갔습니다

어디로 그가 가는지 아무도 몰랐습니다
이따금 멈춰 서서 뒤를 돌아 보아도
아무도 말을 걸지 않았습니다

그는 늘 홀로였기에

어느 날 들판에 그가 보이지 않았을 때도
사람들은 그가 홀로 가고 있다고 믿었습니다
없어도 변하지 않는 세상
모두가 홀로였습니다
　－「홀로 가는 길」 전문－

인간은 누구나 홀로 있음을 경험한다. 현대 문명의 기계화 내지 힘의 극대화는 인간을 더욱 왜소하게 만들면서 고독한 존재로 몰아가고, 미래에 대한 전망의 부재 역시 인간을 불안 속으로 빠뜨려 홀로 있음을 절감케 한다. 아마도 개체적 생존의 고립화 양상은 21세기를 지나면서 더욱 가속화될 것이다. 이미 사회에 만연되고 있는 인터넷상의 게임이나 채팅 등만을 보더라도 개인 중심주의가 되어 자기만의 세계를 즐기고 그 속에 안주하게끔 하고 있다. 그러고 보면 이 세상은 정신적 지주가 없고, 절대적 가치가 없는 세상이요, 불안과 공포만이 가득한 세상이다. 우리는 이 같은 세상에 살면서 어떠한 안전성이나 확실성도 발견하지 못한다. 시인은 아무도 말을 걸지 않는 세상, 누구 하나 없어져도 변하지 않는 세상, 그래서 모두가 끝내 홀로가 되는 세상에서 현존재의 섬뜩함을 느낀다.

이번 시집에 실린 시들을 더 세부적으로 분석하면 몇몇 작품을 중심으로 다른 주제도 찾아낼 수 있을 것이다. 그러나 시인 자신이 3부로 구분하였듯이 큰 주제는 앞서 살핀 셋으로 수렴될 수 있다고 본다. 나는 그의 바쁜 일상생활을 어느 정도 알고 있기에 그 속에서 이렇게 시집이나 수필집을 엮어내는 그의 부지런함에 경외감을 갖는다. 무릇 시라는 것이 시상을 얻은 후에도 긴 시간의 사색과 성찰을 필요로 하는 것이거늘, 그는 언제 이러한 시간을 갖는단 말인가? 물론 내가 그의 모든 시에 다 동의하는 것은 아니다. 나의 기호에 벗어난 시들도 있다. 그러나 전체적으로 볼 때 그의 훤칠한 키만큼이나 시의 행보가 시원시원하다. 다양한 형식적 실험을 하기도 하여 시조풍으로 시를 써 보기도 하고, 선시처럼 짤막한 시도 선보인다. 그 중에는 "봄에 가을 소리나는 정원을 보았느냐 / 봄꽃도 이곳서는 가을 향기 풍기니 / 언제나 허공서 듣는 청상 누이 선소리"(「소쇄원에서」 전문)라든가 "생각 속에 시간은 잠깐 / 공간은 지척"(「와우정사」) 같이 눈에 번뜩 띄는 시 구절들도 있다. 유자효 시인의 이같은 대범한 태도나 시와 시조의 형식을 넘나드는 무장무애의 활달함은 분명 시를 쓰는 데 있어 부정적이라기보다는 긍정적으로 작용을 할 것이다. 이런 요인 때문에 앞으로 그의 시는 더욱 '건강성'을 지니고 변화, 발전하리라 믿는다.

삶의 반추를 통한 사랑의 대위법

1. '사랑의 기쁨'을 위하여

서정윤 시인이 2001년에 낸 시집의 제목이 『슬픈 사랑』이었는데, 그는 이번 시집 『따옴표 속에』의 '자평'에서는 사랑의 기쁨을 담아내고자 했다고 밝히고 있다. 나로서는 그의 이런 고백이 의외였다. 『슬픈 사랑』 이전에도 그는 시집 제목까지 『가끔 절망하면 황홀하다』라고 정하며 사랑의 절망과 슬픔에 빠져 있지 않았던가. 그런 그가 이렇게 감정의 대전환을 가져오게 된 동기는 무엇인가? 그도 이제 내년이면 지천명에 이르는데 나이에 걸맞지 않게 젊은이처럼 사랑의 기쁨이라니. 그의 이번 시를 분석하는 나의 작업은 그 의문에서부터 출발하였다.

사랑의 슬픔을 절감한 자가 사랑의 기쁨을 얘기한다는 것은 놀라운 일이다. 나는 이미 지난 번 시집에서 그의 사랑이 상대방과의 원활한 교통을 이루지 못하여, 그의 사랑의 시들은 '슬픈 사랑'의 앤솔로지로 받아들여진다는 것을 밝힌 바 있다. 그러므로 여기서 그가 말하는 기쁨이 표면적인 기쁨만을 말하는 것이 아니라는 것을 예감했다. 그 예

감은 그의 시를 읽어 내려가면서 그대로 적중했다. 그의 기쁨은 사랑
하면서 가슴에 와 닿은 사소한 감정까지를 모두 아우르는 소박한 기쁨
이다. 하지만 그 기쁨은 실상 사랑을 경험한 이라면 누구나 축적되어
있는 기쁨이다. 그렇다면 다른 사람들과 그와의 차이는 무엇인가? 그
는 인생이란 것을 쉽게 스쳐 지나칠 수 있는 사소함의 집합으로 인식
한다. 그에 의하면 그 사소함 속에 수많은 기쁨이 내재한다. 그러나 불
행히도 우리는 그 사소함에 큰 비중을 두지 않았다. 따지고 보면 비록
사소하지만 그러한 기쁨들이 있었기에 어려운 삶을 이렇게 꾸려 나올
수 있었는데, 사소하다고 외면해 버린 것이다. 사랑도 마찬가지이다.
돌이켜보면 사랑의 쓰라린 순간까지도 기쁨일 수 있다. 그 쓰라림이
성숙한 사랑을 키워왔기 때문이다. 비가 오면 땅이 굳어지듯이 사랑도
역경 속에서 성장하고, 성숙한다는 사실을 그는 깨달은 듯하다. 서정윤
이 체득한 사랑의 대위법은 다음과 같이 펼쳐진다.

> 내 사랑은 잠시
> 화르륵 타오르는 불꽃이었다.
> 순간의 화려한 눈부심 뒤에
> 긴 어둠, 많은 꿈을 견딜지라도
> 그렇게 살다가 가는 것이
> 아무것도 아닐 수 있는 우리 삶을
> 살아가는 한 방법일 수 있다.
> 그렇게 살아가는 것만으로도
> 불꽃의 흔적만으로도
> 힘이 되는 것이 우리 삶이다.
> 　－「사는 방법」 전문－

　　우리는 보통 "잠시 화르륵 타오르는 불꽃"같은 사랑은 바람직하지
못한 사랑이라고 단정한다. 그 같은 사랑은 이내 식어버리고, 대개

진실과는 거리가 먼 육욕적인 사랑이기 때문이다. 그러나 시인은 이러한 사랑을 "순간의 화려한 눈부심"이라고 하면서 "아무것도 아닐 수 있는 우리 삶"을 살아가는 한 방법이라고 말한다. 불꽃 같은 사랑이란 곧 열정이요, 열정이란 힘이 없다면 불가능한 것이기에, 그런 사랑이 살아가는 데 있어 힘이 된다는 논리이리라. 이러한 시인의 생각 속에는 삶을 살아가는 데 있어 힘이 얼마나 중요한가 하는 인식이 깔려 있는데, "아무 것도 아닐 수 있는 삶"에서는 그 힘이라는 것이 삶의 원동력이 된다는 것이다. 그러므로 불꽃 같은 사랑은 사랑이 끝난 후에도 힘을 발휘한다. 설사 그 뒤에 긴 어둠이 놓일지라도, 사랑의 흔적만 남을지라도, 우리의 삶에 힘을 준다. 우리는 여기서 사랑의 기쁨을 주장한 시인의 속내를 부분적으로나마 간파한다. 시인에 의하면 사랑은 어떤 형태의 사랑이었던지 의미 있는 삶을 살게 했다는 점에서 기쁨인 것이다. 설레이고, 긴장되고, 초조하게 기다려지고, 절망과 슬픔이 교차되는 이 모든 감정의 연속이 사랑이 아니라면 가능할 것인가? 그 감정의 변화가 곧 삶의 굴곡이요, 인간의 내면을 충실히 하는 것이라고 볼 수 있다. 그러기에 "사랑하다 실연을 당하는 것이 사랑하지 않는 것보다 낫다"라는 말이 나왔는지 모른다.

2. 사랑의 확신과 성숙

서정윤의 사랑은 사랑하는 이로부터 자신이 독점적인 존재가 되기를 바라는 형태로도 나타난다. 여기서 '독점적'이라 함은 부정적 의미로서의 이기적인 것이 아니요, 사랑하는 이에 대한 '나'의 몰두를 의미한다.

당신을 사랑한다는 그 말,
어디에고 표시하고 싶었다
눈부신 봄병아리 노란 솜털에 적어
연초록 꿈이 돋는 앞마당에 내어놓는다.
또르르르 몰려다니는 발자국 흔적마다
사랑한다,
사랑한다 새겨지고…

소리치는 낙엽들 바스락거리며
손잡아 달라고 덜컹이는 들창문 틈새 지나는
바람의 목소리 되어
겨울 언덕 밭이랑 달리며 외친다.

당신의 따옴표 속에 있을 수 있다면
지친 들판 혼자 우쭐대는 허수아비도
투명한 겨울 단풍의 마지막 아름다움도
눈발 타고 떠나는
북풍의 새털구름도 부럽지 않다

많이 사랑한다는 그 말
이제는 내 입술에 그려져 있다
별보다 까만 눈 속에 숨겨져 있다
단 하나만을 사랑할 마음, 샘물로 솟아나
지워지지 않는 표식이 되어
나를 적시며 흐르고 있다.
당신의 따옴표 속에…
　　－「따옴표 속에」 전문－

　아무리 좋은 말이라 할지라도 너무나 남발되면 그 말의 가치를 상
실하게 마련이다. 그러나 '사랑한다'는 말은 그렇지 않은 것 같다. 아

직도 사랑하는 연인들 사이에서 주고 받는 말이, 듣고 싶은 말이 ‘사랑한다’이다. 시인은 사랑한다는 말은 단순한 말 이상의 어떤 힘을 가진다고 했다. 이 시에서도 ‘나’는 당신을 사랑한다는 말을 어디에고 표시하고 싶어한다. 말은 입 밖으로 나오는 순간 소실되는 것이기에 흔적으로 남기려는 것이다. ‘나’의 당신에 대한 사랑의 정도는 “단 하나만을 사랑할 마음”이란 구절이 단적으로 드러내준다. 오로지 사랑하는 이는 당신 뿐이다. 그 마음은 “지워지지 않는 표식”이 되어 나를 ‘적시며’ ‘흐르고’ 있다. 여기서 ‘적시며’는 화자의 메마른 감정을 촉촉하게 하는 것으로, ‘흐르고’는 시간의 흐름을 뜻하는 것으로 파악되는데, 이런 정서 속에서 산다는 것은 그 자체만으로도 행복한 것이다. 그 원인 제공은 말할 것도 없이 사랑이다. 이제 바라는 것은 “당신의 따옴표 속에” 있는 것이다.

　당신의 ‘따옴표 속에’ 있기를 바라는 것은 무엇인가? 당신의 사랑을 독차지하고 싶다는 것, 당신이 나만을 사랑하길 원한다는 것 아닐까? 당신도 나처럼 “단 하나만을 사랑하는 마음”으로 나를 사랑하기를 바라는 것이다. 그렇다면 이 세상의 어느 것도 부러울 것이 없다. 허수아비의 우쭐댐, 겨울 단풍의 아름다움, 새털구름의 자유로움 등 그 어느 것도 부럽지 않다. 여기서 내가 바라는 것은 사랑의 확신이다. 그러나 사랑의 확신이란 사실 아무나 갖는 것은 아니다. 실제로는 수많은 사람들이 확신 없는 사랑을 하고 있다. 사랑하는 이의 ‘따옴표 속에’ 있느냐고 묻는다면 자신 있게 그렇다고 대답할 사람들이 그렇게 많지 않다. 이 점은 서정윤도 마찬가지이다. 그러기에 시인도 “당신의 따옴표 속에 있을 수 있다면”이라고 가정법을 쓴 것이다. 하지만 중요한 것은 “단 하나만을 사랑하는 마음”을 갖는 것이다. 이 마음이 샘물처럼 솟아나 나를 적셔준다면 나의 삶이 결코 메마를 수가 없다.

그냥 그렇게 한 해를 보내게 되었다고
나뭇잎 없는 가지가 하늘에 적는다
채석장 바위 깨어지는 아픔이
자르르르 겨드랑이에서 번지는 오후
뿌연 먼지들이 창가에 부딪는다.

내 마음 속 깊은 얼굴에
입을 맞추고
또 품어도
자꾸만 아쉬움이 솟는다

새털구름 위로 날아오르는 상념
아직은 얼마든지 만질 수 있기에, 그대
사념 머무르는 자리를 찾는다.
겨울 철새떼 이동이 아름다워도
날개에 주어지는 무게는 지치고
사랑은 결국
많은 힘겨움을 함께하는 삶의
한 부분임을 깨달으며
지나가버리는 시간 속에 잠시
함께하는 네 영혼에
고마움을 전한다.
　　－「40의 중반에」 전문－

　‘나뭇잎 없는 가지’ ‘채석장 바위 깨어지는 아픔’ ‘뿌연 겨울 먼지들’은 그대로 40 중반의 나이에 들어선 시인의 의식 상태를 보여준다. 그것은 공허함, 고통, 암담함이라고 할 수 있다. 중년의 나이에 들어서면 그런 감정을 갖게 마련이다. 그에 수반되는 것은 아쉬움이다. 좀더 지금보다 나은 삶을 살 수 있었을 텐데 하고 후회를 하는 것이다. 그러나 삶이란 것은 힘겨움의 연속이다. 힘겨움으로부터 벗어난 삶을 사는 사람은 극히 드물다. 그 힘겨운 삶 속에 사랑이 한 자리를 차지하여 왔다. 여기서 우리가 주목할 것은 시인이 사랑한 이를 "지나가버리는 시간 속에 잠시 / 함께하는 네 영혼"이라고 했다는 사실이다. 얼핏 생각하면 시인이 사랑하는 이에 대해 너무 매몰차고 냉정한 것은 아닌가 할 정도이다. 그러나 그것이 이번에 확인된 그의 사랑관이다. 서정윤이 생각하는 사랑이란 영원불변한 것이 아니다. 그에 의하면 사랑은 변하고 또 흐르는 것이다. 변하지 않는 사랑은 없는 것이요, 사랑은 점차 변해가면서 성숙한 모습을 갖춰간다. 그 사실을 그는 최근에서야 알았다. 그렇다고 시인의 사랑의 밀도가 옅은 것은 아니다. 사랑하는 그 순간은 누구보다도 열렬하고 성실하다. 그 때문에 삶이 윤택해지는 것이다. 사랑하는 이에게 "고마움을 전하는" 것은 그런 이유에서이다. 이러한 그의 사랑의 철학은 사랑에만 국한되는 것은 아니다.

참 많은 시간을 걸었다
내 삶의 급한 여울을 지날 때
손 내밀어 잡히지 않던 버드나무 가지
흔들리는 부드러움이 이제는 보인다

소리들로 지저귀던
바위와 나무뿌리 뒤엉긴 삶은
긴 여정 바닥으로 갈앉고
습관처럼 사랑으로 몸부비는 언덕, 또
지나가 버리는 엇갈림으로
아무 것도 아닌 것으로 흐르고 있었다.

억지로 이루려던 날개짓 꺾이어

가을 햇살 쓸쓸해지고
보이는 것만 소망하던 낮은 흐느낌
큰 흐름 속으로 떠밀리기만 하는 일상에…

말라가는 억새가 다시 빛나는
비스듬한 가을 저녁에
다시 돌려 세우는 새 한 마리
깃털바람 느끼며 긴 흐름을 이끌고 있다
유연한 몸짓 긴 떨림으로 인해
완전한 하나의 자신
투명한 가을 햇살 속으로 들어간다.
    −「가을, 강가에서」 전문−

　　“삶의 급한 여울”은 한평생 살아가며 누구나가 만나게 되어 있다. 문제는 그 상황에 닥쳐 얼마나 현명하게 대처하느냐이다. 시인은 이 ‘급한 여울’을 지날 때 손을 내밀어 버드나무 가지를 잡으려고 하였는데, 그것이 잡히지 않았다고 한다. 이것의 함축적 의미는 그 상황에 대처한 자신의 조급하고 경솔한 태도이다. 이제 “참 많은 시간을 걸어온” 이후, 그러니까 나이 오십 줄에 다가서서 비로소 버드나무의 ‘흔들리는 부드러움’이 보인다. 부드러움이란 곧 유연함이요, ‘급한 여울’ 같은 상황에 대처하는 지혜이다. “이제는 보인다”는 것은 과거에는 보이지 않았다는 것이요, 나이가 든 후의 깨달음이다. 그가 깨달은 것은 이것만이 아니다. 세속적인 삶의 헛소함, 사랑에 대한 집착이 얼마나 허망한가도 포함된다. “소리들로 지저귀던 / 바위와 나무뿌리 뒤엉긴 삶”이 세속적인 삶의 헛소함을 내포한다면, “습관처럼 사랑으로 몸부비는 언덕”이란 사랑에 대한 집착이요, 갈증이다. 그러나 그 모든 것도 세월이 지나고 보니 “바닥으로 갈앉거나”, “지나가 버리는 엇갈림” 내지 “아무 것도 아닌 것”이다.

3. 집착과 허무로부터의 일탈

시인은 또한 지금까지의 삶을 돌이켜보며 자신의 태도를 후회한다. 억지로 날개짓을 이루려면 꺾이게 마련인데, 왜 나는 보이는 것만 소망하고, 큰 흐름 속으로 떠밀리기만 하면서 살아왔는가하고. 이러한 깨달음을 얻은 것은 어느 가을날 강가에서 새를 보고서이다. 새는 "말라가는 억새가 다시 빛나는 / 비스듬한 가을 저녁"에 몸을 다시 돌려 세우고 "긴 흐름을 이끌고 있다". 여기서 새는 시인이 동일화를 지향하는 대상이다. 새가 몸을 돌려 세워 긴 흐름을 이끌듯, 시인도 새처럼 유연한 몸짓으로 완전한 하나의 자신이 되어 "가을 햇살 속으로 들어가는" 순명의 삶을 살고자 한다. 다음 시에서도 우리는 시인의 사랑관을 엿볼 수 있다.

> 겨울 들판
> 새떼들 무리지어 날아드는
> 내 기억의 깨어진 부분들
> 햇살 기울어진 논두렁 사이
> 아직 남은 지난 사랑의 흔적.
> 깊이 넣어둔 그 기억의 조각마저
> 눈이 녹으며…
> 그대 아니면 목숨도 의미가 없다고
> 생각했던 애절함.
> 눈이 녹으며 희미해지는데
> 그럴 수 없다고 부여잡아도 결국
> 시간 속에서 그대와 나
> 잠시 머물다 떠나는 철새 한 마리인 걸
> 너무 늦게 알게 되었다

너의 발자국 흔적에 내 발을 얹으며
돌아보면
남은 추억을 덮었던 눈은 이제
바람 아래 노출되고
그대 가는 그곳에 언젠가는,
언젠가는 내가 있다.
　　－「殘雪」 전문－

　　과거 그대와 열렬한 사랑에 빠졌을 때에는 그대 아니면 목숨도 의미가 없다고 생각했었다. 그러나 시간이 지나고 보니 그대와 나는 시간 속에서 잠시 머물다 떠나는 철새와도 같다. 사랑하는 이들이 영원히 함께 하리라는 것은 착각이다. 둘 중 하나는 언젠가는 떠나게 되어 있는 것이고, 그 이별의 시간은 의외로 멀지 않다. 철 따라 날아왔다가 그 철이 지나면 이내 날아가 버리는 철새와도 같은 것이 사랑하는 이들의 처지이다. 영겁의 시간 속에서 보면 인생이란 자체가 수유에 지나지 않는 것이다. 그 현실을 직시해야 한다. 시인은 여기서 잔설로부터 사랑의 실체를 발견한다. 한때 무엇을 덮었는지 모르게 수북히 쌓여 있다가 점점 없어지는 눈을 보면 사랑하는 이들 사이의 추억 또한 그와 같아 그 상태로 그대로 묻혀 있을 수 없고 노출되고 사랑의 흔적만 남긴다. 눈이 사랑의 추억이라면 눈이 녹아 없어지는 것은 추억이 없어지는 것이요, 잔설은 그대로 사랑의 흔적일 뿐이다. 그 잔설마저도 머지않아 없어지리라. 그렇게 되면 너무 허망한 것이 아니냐고 발버둥친들 소용없다. 잔설이 없어지고, 사랑의 흔적이 없어지는 것은 불가항력적이다. 그러나 그가 지나간 사랑을 후회하는 것은 결코 아니다. 다음 시는 이를 여실히 보여준다.

　　초파일 지난 등이 흔들리고 있다

굳어있는 굴참나무 줄기
툭툭 껍질 갈라지는 둥치 부근에서
나비의 꿈 속을 거닐던 집착이었다고
지나가던 바람이 잠시
손을 짚는 절집 마당에 서서
깨고 싶던 꿈을 여기저기서 주웠다

꼭 한 번 가지고 싶던 그리움
스스로 두 마음을 드러낸 돌부처.
그 아래 질경이 풀이 돋아 오르고…
돌계단 위에 누워서 보면
구름은 그냥 구름일 뿐, 바람에 몸을 맡기는.

시간 맞추어 가야할 곳을
잊어야만 살 수 있는 고통을
해탈의 문을 나서면서도 내려놓지 못하고
풍경 흔들리는 소리만 느끼고 있다.
바람에 흔들리지 않는 나뭇잎, 생명이 없고
사랑에 흔들리지 않는 가슴은
내가 아니다.
　　－「운주사 나서며」 전문－

　서정윤이 운주사에서 깨달은 것은 인간이 지닌 집착이다. 불교에서 말하는 집(執)이란 실재가 아닌 것을 참으로 있는 줄로 생각하며, 참으로 있는 것을 공하여 없는 줄로 생각하는 것이다. 장자가 꿈에 나비가 되어 놀았을 때 내가 나비가 되어 나는 것인지, 나비가 내가 되어 있는 것인지 모르는 경지이다. 그저 구름처럼 바람에 몸을 맡기면 그만인 것을 시간에 쫓기고, 고통 속에 빠져 해탈의 문을 나서면서도 세속적인 속박의 짐을 내려놓지 못하고 있다. 그러나 그것이 오히려 서정윤다운 것이다. 본인 스스로가 그렇게 생각하고 있다. 바람에 흔들리지 않는 나뭇잎이란 생명이 없는 것이듯, 사랑에 흔들리지 않는 가슴이란 가당치도 않다. 그러한 가슴을 지닌 존재는 내가 아니다. 여기서 우리는 왜 시인이 사랑에 빠져들지 않을 수 없었는가를 알아챈다. 어느 면에서 보면 그러한 성정을 지닌 것이 인간적이라고 할 수 있으리라. 그는 집착이 허무란 것을 알면서도 집착에서 벗어나지 못한다. 다음 시에서도 우리는 그 정서의 일단을 찾아낼 수 있다.

> 마른 가을 햇살 위에 흐르는 허무
> 내 마음 속을 고인다.
> 아무 것도 아닌 것을 부여잡고
> 기다리는 시간의 어느 매듭.
> 버릴 수 없다는 걸 알고는 있지만
> 아직 나뭇가지를 놓지 못하는 집착
> 바람에 흔들리는 생명의 어디에
> 맺힌 허무의 눈길.
>   ―「햇살 속의 허무」―

가을이란 계절에 중년의 나이에 접어든 이가 느끼는 것은 인생에 대한 허무이다. 조락의 계절인 가을이 지나면 죽음의 계절인 겨울이 오듯이 머지 않아 노년을 맞게 되고 또 곧 죽음 앞에 서게 될 것이다. 인간이라면 누구나 이로부터 예외일 수는 없다. 그러나 나는 '아무 것도 아닌 것'을 부여잡고 있다. 인간 세상의 모든 것이 사실 '아무 것도 아닌 것'이다. 권력도, 명예도, 재산도, 이 세상에 고귀하다고 하는 것 모두가 아무 것도 아니다. 그러나 나는 아직까지도 "바람에 흔들리는 생명"에 지나지 않는 연약한 존재임에도 불구하고 "나뭇가지를 놓지 못하는 집착"에 빠져 있다. 그야말로 허무하기 이를 데 없는 것이다. 서정윤이 이렇게 집착과 허무를 얘기한다는 것은 그만큼 삶에 대한 진지한 성찰을 했다는 증좌이다. 이 집착과 허무는 이번 시집에서 추출되는 뚜렷한 특징이기도 하다.

4. '나'를 찾아 떠나는 길

서정윤의 이번 시집을 대하면서 내가 느낀 것은 그가 부단히 '나'를 찾아 길을 떠나고 있다는 사실이다. 1995년에 나온 그의 '홀로서기 4'의 시집 제목이 『나를 찾아 떠난 길』이었지만 10년이 지난 지금도 그는 계속 '나'를 찾고 있다. 그러면서 나름대로 삶의 철학 내지 사랑의 철학을 깨닫는다. 그의 사랑의 철학을 간단히 정리하면 시간이 흐른 후에 보니 사랑이 아무 것도 아니라는 것, 그러나 사랑의 순간은 지나보면 삶의 원동력이 된다는 것이다. 그는 "가장 절망적일 때조차 절망의 고뇌는 시간의 수레바퀴 속에서 반짝이는 보석으로 변한다"고 했는데 그런 점에서 사랑은 가치 있는 기쁨이 아닐 수 없다. 비록 그것이 또 하나의 집착이요, 허무일지라도. 그러나 이런 그의 메시지는 사실 새로운 것은 아니다. 이미 지난 번 시집들 속에서 그 편린들을 보여주어 왔다. 다만 본격화되었다는 것뿐이다.

나는 이상스러울 만치 그의 시집 해설을 도맡아 했다. 그것이 별로 바람직하지 않은 일이란 것을 알면서도 이렇게 저렇게 엮여 이번까지 다섯 차례 정도 해설을 한 것 같다. 그러나 "나는 아직도 승리에 배가 고프다"라는 유행어가 있듯이 나는 아직도 그의 걸출한 시에 배가 고프다. 그만큼 그에 대한 기대가 크다는 의미도 되겠다. "기다림은 만남을 목적으로 하지 않아도 좋다"고 자신 있게 말한 '홀로서기'의 시인 서정윤. 이번 시집에 내비친 삶에 대한 깊은 성찰이

육화되어 다음 시집에는 많은 이들에게 더욱 감동을 줄 수 있는 잠
언적 시들로 채워지기를 소망해 본다.

다양한 체험에 대한 詩作의 열정

1. 모국어로 시 쓰기

　서량이란 시인과 나는 일면식도 없는 사이이다. 그를 잘 알고 있는 어느 시인이 그 분이 시집을 내려고 하는데 해설을 써 줄 수 없느냐고 의뢰를 했고, 나는 이역만리 미국 땅에 사는 그가 문학과는 거리가 있는 의사라는 직업을 갖고서 시 창작에 대한 열정을 버리지 않았다는 사실에 감동을 받아 해설을 승낙했다. 그러나 나중에 그의 첫시집 『맨하탄 유랑극단』을 받아보고 그가 이미 1988년에 뉴욕 한국일보 신춘문예에 당선을 했고, 1994년 한국의 <조선문학>을 통해서도 등단한 역량 있는 시인이라는 것을 알았다.

　나는 1989년 미국에 갔을 때 그곳에서 열심히 시 창작 활동을 하는 몇몇 재미 시인들을 만난 적이 있다. 그들은 재미시인협회를 중심으로 작품들도 모아 『外地』라는 작품집을 발간하기도 했다. 그들에게서 느낀 것은 그들의 시 창작이 취미나 詩才의 발산이란 면도 있겠지만, 이국 땅에서의 외로움을 달래기 위한 방편이 된다는 사실이었다. 아무래도 소홀해지는 모국어를 시를 쓰기 위해 시어로 머리 속에 떠올릴 때, 또 한 편의 시가 모국어로 완성됐을 때 그 희열이 잠시나마 이국 땅에서의 외로움을 잊게 하는 것이다. 서량 시인도 모르긴 몰라도 이런 점 때문에 바쁜 일상생활 속에서도 시를 손에서 놓지 못한 것은 아닐까. 그러나 그의 시를 통독하고 나면 알 수 있는 일이지만 그는 향수로 인한 고독이나 절망에 함몰되어 있지 않다. 그보다는 주위의 인물이나 사물에 깊은 시선이 닿아 있다. 그것은 어느 면에서 耳順에 다가선 年齒에서 오는 원숙함 때문일 것이다. 그는 정신과 전문의답게 그가 만난 사람들의 개성, 심정, 환경, 인격 등을 꿰뚫고 그들이 지닌 내면의 진실을 밝히고 있으며, 그들과 주고받은 대화와 표정 등을 통해 인간 대 인간의 만남이란 것이 정작 어떠해야 하는가를 제시하고 있다. 동식물이나 잡다한 생활 도구들을 대하고서도 마찬가지이다. 그들과의 만남이 무슨 의미를 지니는 것인가를 천착하는 것이다. 그러기에 그는 환자를 만나서도, 배꼽참외를 깎으면서도 시상을 떠올린다. 그가 다른 분야에 종사하면서도 시를 쓸 수 있는 이유는 모든 것이 시의 재료가 되고, 모든 것들로부터 시상을 얻기 때문이다.

나는 이번 서량 시집의 시세계를 인물들과 음악에 관심을 표명한 시들을 중심으로 조명하고자 한다. 그의 시를 처음 읽은 나로서는 이들에 대한 그의 남다른 관심이 시세계의 골격을 이룬다는 믿음이 있었다.

2. 경험적 인물들의 인간성 발견

앞서 말했지만 서량의 이번 시집에서는 그가 만난 사람들에 대한 시가 적지 않은 비중을 차지하고 있다. 그는 무려 이십 여편 가까운 시들을 통해 그들에게서 느낀 심경을 시로 읊었다. 우선 「2002년 정월 초하루의 루디 줄리아니」란 시를 보자. 이 시의 주인공인 루디 줄리아니는 전 뉴욕 시장으로서 2002년 1월 1일 영하 20도가 되는 추위의 타임스퀘어에서 웃음을 웃고 있다. 그는 아직 이혼수속이 채 끝나지 않았고, 불과 몇 분 전에 신임시장에게 시장 자리를 물려준 처지이다. 그리고 작년 9월 11일 자신이 시장을 맡고 있는 뉴욕에 테러가 발생해 무참히 죽음을 당한 수많은 사람들을 잊지 못하고 있다. 이런 상황에 처해 있다면 보통 사람들은 아마 웃음을 짓지 못할 것이다. 그러나 그는 "오른쪽 뺨에 보조개가 깊이 파이는 웃음을" 웃고 있다. 그렇다면 그는 바보인가? 그에겐 슬픔도 고뇌도 없는 것인가? 아닐 것이다. 단지 그에겐 지금 현재가 중요하다는 인식이 있다. 젊은 남녀들도 추위를 아랑곳하지 않고, 9·11 테러의 무서움을 까맣게 잊은 듯, "찰떡처럼 붙어서 키스를 하고 있다" 그것을 본 "내 초등학교 동창생처럼 보이는 / 단발머리 동양여자"가 얼굴을 돌리면서 입을 크게 벌리고 웃는다. 인생사란 그런 것이다. "Let bygones be bygones"란 말이 있듯이 과거는 과거일 뿐이다. 줄리아니가 웃을 수 있는 것은 이런 배경이 깔려 있다. 미국에 이민 온 지 오래된 사람들은 줄리아니식 장난꾸러기 눈웃음을 이해하고, 눈웃음에 담긴 여유를 즐길 줄 안다. 그러나 그렇지 못한 사람들은 이해가 안되는 웃음이다. 시인은 이 시에서 루디 줄리아니의 인간 됨됨이, 그가 지닌 마음의 여유를 토로코자 했다. 그것은 더 나아가 그렇지 못한 인간들에게 줄리아니처럼 살라는 시인의 주문이기도 하다. 그가 아는 조지에 대해서는 다음과 같이 읊고 있다.

조지의 충동은 꽃 터지는 봄에 생긴다
잡지사 광고 디자이너 짭짤한 일자리를

하루 아침에 때려치우고
불철주야 술만 퍼 마시며 빈둥거리다가
한동안 부랑자 수용소를 전전한 다음
마음 잡고 술 끊은 지 6년 좀 넘은
머리 희끗희끗한 40대 중반 조지는
가끔 환청 증상이 악화돼도 눈 하나 깜짝 않는다
목소리들은 어떻게 지내나요 하고 물으면
조지는 얼굴에서 광채가 나도록 힘차게 웃으면서
요사이 목소리들이 나와 사이가 좋아졌어요 한다
이제는 누가 뭐래도 봄이다 봄도 한참 봄 아닌가
천부의 재능이 봄이면 꽃처럼 터지는 조지는
오늘쯤 그림 그리고 싶은 충동이 마구 솟는다
그러나 조지는 캔버스와 물감을 살 돈이 없다
날씨 하나 더럽게 사납던 겨울철 내내
있는 돈 없는 돈 노름으로 다 날린 조지는
충동도 좋지만 사실 지금 땡전 한푼 없는 거지다
　-「조지의 충동」 전문-

　정신과 전문의인 그에게 조지는 관찰의 대상이 되기에 족하다. 좋은 직장을 하루 아침에 때려 치운다거나, 알콜 중독자로 부랑자 수용소를 전전한 끝에 마음 잡고 술을 끊은 것, 환청 증상이 악화되어도 괘념치 않는 것 등은 보통 사람으로서는 할 수 없는 행동이다. 그런 그에게 충동이 생기는 것은 '꽃 터지는 봄'이다. 이 표현에서 우리는 시인의 범상치 않은 기량을 발견한다. 꽃이 터진다는 발상도 그렇거니와, '터지는'이란 어휘는 꽃이 터짐에 그치는 것이 아니라 '충동'이 터지는 것으로도 연결할 수 있어 묘한 뉘앙스를 독자들에게 던져준다. 그러면 그 충동은 무엇인가? 그림 그리기이다. 그러나 그에게는 캔버스와 물감을 살 돈이 없다. 노름으로 모든 돈을 날렸기 때문이다. 봄을 맞아 마구 솟는 충동과, 그 충동을 돈이 없어 풀지 못하는 현실은 블랙 코메디의 한 장면을 보는 듯하다. 그러나 그는 주위 사람들이 "목소리들은 어떻게 지내나요"라고 물으면 얼굴에 광채가 나도록 힘차게 웃으며 "요사이 목소리들이 나와 사이가 좋아졌어요"라고 대꾸를 한다. 비록 수중에 땡전 한 푼 없어도, 환청 증상에 시달려도, 밝고 낙천적으로 사는 조지. 시인은 그의 이러한 인간적인 면을 부각시키고 있다. 다음은 빅키라는 여자에 대한 시이다.

> 빅키는 짙은 가랑잎 갈색
> 바스러질 듯한 머리칼이 이마를 옆으로 덮고
> 몸무게가 거진 300파운드에다가
> 내일 모레 50을 바라보는
> 성미 급한 이태리계 여자다
> 빅키는 한 시간 전쯤에 사무실에서
> 문을 잠그고 5분 내지 10분 동안
> 혼자 울었던 것이 아닌가 할만큼
> 미국 여자답지 않게 눈 등이 수북하고
> 마스카라가 뭉개져 있다
> 몇 년 전 유행하던 붕어 모양 안경테가
> 웃는 눈처럼 보이지만
> 안경알에 먼지와 지문이 많이 묻어 있다
>   (하략)
>   －「빅키의 붕어 모양 안경테」－

이 시는 빅키라는 여자를 모델로 하고 있다. 시의 내용으로 미루어 짐작컨대 그녀는 어딘가 인간적인 약점을 지니고 있지만, 한편으로 순수한 감정의 소유자이다. 오십이 가까운 나이에 거대한 몸짓을 하고 심장이 나쁘고 혈압이 높아 한 움큼씩 약을 먹어야 하는 여자.

그 여자가 바로 비키이다. 그러나 그녀는 남들이 의식하건 말건 마스카라가 뭉개질 정도로 울 줄도 알고, 남들이 귀담아 듣건 말건 남편의 흉허물을 시인에게 털어놓기도 한다. 이 같은 인물을 시인이 모델로 하는 이유는 무엇일까? 무엇보다도 중요한 인간성을 그녀에게서 발견하기 때문이리라. 우리 인간들은 쉽사리 남들 앞에서 자기의 속내를 드러내지 않으며 자신의 약점을 숨긴다. 그리고 남들보다 잘났다고 과시하거나, 자기보다 잘난 이웃이 있으면 슬그머니 이웃을 깎아내리기도 한다. 시기, 질투, 자만, 고고, 가식 등 비인간적인 요소들을 열거하자면 헤아릴 수가 없다. 그러나 빅키는 여기서 예외이다. 나이가 들어서도 순박하고 자기에 충실하여 이웃 앞에서도 체면을 차리지 않고 "입가에 참외씨만한 빵덩어리를 묻히며 터키 샌드위치를 맛있게 먹는다." 시인은 이러한 그녀가 좋다. 그만큼 인간적이기에 그렇다. 시인이 시시콜콜하게 그녀의 사소한 행태까지 지적하는 것은 그녀를 흉보려는 것이 아니라 인간적인 그녀를 본받자는 취지이다. 그러고보면 시인은 줄리아니, 조지, 빅키 같이 마음이 넉넉하고 인간적인 부류의 인물을 좋아한다. 월터란 인물도 이 부류에 속한다.

(상략)

그래서 월터는 이차세계대전 때 해군 징병검사에 심장이 너무 빨리 뛴다는 이유로 떨어질 뻔 했는데 익스 큐즈 미 하고 잠시 변소에 가서 참선을 하고 왔더니 맥박이 많이 느려져서 갑종합격을 한 결과 3년 동안 조국을 위한 용감무쌍한 군대생활을 너끈하게 해 냈다는 것이다 나는 흥분상태를 추구하는 월터와 논쟁을 벌린다 당신의 심장 건강을 위해서는 기분이 적당히 저조한 삶을 살아야 합니다 월터는 잠시 생각에 잠기더니 자기는 심장이 나빠져서 일찍 죽어도 좋으니까 계속해서 독한 약을 먹으며 흥분이 철철 넘치는 삶을 살고 싶다 한다
　　ー「월터의 맥박」ー

올해 82살의 월터는 정신과 전문의인 시인의 환자이다. 그는 몇 달 전 심한 우울증 때문에 정신과 병원에 입원했다가 퇴원과 동시에 시인의 환자가 된 인물이다. 월터는 하루 종일 침대에 누워 잠만 자고자 한다. 그러나 마약처방전을 사용해서 아주 독한 약을 썼더니 깜쪽같이 밝고 명랑한 사람이 되었다. 문제는 맥박이다. 맥박이 너무 빨리 뛰는 것이다. 의사의 입장으로서는 흥분 상태를 추구하는 월터는 위험천만이다. 그래서 당신의 심장 건강을 위해 기분이 적당히 가라앉은 삶을 살라고 권한다. 그러나 월터는 대꾸하기를 해군 징병검사에서도 맥박이 너무 빨리 뛰어 불합격될 뻔 했는데 변소에서 잠시 참선을 한 결과 맥박이 떨어져 용감무쌍하게 군대생활을 마쳤다고 하면서, 일찍 죽는 것을 두려워하지 않고 흥분이 철철 넘치는 삶을 살고 싶다고 한다. 이 역시 시인이 독자에게 월터라는 인물이 이런 인물이라고 보고하는 것이 아니다. 값진 삶이라는 것은 얼마나 오래 사느냐 짧게 사느냐에 있는 것이 아니라, 자신의 확고한 주관을 가지고 사는 주체적인 삶이 아니겠느냐는 시인의 생각을 강조하는 것이다.

3. 음악의 세계를 통한 삶의 해석

서량의 시에서 또 하나 빼 놓을 수 없는 것이 음악에 대한 그의 지식과 관심이다. 그를 직접 대면하지 않아 자세히는 알 수 없지만 간접적으로 들은 바로는 그는 클라리넷과 섹스폰을 멋지게 부는 사람으로 알려져 있다. 시인 스스로 얘기하길 "우리 마음을 울리는 악기 연주의 아주 좋은 비브라토는 마치도 한 사람이 흐느끼는 소리처럼 들린다"고 한다.

이틀 동안이나
차가운 가을비 부슬부슬 내리는
습도가 거진 100 퍼센트 되는 날
정액 같은 안개가 파크웨이를 덮는다

쇼팽 피아노 협주곡 1번 1악장이
쿵쿵 울리는 차 안에서
주제 멜로디를 따라 한다

자나 깨나 당신은 늘 그렇게
낮게 속삭이는 목소리로 내게 온다
콘트라베이스의 둔탁한 저음이
메마른 공명으로 치솟는
쇼팽의 반음계 사랑

목을 비틀며 내가 쫓아 하는 멜로디
쇼팽 피아노 협주곡 1번 1악장이 펑펑 울리는
차가운 가을비 부슬부슬 내리는 밤에
　－「낮게 속삭이는 목소리로」－

　이 시에서는 쇼팽 피아노 협주곡 1번 1악장이 전반적인 분위기를 조성하고 있다. 이 곡은 고요하고 멜랑콜리한 멜로디를 지니고 있어 차가운 가을비 부슬부슬 내리는 날 듣기로는 안성맞춤이다. 뿌연 안개 뒤덮인 파크 웨이, 이 곡이 차 안에서 쿵쿵 울리고 있다고 생각해 보라. 어느 누구가 감상적이 되지 않겠는가. 잘 알다시피 쇼팽의 피아노 협주곡은 그가 짝사랑하던 첫 사랑의 여자 콘스탄티아 글라드코프스카를 위해 지은 곡이다. '메마른 공명' '반음계 사랑'이란 쇼팽 혼자만의 사랑일 수밖에 없었던 상황을 암시한다. 그러나 그 곡은 이제 쇼팽에서 끝나지 않고 있다. 화자인 '나'에게도 낮게 속삭이는 목

소리로 다가와 목을 비틀며 쫓아 하게끔 만든다. 어쩌면 '나'는 피아
노 협주곡을 들으면서 차가운 가을비 부슬부슬 내리는 밤의 분위기에
완전히 도취된 지 모른다. 다음은 비발디의 악곡을 등장시킨 시이다.

> 땅콩은 늘 그렇게 짭짜름하게
> 안토니오 비발디의 기타 협주곡처럼
> 징가 징가 내 조상 단군 환웅인지
> 곰처럼 느리디 느린 동작으로
> 아아 당신의 쓸쓸함과
> 고소한 빠다 냄새 비슷한
>
> 땅콩은 늘 그렇게 나무랄 수 없이
> 노랗고 빨갛고 잘하면 푸르스름하게
> 이상한 비린내를 슬슬 풍기면서
> 나에게 엉금엉금 기어오는
> 안토니오 비발디의 기타 협주곡처럼
> 징가 징가 잉잉 울면서도
> 아직껏 아무런 불만이 없다는 식이지
> 더럽고 치사한 이 미국 땅에
> 혼자서 늘 그렇게 고소하게 말이지
> ─「땅콩은 늘 그렇게」 전문─

이 시에서는 안토니오 비발디의 기타 협주곡이 중심 용어이다. 이
곡은 어떤 곡인가? 간드러진 장식음의 총주로 시작하며, 첫 악장은
빠른 4분의 4박자의 알레그로이고, 2악장은 대조적으로 애조 띤 서정
미를 느끼게 하는 느린 곡조이다. 그리고 마지막 3악장은 다시 빠른
알레그로로 화려하게 곡이 전개된다. 시인은 이 곡과 땅콩을 대비시
키고 있다. 땅콩이란 식물은 짭짜름하고, 이상한 비린내를 풍기면서
도 늘 고소함을 간직하는데, 이러한 양면성이 마치 슬픔을 띤 듯하다

가 이내 경쾌한 박자로 돌아서는 비발디의 기타 협주곡과 일치한다. 그리고 더럽고 치사한 미국 땅에 사는 시인에게 그런 식으로 사는 것이 현명한 처세라는 것을 일깨워주는 듯도 하다. 이 작품은 땅콩과 비발디의 기타 협주곡, 그리고 이국 땅에서 온갖 굴욕을 참고 사는 시인, 이 셋의 관계를 잘 엮어냈다. 전혀 어울리지 않은 이질적인 것들에 친화력을 부여한 시인의 상상력이 놀랍다.

앞의 시에서도 그랬지만 위의 시에서도 시인은 그의 해박한 음악적 지식이나 곡의 분위기를 정서의 비유로 잘 활용하고 있다. 어느 면에서 그가 즐겨 듣는 음악의 선율 속에서 인생의 오욕 칠정의 깊이를 느끼고 있는지 모른다. 그러나 그가 인용하는 곡이 결코 시 전체와 부조화를 이룬다거나 현학적인 가식이 되는 일은 결코 없다. 다음 두 시에서 이는 확연히 드러난다.

① 그녀는
　전혀 눈을 치켜 뜨는 법이 없이
　한 손에 커피를 든 채 창 밖을 내다보네
　멘델스존 바이올린 콘체르토 1악장 첫 부분을
　무심코 들으면서
　블랙 커피를 한 모금 마시고
　수정처럼 파란 눈으로
　마루바닥에 누어있는 봄 햇살을 바라보네
　거북이 등판처럼 투박한 빛의 반대쪽을
　　－「음란한 여자」－

② 차이코프스키의 비창 교향곡이
　하행성 멜로디의 명료함으로
　당신과 나의 방을 울리는
　오 우리의 뜨겁도록 화려한 슬픔이여

- 「한 동작에 숨어 있는 세 개의 비트」-

①에서는 멘델스존의 바이얼린 콘체르토가 우리에게 안기는 낭만적 정서, 깨끗하고 유창함, 감미로움이 샤워를 하고 머리를 드라이어로 매만진 후에 한 손에 커피를 든 채 밖을 내다보는 여인과 잘 조화를 이루고 있으며, ②에서는 차이코프스키의 비창 교향곡에서 느껴지는 무겁고 슬픈 하행성 멜로디가 당신과 나의 뜨겁도록 화려한 슬픔과 맞아 떨어지고 있다. 그러니까 그의 시에서의 음악은 장식의 소도구가 아니다. 시 전체와 긴밀한 유기적 통일을 이룬다. 그러므로 독자는 악곡이 등장하는 그의 시를 제대로 이해하려면 그 곡이 어떤 창작 배경을 갖고 있으며 곡의 분위기를 어떠한가를 알아야 한다.

4. 무한한 상상력의 가능성

이상 서량의 이번 시집에 실린 시들 중 인물이나 음악이 위주인 시들을 중점적으로 살펴보았지만, 사실 그의 시선이 닿는 대상은 우리가 미처 예측하지 못할 만큼 다양하다. 그것은 그가 모든 대상을 바라볼 때 시의 안목으로 바라보고 있다는 증좌이다. 한편으로는 음악이나 의학, 정신분석학 등 다양한 분야에 깊은 지식을 지니고 있는 그의 박학다식이 무한한 상상력을 가능케 한 것 같다. 이것은 분명 시를 쓰는 데 있어 앞으로도 장점으로 작용할 것이다. 왜냐하면 21세기에는 이질적인 분야의 상호 소통이 더욱 활발하게 이루어질 것이기 때문이다. 시와 음악, 시와 의학, 시와 정신분석학은 과거에도 서로 내통했지만, 그 접맥의 빈도는 미래에 훨씬 더 할 것이고 그렇게 되면 서량 같은 시인의 기량이 더욱 빛을 발할 것이다. 기법적인 면에서 볼 때에도 그는 다른 시인들과는 특출난 점이 있다. 의성어나 의태어의 거침없는 사용, 종지형 어미로 끝내지 않는 마무리 등이 그에 해당된다. 앞에서 열거한 그의 특징이자 장점인 여러 요소들이 다음 시집에서는 적재적소에 배치되어 더욱 훌륭한 시가 탄생되기를 바란다.

‘아픈 사랑’에 대한 불교적 동일화의 시선

1. 시를 통한 자기 구제와 위안

누군가 나에게 시의 기능이 무엇인가를 묻는다면 나는 자기 구제와 위안을 주는 것이라고 답할 것이다. 물론 더 나아가 그 시가 많은 이들에게 마음의 양식이 되면 더할 나위 없는 일이겠지만 최소한의 기능을 논할 때 그렇다고 본다. 누구에게도 고백하지 못한 가슴 속의 쓰라림을 한 편의 시를 통해 토로해 놓았을 때, 현실적으로 해결할 수 없는 고민을 아름답게 승화시켜 한 편의 시로 완성시켜 놓았을 때, 그런 시를 쓴 사람이 누구도 짐작할 수 없는 희열에 빠지는 것은 그런 이유에서이다. 그러므로 시인은, 아니 굳이 시인이 아니더라도 시를 써 보고자 하는 이들은, 현실의 어려움에 처하면 시를 구상하고 시를 쓰면서 그 어려움으로부터 벗어난다. 그래서 시는 매력 있는 창작의 산물이다.

이희정 시인은 누구보다도 시를 통해 자기 구제와 위안을 얻고자 하는 시인이다. 그녀의 일련의 시들을 읽으면 지금까지 그녀가 겪어 온 삶의 비애와 고난이 시 속에 진하게 배어 있음을 본다. 이번 시집에서는 그 중에서도 특히 사랑의 그리움과 아픔을 많이 발견한다. 물론 이러한 정서가 그녀에게만 국한되는 것은 아닐 것이다. 삶의 고해 속에 빠져 있는 우리이고 보면 오히려 이런 정서를 벗어나 있다는 것이 이해되지 않는 일일 것이다. 그러나 우리가 이희정 시인을 남다르게 보는 까닭은 그녀 스스로 헤어나기 어려운 이런 감정들을 불교적인 인식 속에서 절제 있게 수용한다는 것이다. 불심에 기대어 고통과 슬픔을 극복하고자 하는 것이다. 이것은 물론 그녀의 불심이 진지하고 간절한 탓이겠지만, 시가 감정의 굴레에 속박되어서는 안 된다는 것을 아는 시인의 심오한 창작적 배려에서 연유하는 것이기도 하다. 나는 이희정 시인의 이번 시집에 대한 글을 시인이 펼쳐 놓은 '아픈 사랑'을 중심으로 살펴보고자 한다.

> 쇠잔한 수도승이 섦은 자세로 앉아
> 내원궁을 꿈꾸는 나라에
> 더운 눈물 떨어져 꽃이 된 수련 한 잎도
> 축복처럼 떠서 후예들을 키우고 있었으니
> 이 세상 눈물 많은 것들 흘러 흘러서
> 또 누구의 목숨으로 환생하고 있는가
> 그리울 때 떠나간 야차 같은 이름을
> 멀리서 기웃거리는 내 눈물의 섭정은
> 물과 함께 낮과 밤의 틈새를 찾았다
> 거친 것 없이 글썽거리는 별리의 존재도
> 라마승이라 부르기 시작했을 때부터
> 물소리와 함께 갇히던 삼층석탑의 무상한 비밀이었으니
> 일생동안 잠들지 않는 별의 숫자만큼
> 인생의 그리움은 커가고
> 종기처럼 부풀다 간 고약한 인연 하나를
> 팔만의 경문 속에 가두며

희미해지기를 바라는 내 구만리로의 기행을
물결과 바람 사이에 떠돌고 있는 존재라 쓰며
반야바라밀의 기세로 내쳐도
좀체로 운명은 다스려지지 않았다
　　－「그리운 서역국」 전문－

　시의 서두부터가 그리 밝지는 않다. 수도승이 등장하는데 그냥 수도승이 아니고 '쇠잔한' 수도승이며, 자세도 '섧은' 자세로 앉아 있다. '쇠잔한'과 '섧은'이란 어휘에서 풍기는 분위기는 풍요롭다거나 안온한 것은 아니다. 고행과 슬픔을 연상시킨다. 그것은 수도승의 지금까지의 삶의 어려움을 간접적으로 말해준다. 그러한 그가 '내원궁'을 꿈꾼다. 내원궁은 어디인가? 도솔천의 내부에 있는 미륵 보살의 처소가 아니던가. 그렇다면 그의 꿈은 비록 현세에서는 온갖 고난을 겪었을지라도 도를 닦아 미륵 보살이 되려는 것이다. 이 시에서 수도승과 더불어 등장하는 또 다른 대상 '수련'도 주목되는데, 수련은 전생의 슬픔이 후세에는 축복으로 이어질 수 있음을 보여주는 동일성의 존재로 자리잡고 있다. 전생에 더운 눈물 한 방울이 떨어져 물 위에 축복의 모습으로 떠 있다 함에서 그 사실을 유추할 수 있다. 시인은 이에 덧붙여 다음과 같이 얘기한다. 이 세상 눈물 많은 것들도 수련처럼 축복 속에 누구의 목숨으로 환생하고 있는 것은 아니냐고. 불교의 윤회설에 기대어 볼 때 이 세상 눈물 많은 것들이 그대로 스러진다 함은 말이 안된다. 업보가 있듯이 전생이나 현생에 눈물이 많았으면 후생에는 즐거움만 많은 다른 목숨으로 태어나야 옳을 것이다. 이러한 서술 속에는 시인에게 안겨준 "눈물 많은 것들"이 현생에서 끝나고 후생에는 "눈물 없는 것들"과의 조우를 바라는 심정이 내포되어 있다. 이에 이르러 우리는 화자인 '나'를 주목하게 된다.

2. '아픈 사랑'의 결실에 대한 바람

그러면 '나'는 어떠한가? 누군가 '나'에게 그리움을 안겨주고 간 이가 있다. 그리울 때 떠나갔기에 더욱 야속하고 그립다. 얼마나 야속했으면 '야차' 같다고 했겠는가. 시인은 그와의 별리를 '고약한 인연'이라고 규정한다. 그만큼 헤어져서는 안되는 사람인데 헤어졌다는 얘기이다. 그래서 고약한 인연을 희미하게 만들기를 바란다. 그것은 곧 인연을 좋게 하여 다시 만나길 바라는 것이다. 그러나 "팔만의 경문에 가두는" 불교의 교리를 믿고, "구만리로의 기행"을 하여도, 또 '반야바라밀'이라는 피안을 제시해도, 그렇게 갖은 노력을 다해도 운명을 벗어나지는 못한다. 만나면 반드시 헤어지게 되는 것이 불가에서 말하는 운명이라면, 반대로 헤어지면 언젠가는 만나게 될 수도 있으련만 그렇게 되지를 않는다. 운명을 벗어나기란 그렇게 어려운 것이다. 하여 '야차' 같은 존재는 계속 그립기만 한 존재로 남아 있다. 이희정의 사랑은 다음과 같은 모습으로도 제시된다.

가끔씩 우울할 때
어둠의 이마에 눈 맞추면
달그락거리는 사랑 하나
작은 꽃잎들 사이에서
별이 되네요
그 생각들 태어나 하늘에 꽂히면
천명天命의 풍경들 사이로
우리들의 꿈이 흐르고
이르지 못한 길도
목숨으로 남겨지네요
그래서 우리는
수북히 쌓인 상처들을 부풀리며

마지막 의미들을 향해
소리도 지르지 못하고
아프도록 그리운 나라로
젖은 언어를 송신하네요
  -「그리운 나라」 전문-

'달그락거리는 사랑'이란 어떤 사랑일까? 시의 내용 전개로 보아 원만한 사랑은 아닌 것 같다. 여러 현실적 여건 때문에 조금씩 부딪치는 사랑, 아픔과 슬픔 속에 진행되지만 서로를 위하는 사랑, 오손도손 남 모르게 둘 사이에만 예쁘게 가꿔지는 사랑이 그런 사랑이리라. 그런 사랑이기에 작은 꽃잎들 사이에서 별이 될 수 있다. 이것은 상상 속에서 하늘에까지 이르고, 하늘에서는 天命의 풍경들 사이에서도 사랑하는 이들만의 꿈이 흐른다. '천명의 풍경'이란 사실 거역할 수 없는 장애물이다. 엄연히 둘 사이에 가로 놓인 현실이나 마찬가지이다. 그러나 둘의 사랑은 그 장애를 헤쳐 나갈 수 있다는 것이다. "이르지 못한 길도 목숨으로 남겨지네요"라는 언술은 사랑의 강도를 더욱 강하게 나타낸 것으로, 설사 둘이 다다르지 못한 길이 있다 할지라도 목숨을 바쳐 갈 수가 있다는 뜻으로 받아들여진다. 그렇지만 그 과정 속에서 둘 사이에는 "수북히 쌓인 상처들"만 있다. 그만큼 원만히 이루어지기는 어려운 것이다. 결과적으로 볼 때 사랑하는 이들의 만남은 '그리운 나라'에서나 가능하다. 아프도록 그립다는 데에서 사랑의 그리움이 절절함을 알 수 있다. 이 절절한 심정은 마지막 행의 "젖은 언어를 송신하네요"로 집약된다. '젖은 언어'란 곧 슬픔이 담긴 사랑의 말이요, '송신한다'는 것은 '달그락거리는 사랑'의 완전한 결실을 약속하는 '그리운 나라'와의 거리감을 나타내는 것이다. 그런 점에서 이 시 역시 앞에서 살펴본 「그리운 서역국」과 마찬가지로 '아픈 사랑'을 노래한 시라고 할 수 있다.

3. '아픈 사랑'의 불교적 치유

  이희정 시인은 자신의 '아픈 사랑'의 위안을 불교에서 찾고 있다. 전생의 연과 내세의 극락을 제시하는 불교는 그녀의 고통을 덜어내 줄 수 있는 가장 적잘한 종교인지 모른다.

> 세월 속에서도 흐르는 것은
> 눈물 나는 사랑이었구나
> 수천의 봄날 여기 석탑으로 떠서
> 떠나지도 못하고 살고 있었구나
> 추령재를 넘어 감포 가는 길
> 고전처럼 앉아
> 나를 알아보고 있는 이 도량에
> 황량한 목숨들 밤새 밀려와서
> 지장기도를 입제했는지
> 화사한 낮빛 오랜 물결 같구나
> 우리들 흐르고 흐르다가
> 덧없는 것을 울지 말자고
> 너와 내가 언약을 했어도
> 삼존불 눈에 비친 내 모습이 섧어
> 짧은 기도에도 취하는구나
> 신라 천 년 종소리가 울어 왔듯이
> 허락되는 시간만은 헛되지 말자고
> 서쪽으로 빠져나가는 기억 하나를 선정하며
> 대적광전에 엎드려서
> 아픈 사랑 하나를 거둔다.
> 　　ー「기림사」 전문ー

  기림사는 신라 선덕여왕 12년에 창건된 절로 알려져 있다. 천 년이 넘는 역사를 지닌 절이다. 시인이 이 고찰에 와서 발견한 것은 '눈물 나는 사랑'이다. 하필이면 유서 깊은 사찰에 와서 이런 사랑을 느낀 것일까? 우리는 시인의 정신세계를 추적함에 있어 여기서 그 실마리를 풀어야 할 필요가 있다. 이 시의 마지막 부분에서 토로된 사실이지만 그녀에게도 아픈 사랑이 있었다. 상대는 덧없는 것을 울지 말자고 언약한 사랑하는 사람이다. 그러나 막상 삼존불을 대하니 '아픈 사랑'을 품고 있는 내 모습이 섧기만 하다. 의존할 분을 만나니 비로소 북받쳐 오르는 설움이다. 그러니 짧은 기도에도 취할 수밖에 없다. 하기야 사랑하는 모든 이들에게 있어 달콤하고 꿈같은 사랑만이 있는 것은 아니다. 때로는 사랑해서는 안 되는 사랑도 있고, 어쩔 수 없이 맞아야 할 별리의 순간이 너무 아쉬워 만나는 순간순간이 아까운 애절한 사랑도 있다. 이 모두 '아픈 사랑'일 것이다. 그러나 기림사의 삼층 석탑이 천년이 넘는 세월을 그 자리에서 지켜 왔듯이, 신라의 종소리가 울면서 천 년을 이어져 왔듯이, 아무리 아픈 사랑일지라도 그 자리에서 그 모습을 지키는 사랑, 즉 변치 않는 사랑이 될 수 있는 것이다. 더구나 황량한 목숨들도 구제한 삼존불의 화사한 낯빛이 여기 있지 않던가. 그래서 시인은 '아픈 사랑'을 거두면서 대적광전에 엎드려 부처님에게 기도한다. 허락되는 시간만은 헛되지 말게 해 달라고. 알뜰하게 둘만의 시간을 보내게 해 달라고. 이처럼 부처에 자신을 의탁하는 모습은 다음 시에서도 찾아볼 수 있다.

투명한 햇살
참나무 사이로 깃털이다
내 몸을 핥던 신라의 타액들
산이 안개를 토했듯이
아름다운 멀미가 난다
흥건히 걷고 나면

육체를 버리고도
고운 님 좌정 아래
내 눈물인 것들 합장하고
이 봄을 대신 넘을 수 있을까
산등성이 노랑제비꽃은
발부리마다 향기를 당기고
너는 나의 목마른 연인이었으니
우리들 돌아설 그 날은
에밀레 종소리로 돌아
매어두고 싶은 목숨이다
한 생애를 구겨 넣어도 적막한
내 사랑이여
봄이 너무 빽빽해서 털이 나던
우리들의 발자국
눈물겹도록 고왔으니
이제 신열을 앓지 않아도
흉터는 떠서
천 년 부처의 눈에 들리
　-「토함산을 오르며」 전문-

　이 시에서 무엇보다 눈에 띄는 구절은 "한 생애를 구겨 넣어도 적막한 / 내 사랑이여"란 부분이다. 이 역시 그녀의 사랑이 아픔을 수반하고 있다는 것을 보여준다. 한 생애를 구겨 넣는다는 것은 생애의 전부를 쏟는다는 것. 한 생애 속에는 기쁨과 환희, 가슴 벅참도 있으련만 그 모든 것이 적막을 감당하지 못한다. 그만큼 내 사랑의 적막함이 차지하는 비중이 컸었다. 그러기에 시인은 말한다. "우리들 돌아설 그 날은 / 에밀레 종소리로 돌아 / 매어두고 싶은 목숨이다"라고. 우리는 여기서 시인의 별리의 순간에 대한 처절한 부정의 자세를 엿본다. 사실 시인은 에밀레 종소리가 영원히 울려 퍼지듯이 목숨을 그렇게 영원히 매어 두고 싶은 심정이다. 그러면서 시인은 불교적 치유를 꾀하기도 한다. "이제 신열을 앓지 않아도 / 흉터는 떠서 / 천 년 부처의 눈에 들리"란 사랑의 아픔이 그만큼 컸으니 사랑의 흉터는 남았을지라도 그 흉터를 부처님도 보실 것이라는 것, 부처님도 보살펴 주실 것이란 믿음이다. 이것은 시인의 불교적 신앙의 기반이 확고함을 보여주는 것이다. 잘 알다시피 불교는 바로 우리의 지금 살고 있는 세계가 궁극적인 존재와 일치한다고 믿고 있는 종교이다. 따라서 인간성의 해명도 현실 인간 그 자신이 책임지고 고통을 해결하려는 데 그 특징이 있다.

"내 눈물인 것들"을 합장한다는 것, '흉터'가 "천 년 부처의 눈에 들"지 않겠냐는 것, 이 모두가 토함산을 오르며 본 풍광들 속에서 아픔을 치유하려는 시인의 의도를 보여주는 것이다. 시인의 불교에 대한 의탁은 이 시뿐만 아니라 그녀의 여타 다른 시들에서도 발견된다. 가령 「증심사, 비로전에서」란 시에서 "어둡고 초라한 내 인생人生이 / 어디까지 흘러갈지 모르지만 / 지금은 내가 외는 다라니를 베고/ 앉은 채로 울음이 됩니다"라고 한 것이나, 「스리랑카 詩篇 2-수련」에서 "내 안에서 이룩한 눈물의 절터는 / 마음만 있고 실체가 없었던 수행이다"라고 한 것이 그것이다. 이것은 그녀의 울음이나 눈물을 불교적으로 치유하려는 것이다. 시인의 '아픈 사랑'을 마지막으로 두 편만 더 점검해 보기로 한다.

> ① 보이지 않는 절터에 갔었네
> 　수련 한 송이 떠내려 와서
> 　우리들 몸을 감쌌네
> 　그대와 나 숨은 사랑이
> 　극락조의 울음을 닮았는지
> 　잠겨서 잠겨서

외진 몸으로만 말하고 있었네
새벽 바람에 흔들리는 우리들의 풍경은
안 보이는 적멸이었네
그대의 이름을 당겨
내 몸에 절벽이 세워질 때까지
석등에 푸른 불 지피며
우리는 사라진 사원의 상량식을 했네
　　－「지천사」 전문－

② 살갗에 들판을 달고 다녔다
고개를 꺾어 뒤돌아본 숲은
오늘 노래하고
내일 마감해야 할 흔적이었다
행진하는 이들의 발길에 미끄러진
비탈 하나가
많은 것의 울음을 대신 했지만
작별의 말이 서툴러서 타버린 가슴은
칠월에서 시월까지
향방 없는 메아리로 떠돌고 있었다
버림의 의미를 깨우쳐 주고 떠나갈 때에도
사람들은 네 이름 넉자를 잊어버리고
나는 풀섶에서
피와 섞인 눈물의 낙하를 보았다
몸 안에서 일제히 일어서는
그대 군락의 터
　　－「쑥부쟁이 그대 이름」 전문－

①에서는 "그대와 나 숨은 사랑"이 둘 사이의 '아픈 사랑'의 현주
소를 단적으로 말해주는 구절이다. 이들 사랑은 여러 사람들 앞에 나
서는 사랑이 아니고 '숨은 사랑'이다. "외진 몸으로만 말하고 있었네"

도 그를 뒷받침한다. '외지다'는 것은 외따로 떨어져 있다는 것, 사람들의 왕래가 드물다는 뜻이기에 '숨은'과 동일하다. 그러나 '우리들의 풍경'은 모든 번뇌로부터 벗어난 적멸의 경지이다. 적멸의 경지이기를 바란다. 그러므로 두 사람은 없어진 절터에 가서 사라진 사원의 상량식을 한다. 마음 속에 새로운 절 하나를 짓고자 하는 것이다. 이것은 현세에서의 아픈 사랑을 내세에서는 아름다운 사랑으로 맺어지게 하려는 것으로 볼 수 있다.

②에서는 쑥부쟁이라는 풀에 자신의 '아픈 사랑'을 투영하고 있다. 쑥부쟁이는 국화과의 여러해살이풀로, 긴 땅속 줄기가 있고 원줄기는 윗부분에서 7-10월 가지가 갈라져 보라빛을 띠는 것이 보통이다. 그 후 꽃도 가지마다 따로 피니 사실 이 가지의 갈라짐으로부터 쑥부쟁이 가지들은 저마다 제 갈 길을 가는 것이다. 그러니 쑥부쟁이는 따지고 보면 7월부터 10월까지 각자 향방 없는 메아리로 떠돌 뿐이다. 이 쑥부쟁이의 생태로부터 사람들은 '버림'의 의미를 알아채야 하는데 그렇지를 못하다. 사람들은 '쑥부쟁이'란 이름 넉 자조차 곧 잊어버린다. 하지만 과거 사랑하는 이와 어색한 작별을 한 시인은 다르다. 쑥부쟁이로부터 작별의 슬픔을 보고, "피와 섞인 눈물의 낙하"를 본다. 그래서 "몸 안에서 일제히 일어서는 / 그대 군락의 터"란 서술처럼 쑥부쟁이 무리들을 보면 시인의 가슴 속에 사랑하는 이가 자리를 잡는다.

4. 다양한 감성의 정제

지금까지 이희정 시인의 시들 중 '아픈 사랑'을 주제로 한 시들을 중심으로 살펴보았지만, 그녀의 정서가 물론 아픔이나 그리움으로만 응집되는 것은 아니다. 그녀는 인고 속에서도 결실을 보게 되는 삶의 보람을 노래하기도 하고, 연륜 속에서 묻어나온 삶의 지혜를 펼쳐 놓기도 한다. 기다림 속에 견디고 살다 보면 팔도 뻗고 새끼도 치면서 이마에 하늘 켜는 그런 날이 왔었다는 것(「꽃씨처럼」 중에서), 산다는 것이 한 쪽 어깨가 저려 오더라도 어떤 끝을 향하여 무성해지는 것이라는 것(「꽃잎들 그리고 잎새들」 중에서), 설한 속에 핀 蘭꽃을 보며 고통도 부대끼면 그리 환한 꽃이 되느냐고 물으면서 내 불행 끝 혹한을 다스려 산다는 것도 살맛나는 일이라는 것(「설한에 蘭꽃 피었네」 중에서) 등은 분명 삶에 대해 체득한 그녀의 지혜로운 감성을 보여주는 언술들이다. 뿐만 아니라 국내외를 막론하고 무수한 곳을 여행한 시인이기에 그녀는 여행지에서의 다양한 감회를 시 속에 전개시켜 놓는데, 그들 시를 보면 들르는 곳의 역사나 유래로부터 현실 속의 자아를 반추하고, 그 곳의 정취에 잠기면서 자아의 운명을 편력하기도 한다. 이러한 다양한 감성의 정제는 체험을 밑바탕으로 한 것이기에 우리들에게 감동 있는 울림으로 전해진다. 더구나 그녀의 시적 포즈가 불교적 깊이 속에서 자리 잡고 있다는 것은 앞으로의 그녀의 시에 대해서도 큰 기대를 하게 하는 요인이 되고 있다.

자연 대상들의 '자유로움'과 상징적 계시

1. 시적 대상으로서의 풍물

허림의 시는 대부분이 자연의 풍물들을 대상으로 한다. 그가 홍천에서 태어나 오랜 동안을 그 곳에서 지낸 탓도 있겠지만, 인간이 자연의 구성물 중의 하나요 그렇기 때문에 자연의 섭리 속에 인간 삶의 길이 있다는 것을 그는 잘 알고 있다. 그는 그를 둘러싼 자연을 주시해왔고 자연이 주는 교훈을 마음 속으로 받아들였다. 또한 점점 퇴락해가는 농촌의 현실과 그 속에서 살아가는 농민들의 아픔을 누구보다도 잘 알기에 그에 대한 것도 시에 담고자 하였다. 물론 자연의 섭리를 시로 표현하고 자연을 본받고자 한 시인들은 많다. 그러므로 자연의 풍물들을 다루고 있는 허림의 시를 독특하다고는 할 수 없다. 그러나 자칫 감상에 빠지기 쉬운 제재를 다루면서도 미학적 거리를 유지하는 그의 시적 기교는 범상히 보아 넘길 일이 아니다. 여러 작품들이 일정한 경지에 이르고 있다는 점만 보더라도 그의 시는 충분히 평가받을 만하다. 나는 그가 대학생 때부터 그와 특별한 인연을 맺어 왔고, 줄곧 그의 시적 발전을 눈여겨보아 왔기에 이 경지가 눈물나는 시 창작의 정진 끝에 이루어낸 결과임을 안다. 훌륭한 시란 타고난 소질도 중요하지만 각고의 노력도 수반되어야 한다는 것을 허림 시인을 통해 느낀다. 그의 시세계는 다음의 몇 가지 특징으로 구분될 수 있다.

2. 대상의 자유로움을 통한 형태변성

우선 지적하게 되는 것은 시적 대상들의 활달무애한 움직임이다. 우리의 고정관념으로는 이해되지 않는 그들의 자유로운 이동을 그의 시는 보여주고 있다. 예를 들자면 별들이 더 이상 하늘에만 있는 것이 아니라 하늘로부터 땅으로 내려오고, 나무가 지상적인 존재를 벗어나 천상적인 존재가 되는 것이다. 사실 그들은 우리가 고정적인 관념의 틀 속에 묶어 놓은 것들이다. 만물 속에 영(靈)이 분명히 내재하는 것이라면 광활한 우주 속에서 영과 영 간의 교유라는 것이 있을 것이고, 현상적인 몸체는 의미 없는 껍질에 지나지 않는 것일 터인데, 인간의 에고이즘은 대상들을 영 없는 하찮은 존재로 인식해 그들과의 괴리감을 가속화시켰던 것이다. 그 결과 자연은 엄청나게 파괴되었고, 인간이 화를 자초한 자연의 재해가 오늘날 거꾸로 많은 인명을 앗아가고 있다. 많은 이들은 이제 인류의 대재앙을 예감한다. 그런 점에서 허림이 대상들의 자유로움을 통해 활발한 형태변성을 그의 시에서 보이고 있는 것은 주목할 만하다. 그것은 우주와의 조화를 꾀하는 것이요, 인간성의 회복이며, 생명주의의 한 방도이기 때문이다. 그러나 시인은 냉정하리만치 그들의 움직임과는 거리를 두고 있다. 좀처럼 시적 자아가 그들 속에 휩쓸려 들어가지 않고, 또 그들 역시 시적 자아의 부속물이 되지 않는다. 한 마디로 만물들이 독립적으로 존재하면서, 한편으로 서로 조응한다. 허림의 이 같은 냉철한 거리 조정은 서정적 내면풍경의 깊이를 느끼게 하면서 독자들을 그의 시 속으로 끌어들이고 있다.

자전거를 타고
한철 약수터에 오르다가
물소리를 들었다 순간적이었다
계곡 한편으로 동행하는 길들이
물소리에 출렁거렸다
바람이 나무에 부딪혀 출렁거리고
나무가 출렁거리고 쓰러져 누운
내 몸 위의 하늘이 출렁거렸다
지구자 나뭇잎 같은 구름이
구름의 길을 가고 있다
자전거는 아직도 가야할 길이 있는지
빈 바퀴를 돌리고
물소리는 내 몸을 뚫고
펌프질하는 왼쪽 가슴께에 닿았다
숨소리가 물소리처럼 흘러나왔다
몸이 흔들리고 길이 흔들렸다
흔들리는 것이 길 뿐이랴
한철 약수에 오르려는 몸짓 하나가 다시 쓰러진다
몸 어딘가에서 흘러나오는 붉은 물소리
몸 밖으로 흘러가는 물의 변주곡을 듣는 동안
신갈나무 푸른 그림자가 몸 위로 지나갔다
　　―「신갈나무 푸른 그림자가 지나간다」 전문―

이 시에서 시적 화자인 나는 자전거를 타고, 약수터에 오르다가, 물소리를 들었다. 자전거가 '나'의 예속물이요, 약수터 오르는 길이

'나'에 의해 선택되었고, 물소리를 들은 주체도 '나'이다. 그렇다면 내가 있음으로 해서 자전거도 있고, 약수터 길도 있고, 물소리도 있는 것이다. 인간 중심적 사고로 따진다면 그런 것이다. 그러나 허림의 시에서 이러한 인간 주체의 세계는 존재하지 않는다. 물소리를 들은 순간 길이 출렁거리고, 바람이 출렁거리고, 바람을 맞은 나무가 출렁거리고, 하늘이 출렁거린다. 그런가 하면 자전거는 아직도 가야 할 길이 있다는 듯 빈 바퀴를 돌리고, 물소리는 내 몸을 뚫고 들어와 몸을 흔들어 놓는다. 이제 나의 몸 속은 물소리가 들어와 자리잡고 있다. 그 몸 위로 신갈나무 그림자가 지나갔다. 신갈나무도, 물소리도 나와 함께 '있는' 것이다. 그렇게 볼 때 모든 것들은 평등하게 그 나름의 주체적인 움직임을 하고 있고, 서로들 교감하면서 교유한다. 우주의 조화이다. 원래 인간은 이렇게 살아야 하는 것이다. 우주는 인간의 독점물이 아니다. 조물주가 우주를 인간이 독점하도록 허락하지 않았다. 靈(spirit)이란 것이 인간에만 있는 것이 아니다. 그러나 인간들은 영적인 존재는 오로지 인간뿐이라는 오만한 생각을 해 왔다. 시인은 나를 둘러싼 만물들의 움직임으로 우주의 신비한 참여를 보여주면서 인간들로 하여금 이 오만함을 파기하도록 요구한다.

꿈을 꾼 것도 아닌데
꿈 속 일처럼 서둘러 핀 복수초
그때 나무들은 뭘 했을까
나비들은 어디쯤 날고
눈꽃이던 아침 안개와 반짝이던 햇살은
무슨 관념에 젖어 흘러갔을까
흘러가는 소리들을 바라본다
눈 길 머무는 자리마다
겨울 입김 하얗게 살아나는 윤이월

낯선 노란 그리움과
숨넘어갈 듯 저 홀로 흔들리는
꽃잎
서둘러 피고 보자는 독설
　－「복수초꽃」 전문－

　이 시에서도 주체는 인간이 아니다. 인간인 화자는 관찰자로서 숨어 있다. 그러면 주체는 누구인가? 복수초꽃이요, 나무와 나비, 안개, 햇살이다. 시인은 복수초가 필 때 나무와 나비와 안개, 햇살도 그들 나름의 일을 했을 것이라고 생각한다. 복수초가 하늘에서 뚝 떨어진 꽃이 아닌 이상 그 꽃이 필 때 분명 주변의 대상들도 한 일이 있다. 가령 나비는 고치에서 나비로의 비상을 꿈꾸고 있었다든지, 나무는 수액을 열심히 빨아올리고 있었다든지 말이다. 문제는 이 지극히 당연한 만물의 움직임을 우리가 간과했다는 사실이다. 아니 무시했는지 모른다. 그러나 시인은 아직 겨울 입김이 하얗게 살아나는 추위 속에서 노랗게 핀 복수초의 개화를 예사롭게 보아 넘기지 않는다. 그리고 그 개화 때 주위를 둘러싸고 있는 사물들의 움직임도 궁금해 한다. 그렇기 때문에 복수초의 노란 색에서 낯선 그리움을 발견하고, 그 개화에 대해 "서둘러 피고 보자는 독설"이라고 참신하고 기발한 정의를 할 수 있다. 허림의 시가 주제 전달에 치중하지 않으면서도 언어의 단순한 기교나, 평이한 언술의 차원을 벗어나고 있는 것은 우리가 하찮게 보아 넘기는 미묘한 사물들의 움직임을 그가 발견하고 그들에게 생명을 불어 넣기 때문이다. 이를 통해 우리는 그들만의 움직임과 생명성을 비로소 깨닫게 되고, 그들에 대한 무관심에서 벗어날 수 있다. 이것은 생명주의로 이르는 단초가 되기도 한다.

3. 과거에 대한 그리움의 정서

허림의 시에서 또 발견하게 되는 것은 과거에 대한 그리움이다. 그에게 있어 이 감정은 과거의 상흔에 대한 복원을 꿈꾸는 것이다. 과거를 돌이켜보면 마음 아픈 일이 있을 수 있고, 관계를 회복하고 싶은 인물들도 있는데 그는 그 모든 것들과 화해를 꾀한다. 사실 우리는 한 인간으로 태어나 한 평생을 살아가면서 많은 사람들과 친분을 맺는다. 그 중에는 헤어지는 사람들도 적지 않다. 가슴 아픈 이별로 헤어지는 사람들도 있지만, 감정이 상해서 싸우거나 미워져서 등을 돌린 사람들도 많다. 그러나 따지고 보면 그들과 꼭 그렇게 이별할 일은 아니다. 사소한 일로 헤어졌다고 하더라도, 아직도 좋은 감정이 아니라 하더라도 척진 상태에서 이 세상에서의 관계를 끝낼 필요는 없는 것이다. 억겁의 세월, 무한의 우주 공간을 생각하면 모두가 무의미한 일이다. 그러므로 우리는 화해를 하고 용서를 해야 한다. 그것은 자아 완성의 한 방도이기도 하다.

> 편지를 써야지 꼭 누구에게 라고 못 박지 않았지만 편지를 쓰다보면 이 편지의 얼굴이 떠오르겠지 간간이 얼굴이 떠오른다면 두절됐던 시간의 뒷면에 그림자로 서 있는 기억 더듬어봐야지 흐릿해지면 오래된 사진첩도 넘겨보며 마음 상했던 시간의 단면에 미안하다는 글도 덧붙이고 또 사랑한다는 말도 꼭 써야지 길이란 얼마나 단아한가 점점이 굵어지는 눈발 마당 가득 쌓이는 동안 내 안으로 향하던 길은 또 얼마나 너그러웠던가 나는 그 길을 안다 눈 속에 피어나는 복수초꽃 같은 웃음 들리는 마을 어귀 음력 섣달 열 여드렛날.
> 그곳에 그대가 산다.
> ―「연어를 기다리며」―

이 시에서 시인은 과거로 되돌아가야함을 얘기한다. 과거에 친분을 나누었던 이가 지금 연락이 두절된 상태에 있다고 할 때, 과연 '나'는 그로부터 홀가분한가를 시인은 생각한다. 마음을 상하면서 결별했던 사이라면 더욱 그로부터 홀가분할 수 없다. 그에게 시인은 미안하다든가 사랑한다는 말을 전하고 싶다. 이것이 시인의 솔직한 심정이다. 지나온 과거의 길을 돌아보면 그 때는 몰랐지만 그 길은 단아했고, '내' 안으로 향했었다. "내 안으로 향하던 길"은 순수하고 진솔했던 내가 걷던 길이다. 지금처럼 각박하지 않고 너그러웠던 길이었다. 그러나 나는 나의 '밖'에서 서성이고 있다. 전혀 '안'으로 돌아오지 못하고 있다. 안으로 향하는 길은 "눈 속에 피어나는 복수초꽃 같은 웃음 들리는 마을 어귀"이건만, 그 곳은 나의 기억 속에 희미하게 남아 있을 뿐이다. 시인은 '그대'가 사는 그 곳으로 가고 싶다. 회귀 본능을 지닌 연어처럼 '내' 안으로 향하고 싶다. 이 시의 제목이 '연어를 기다리며'로 되어 있는 것은 연어와의 동일화를 꾀하고 있음을 보여준다. 과거의 '그대'에 대한 시인의 그리움은 「삼월」을 통해서도 엿볼 수 있다.

　　서랍 맨 뒤쪽
　　가라앉은 편지
　　누런 봉투 위에 흐릿한 주소와 이름
　　금세 하늘처럼 열리는
　　그리움의 문틈으로
　　새들이 날아갈 때
　　아직도 네 생각을 하고 있는
　　시간의 두께는 얼마나 투명한가
　　　－「삼월」－

우리에게는 누구나 오랫동안 만나지 못한 이가 있다. 그에 대한 기억이 전혀 나지 않다가 우연히 책장 갈피에서 그와의 서신을 발견하거나, 그와 찍은 빛 바랜 사진 한 장을 찾게 되면 문득 그와의 추억이 떠오른다. 까마득히 잊고 지내다가 불쑥 그가 내 속에 자리잡는 것이다. 그것은 비록 잠재의식 속이지만 내가 그에 대한 생각을 하고 있었다는 것이다. 이 시에서도 '너'와의 만남은 "서랍 맨 뒤쪽 / 가라앉은 편지"로 표현된다. 시간의 순서에 따라 서신을 서랍 속에 집어넣는 것이 일반적인 사례요, 그러기에 서랍의 맨 뒤쪽 밑바닥에 있는 편지라는 것은 그만큼 오래된 편지라는 것이다. 다시 말해 '너'와의 만남이나 교신이 한동안 없었던 것이다. "누런 봉투 위에 흐릿한 주소와 이름"은 이 사실을 다시금 확인시켜 준다. 그러나 일단 발견이 된 후 어떤 일이 일어났는가? '너'의 이름을 보았을 때 그리움은 새들의 비상처럼 '너'를 향해 날아갔다. 그리고 보면 아직도 네 생각을 하고 있었다는 것이요, 시간은 오랜 세월의 두께를 지녔을지 모르지만 과거를 비출 만큼 투명하다.

그는 서민들의 고달프고 질박한 삶도 외면하지 않는다. 직접 농촌의 삶을 목격하고 그 속에서 살아온 시인에게 점점 피폐해지는 농촌의 공동화 현상은 심각한 현실이었다. 그는 그 현실을 시로 전달하는 데 있어서도 직접적인 자기감정의 표현은 자제한다.

> ① 오래된 편지를 받았다.
> 　 지난 추석의 달빛이 배어 있는
> 　 강아지풀이 흔들렸다
> 　 밤새도록 어머니가 빚은
> 　 하얀 송편 달무리졌다
> 　 미루나무 서 있는 강둑 따라
> 　 아직 막내 작은아버지는 오시지 않고

증편 쪄내는 김이
부엌 들창문으로 몇 번인가 쏟아져 나왔다
지난 추석엔 사과를 참 많이 먹었는데
마루 한 구석엔 사과 궤짝 하나 안보이고
달은 금세 떠오르지 않았다
올 추석엔 몇몇의 식구들이 보이지 않았다
　　ㅡ「달밤」ㅡ

② 마을 어귀 미루나무
해마다 까치들이 날아와
소식보다 빠른 까치집을 지었지
푸른 하늘 아마득히
어딘가 소식 없던
까치집만한 누이의 얼굴
비 오는 날이면 더욱 고적한
마을 어귀
미루나무 위 까치집 있었지
하늘빛 어둡지 않은 서울쪽 바라보며
떠난다는 말을 늘상 중얼거리던 누이야
집 떠난 오늘에서 바라보는
고향집 하늘은 아직도 어둡구나
　　ㅡ「까치집」ㅡ

　①에는 아직 오시지 않는 작은 아버지, 지난 추석과는 달리 사과 궤짝 하나 보이지 않는 마루 한 구석, 금세 떠오르지 않는 달, 몇몇 식구들의 얼굴이 보이지 않는 올 추석, 이런 일련의 상황들이 제시되어 있다. 이들이 우리에게 암시하는 바는 무엇인가? 예전과 같지 않은 농촌의 추석 분위기이다. 과실 수확도 시원치 않고, 명절이면 고향을 찾아 내려오는 식구들도 내려올 형편이 안 되는 것이다. "달은

금세 떠오르지 않았다"라는 구절에서 우리는 신명나지 않는 올 추석의 쓸쓸함을 감지한다. ②의 중심인물은 누이이다. 누이는 고향을 떠났다. 돈 벌어 가난을 면하기 위해서이다. 산업화의 물결이 도시로 누나를 내몬 것이다. 그러나 서울로 진출해서 성공하는 것은 마음 먹은 대로 되지 않았다. 누나가 어디 있는 지도 모르고, 소식이 없다는 것은 떳떳하게 고향을 들를 처지가 되지 못했기 때문이다. 누이에 대한 그리움은 해마다 커지는 까치집처럼 커져만 가는데, 그래서 누이의 얼굴이 까치집만하게 떠오르는데, 고향집 마을은 너도 나도 떠나버려 고적한 마을이 되었고 고향집 하늘은 아직도 어둡기만 하다. 모든 여건이 개선되지 않은 것이다. 해마다 날아와 자기들의 집을 짓는 까치와, 살기 어려워 고향을 버리고 집을 버려도 어두운 상황은 조금도 나아지지 않는 인간들의 삶의 여건이 묘한 대조를 보이고 있다. 허림의 시를 통해 보는 이러한 농촌의 현실이 새삼스러운 것은 아니나 냉철히 현실을 고발하는 그의 시적 태도에서 오히려 호소력을 느낀다. 시인이 시 속에서 울어 버리면 독자는 그 시를 읽고 울 여지가 없다는 지극히 평범한 시의 논리를 그는 너무나 잘 알고 있는 것 같다. 서민들의 가난함과 슬픔에 대한 그의 시선은 "오늘은 땅 속 깊이 굵은 감자를 삶아 / 늦은 저녁 한상 차려놓은 밥상머리에서도 / 결코 산 너머에 대하여 묻지 않았다 / 산 너머로 떠오른 달을 / 온 식구 둘러앉아 한 입씩 베어 먹었다"(「감자꽃」) "바다가 보이지 않는다 눈을 씻고 봐도 / 바람에 다친 사람들의/ 발자국과 눈썹만이 떠다니고 / 어두운 해무 속으로 / 끝도 보이지 않는 몇 마디의 음표"(「강문바다」) 같은 구절에서도 어렵지 않게 발견이 된다.

4. 자연의 풍물이 주는 교훈

허림은 자연물인 대상들로부터 교훈을 얻기도 한다. 하늘의 드높음, 물의 거침없는 흐름, 안개의 비가시성, 바람의 세참 등 자연 현상 그 자체가 우리에게 계시적인 바, 그는 시인의 세심한 관찰로 자연의 풍물 속에서 그들이 주는 교훈을 읽어내는 것이다.

> 수타사 입구
> 하마교에서 왼편으로 오르다보면
> 일월사터에 홀로 서있는 삼층석탑
> 푸른 이끼의 목숨 거느리고
> 햇살 받고 있다
> 깨지고 잃어버린 시간의 틈새마다
> 퍼렇게 자라나는 이끼들이
> 무르팍에 남아있는 상처처럼 반짝인다
> 석탑에 등 기대고 앉으면
> 오동나무 그늘이 따라와 내 몸에 눕는다
> 삶의 무게를 뺀 푸른 그늘
> 내 몸 어딘가를 더듬었는지
> 서 늘 하 다
> 말없이 살아온 것들의 푸른 감촉
> ―「그림자가 서늘하다」―

우리는 이 시에서 유구한 세월을 홀로 서 있는 삼층석탑을 서술하는 시인의 태도에 주목할 필요가 있다. 삼층석탑은 '푸른 이끼의 목숨'을 거느리고 '햇살'을 받고 있다. 잘 알다시피 삼층석탑은 돌로 된 구조물이다. 아무런 생명성도 그 속에는 없다. 그러나 이끼는 그 돌에 붙어서 오랜 세월을 푸르게 자랐다. 이끼의 목숨을 거느린 것은 다름 아닌 삼층석탑이다. 모진 풍상을 겪으면서 깨지고 떨어져 나가 온전치 못한 석탑이지만 오히려 그 깨진 틈새에서 이끼들은 퍼렇게 자라나고 있다. 상처는 그런 것이 아닐까? 비 온 다음에 땅이 굳듯이 상처를 입으면 그 상처를 딛고 새 살이 돋기 마련이다. 오동나무도 마찬가지이다. 넓은 잎들을 축 늘어뜨려 삶의 무게를 덜었기에 오히려 그늘을 크게 드리울 수 있다. 그 푸른 그늘이 시적 화자의 몸을 더듬어 '나'도 "서 늘 하 다". 시인이 삼층석탑과 오동나무 그늘에서 얻은 교훈은 바로 그런 것이다. "서 늘 하 다"라는 표기는 허림 시인이 구사하는 뛰어난 표현기법이기도 한데, 이렇게 띄어쓰기를 함으로써 서늘함이 나의 몸 전체로 천천히 퍼지고 있다는 느낌을 주기도 하고, 나 자신도 확실히 모르지만 몸 어딘가에 서늘함이 느껴진다는 사실을 보여주기도 한다. 그의 이 같은 표현기법은 "참나무 옹이 같은 상처 속으로 들어갔는데 / 들 어 가 들어 가 들어가 / 그러다가 꿈은 얼른 잠 속으로 들어갔는데"(「꿈의 집을 짓는 일」)에서도 살필 수 있다. '들어가'를 이렇게 세 차례 다르게 표기한 것은 처음에는 들어가는 것을 망설이다가 점점 빠르게 들어가게 됨을 보여준다. 이런 세심한 의장을 하기 때문에 허림의 시는 쉽게 지나칠 수가 없다.

밤마다 수타사에는
알 수 없는 고기가 나와 헤엄쳐 다닌다
연못은 보이지 않는데 물그림자 지고
바람 없는 데 나뭇잎이 젖는다
어디 숨었다가
밤이면 나와 파문을 던지는 걸까
밤마다 수타사에는
바람결지는 잣나무 숲 달빛 사이를 빠져나와
산문을 열어놓고

만상의 매듭을 풀며
노니는 고기가 산다
풍경 끝 맞닿은 그대 가슴 울리며
먼 길을 열어주는 목어가 산다
  ―「목어」―

이 시에 의하면 밤마다 수타사에 알 수 없는 고기들이 헤엄쳐 다니는데, 그들이 그 밤에 산문을 열어 놓고 만상의 매듭을 풀며 노닌다고 한다. 이것은 어찌된 일인가? 밤마다 나와 노는 고기가 있단 말인가? 물론 그런 고기가 있을 리 없다. 수타사에 있는 목어를 그렇게 표현한 것이다. 그가 사는 홍천에 있는 유서 깊은 사찰 수타사에서 그는 목어 소리와 풍경 소리를 들었으리라. 그 소리들로부터 그는 깊은 명상에 잠기게 되고, 멀리 인생을 내다볼 수 있는 혜안을 지니게 되었던 것이다. 목어는 인간들로 하여금 사바 세계의 집착과 미망, 무명을 벗어나라고 산문을 열며 소리를 냈는지 모른다. "산문을 열고 / 푸른 물소리 목어가 운다"(「산사에서」) "수타사 풍경 속 노니는 목어 한 마리 / 풍덩 하늘로 튀어 오릅니다"(「만적」)도 같은 의미로 받아들여지는 구절들이다. 이렇듯 그는 자연 속에서 교훈을 얻고, 자연의 묘리를 터득하려고 애쓴다.

이상 언급한 허림의 시적 행보를 간추려보면, 그는 만상들을 살아 움직이는 생명체로 보고 그들의 신비하고 오묘한 자유로움을 제시함으로써 생명주의에 입각한 사물관을 독자들에게 인식시키고 있고, 농촌이나 농민을 중심으로 하는 현실의 아픔과 모순을 시적으로 형상화하기도 하며, 자연 풍물들의 현상을 통해 얻은 교훈을 상징적으로 표현하기도 한다. 이러한 시인의 태도는 현대문명 속에서 구태의연한 것이라기보다 오히려 근본적이고, 인간성 회복을 기초로 한다는 점에서 고무적인 것이다. 허림의 다음 시집에 기대를 거는 이유가 여기에 있다.

제4부

가난을 극복한 부부애의 표상

1. 서정주의 「무등을 보며」

국민소득 1만불이 넘는다고 외치는 지금도 사회로부터 소외 당한 계층이 대부분 가난에 허덕이지만, 한국전쟁을 겪은 직후부터 60년대까지만 해도 가난으로부터 자유로운 사람들은 그리 많지 않았다. 너나 할 것 없이 가난 속에서 살아온 것이다. 일제의 수탈로 인한 우리 민족의 가난과 가난을 면하려고 남부여대하여 북간도, 중앙아시아 등 다른 나라 땅으로 이민을 간 그 전 세대의 상황까지를 고려하면, 가난은 우리 민족이 역사적으로 짊어지고 온 숙명 같은 것이었다. 글을 쓰는 문인들의 경우 가난은 더욱 심했다. 현실적이지 못하고 상상과 허구의 세계 속을 거니는 그들이기에 문인 대다수가 가난에서 벗어날 수 없었다. 하지만 아무리 추워도 곁불을 쬐지 않는다는 딸각발이 선비 정신의 탓인지 그들은 가난해도 구차하게 구걸하지는 않았다. 대신 정신적으로 그를 극복하고자 했다. 그러한 태도는 문학작품에 그대로 반영되었다. 그 중 대표적인 시작품이 서정주의 「무등을 보며」와 박재삼의 「흥부 부부상」일 것이다. 이들 작품은 가난을 초월하는

부부의 애정을 보여주고 있다는 점에서 유사성을 지닌다. 먼저 서정
주의 작품을 보기로 한다.

  가난이야 한낱 남루襤褸에 지나지 않는다
  저 눈부신 햇빛 속에 갈매빛의 등성이를 드러내고 서 있는
  여름 산 같은
  우리들의 타고난 살결 타고난 마음씨까지야 다 가릴 수 있으랴

  청산靑山이 그 무릎 아래 지란芝蘭을 기르듯
  우리는 우리 새끼들을 기를 수밖엔 없다
  목숨이 가다 가다 농울쳐 휘여드는
  오후午後의 때가 오거든
  내외內外들이여 그대들도
  더러는 앉고
  더러는 차라리 그 곁에 누워라

  지어미는 지애비를 물끄러미 우러러보고
  지애비는 지어미의 이마라도 짚어라

  어느 가시덤불 쑥구렁에 놓일지라도
  우리는 늘 옥돌같이 호젓이 묻혔다고 생각할 일이요
  청태靑苔라도 자욱이 끼일 일인 것이다.
    ―「무등을 보며」 전문―

  이 시는 시인이 전쟁 중 광주로 피난하여 가난과 굶주림의 나날을
보낼 때 쓴 것이다. '무등'은 잘 알다시피 광주에 있는 산의 이름으
로 그는 이 산에 매료되어 있었다. 특히 무등산에 떠오르는 이내(남
嵐: 해질 무렵 멀리 보이는 푸르스름하고 흐릿한 기운)를 보고 감동
을 느끼곤 했다. 무등산 이내의 빛깔은 우리가 늘 보는 코발트의 하

늘빛하고는 아주 다른 빛이고, 풀빛에 가깝기는 하지만 아주 깊이 깊이 몇 천 길같이 빛나는 풀빛이다. 그는 이 무등산 위의 이내 속에 잠입해서 이백이나 도연명, 장자, 노자 등 선현들의 자연 몰입의 경지를 이해하고자 노력했다. 광주 무등산은 앞에 앉은 산과 뒤에 있는 산의 두 겹으로 되어 있다. 그가 보기에 앞에 앉아 있는 것은 엇비슷이 누워 있는 것 같고, 뒤에 있는 산은 뭔지 안심찮아 일어나 앉아 있는 것 같다. 그는 광주에 와서 조선대학에 근무하면서 한 달 봉급으로 겉보리 열 닷 말을 타는 훈장 노릇을 하고 있었는데, 이 무등산의 이런 모습이 어쩌면 두 오랜 부부의 어느 오후의 휴식의 모습 같다고도 생각하고 있었다. 아내는 너무 피곤하여 엇비슷이 누워 있는 오후, 옆에 앉아 있는 남편이 바야흐로 그 누운 아내의 고단한 이마를 짚을 자세로 있는 것이라고 생각하는 데 이르렀다.

제1연에는 우리가 처한 가난이라는 상황과 우리의 마음씨가 대비적으로 설명되어 있다. 가난은 겉에 걸친 헌 옷에 지나지 않고, 우리의 마음씨는 푸른 여름산처럼 맑고 깨끗하다는 것이 이 부분이 의미하는 내용이다. '타고난 살결' '타고난 마음씨'를 이렇게 본 것은 미당이 인간이란 존재를 성선설에 입각해 보고 있다는 것이요, 그의 긍정적인 휴머니티의 일면을 나타낸 것이기도 하다. 제 2연에서는 우리의 자세가 보다 구체적으로 제시된다. 아무리 삶이 어렵더라도 우리는 우리의 자식을 기를 수밖에 없다는 것이다. 그것은 마치 청산이 지란을 기르듯 자연스러운 일이요, 어느 면에서 의무이다. 지란은 청산이 있음으로 그곳에 피어난 것이요, 청산이 이를 거둘 수밖에 없다. 자식들도 마찬가지인 것이다. 또한 우리가 "목숨이 가다 가다 농울쳐 휘어드는" 고통스러운 상황에 처했을 때 부부 간의 위안과 화합으로 이를 극복해야 한다. '농울쳐'란 '물결쳐'의 뜻으로, '물결'이 고통이나 역경의 의미를 내포한다. 제 3연은 그 위안과 화합의 모습을 그리고 있다. 지어미는 누워서 지애비를 물끄러미 우러러보고, 지애비는 지어미의 이마라도 짚어 위로해주는 모습, 아마도 이 모습은 굶주림에 지친 부부가 보여줄 수 있는 가장 인간적이고 아름다운 모습임에 틀림없다. 제 4연은 부부의 마음의 자세를 제시한 부분이다. 가시덤불 쑥구렁에 누이더라도 옥돌같이 호젓이 묻혔다고 생각하라는 것은 아무리 고통스러운 상황에 처했을지라도 깨끗하고 순수한 존재라고 여기라는 뜻이다. 그렇게 하면 옥돌에 청태가 끼이듯 그것에 상응하는 결과가 나타나리라는 것이다. 결과적으로 이 시는 물질적인 가난이라는 것은 정신적으로 얼마든지 극복할 수 있다는 메시지를 독자에게 전달하고 있는 시라고 볼 수 있다.

2. 박재삼의 「흥부 부부상」

박재삼의 「흥부 부부상」은 가난에 대처하는 부부의 자세를 읊고 있다는 점에서 앞의 작품과 주제가 일치한다. 박재삼은 한과 울음의 시인으로 얘기되는 데 그 정서의 주된 근원 중의 하나는 가난에 있다.

흥부 부부가 박덩이를 사이하고
가르기 전에 건널 웃음살을 헤아려보라
金이 문제리,
黃金 벼이삭이 문제리,
웃음의 물살이 반짝이며 정갈하던
그것이 확실히 문제다.

없는 떡방아 소리도
있는 듯이 들어내고

손발 닳은 處地끼리
같이 웃어 비추던 거울 面들아.

웃다가 서로 불쌍해
서로 구슬을 나누었으리.
그러다 금시
절로 面에 온 구슬까지를 서로 부끄리며
먼 물살이 가다가 소스라쳐 반짝이듯
서로 소스라쳐
本웃음 물살을 지었다고 헤아려보라,
그것이 확실히 문제다.
　　　　-「흥부 부부상」 전문-

　가난을 다루는 데 있어 시인은 우리의 고전소설 「흥부전」을 차용하고 있다. 「흥부전」을 차용한 작품은 이 외에도 「가난의 골목에서는」, 「흥부의 가난」 등이 있다. 「가난의 골목에서는」에서 그는 "골목골목이 바다를 향해 머리칼 같은 달빛을 빗어내고 있었다. 아니, 달이 바로 얼기빗이었다. 흥부의 사립문을 통하여서 골목을 빠져서 꿈꾸는 숨결들이 바다로 간다, 그 정도로 알거라."라고 가난에 대해서 읊고 있다. 가난을 대변하는 전형적 인물인 흥부를 내세워 자신, 나아가 우리 민족이 겪는 가난을 슬기롭게 대처하는 자세를 그는 보여주었다. 「흥부 부부상」에서도 마찬가지이다. 시인은 흥부 부부가 박을 가르기 직전의 상황을 상상한다. 가난하지만 순수한 인정 속에 살아온 그들은 분명 서로 웃음을 건네며 마주 보고 톱을 쥐었으리라. 그 웃음이 얼마나 고귀한 것인가. 설사 박을 켜서 그 속에서 금이 나온다고 해도, 황금 벼이삭이 나온다고 해도 그 웃음보다는 못하리라. 가난하여 떡방아 한 번 찧지를 못해 떡방아 찧는 소리가 없을지라도 소리가 있는 것처럼 드러내고, 힘든 농사일에 손발이 닳았어도 같이 웃던 얼굴. 그것은 마치 숨김 없이 모든 것을 그대로 내비치는 거울 같은 얼굴들 아닌가. 어느 값진 물건들이 그보다 더 귀할 수 있으랴. 비록 가난하지만 마음만은 넉넉한 흥부 부부. 이들을 우리는 본받아야 하지 않을까. 그것이 진정하게 가난을 극복하는 방도가 아닐까. 시인은 물질 만능주의 시대에 물질보다는 정신이 우위에 있어야 함을 흥부 부부를 빌어 얘기하고 싶은 것이리라. 이것은 「무등을 보며」에서 "가난이 우리의 타고난 마음씨까지 다 가릴 수 없다"고 한 미당의 진술과도 일맥상통한다.

　서정주와 박재삼은 전통적 서정시의 대표적인 시인들이다. 이들은 한국전쟁 이후 민족의 가난을 목격하면서, 또는 스스로 가난을 체험하면서, 어떻게 사는 것이 곧 가난을 극복하는 길인가를 생각했다. 서정주는 무등산의 초연하고 정갈한 모습에서 아무리 가난이 우리를 고통스럽게 해도 부부가 서로를 위로하며 그를 초월하는 태도를 배웠고, 박재삼은 흥부 부부가 극심한 가난 속에서도 웃음을 잃지 않던 삶의 지혜를 지금의 우리들도 받아들여야 함을 깨달았다. 이러한 태도는 비단 가난에 국한되는 것은 아닐 것이다. 살다 보면 여러 역경에 처하는 경우가 종종 있을 것이다. 그 때 조금만 달리 생각하면 우리는 역경에 빠져 허우적거리지 않고 그를 담대하게 이겨나갈 수가 있다. 그런 점에서 이 시들은 시인이 전달하는 메시지를 깊이 음미해 보아야 할 작품들이다.

우체국, 사랑을 연결하는 시적 공간

1. 유치환의 「행복」

　지금은 통신 수단의 발달로 멀리 떨어진 이에게 소식을 전하는 방법이 다양해지고 신속해졌지만, 얼마 전만 하더라도 우체국을 통해 편지를 부치고 전보를 띄워 소식을 전하곤 했다. 그렇기 때문에 우체국이란 곳이 사랑하는 이들 사이엔 그들의 사랑의 사연을 띄워 보내는 공간이었다. 시인들이 이 '우체국'을 시에 등장시킨 것은 그런 의미 있는 공간이었던 때문인 것 같다. 아마 머지않아 우체국은 인터넷의 발달로 유명무실해질지 모른다. 사랑을 연결하던 낭만적 공간이 사라진다 생각하니 아쉽다. 그러나 시 속의 '우체국'은 쉽사리 우리의 기억 속에서 사라지지 않을 것이다. 명시로서 많은 이들이 암송을 하는 시 작품 속에서의 '우체국'은 더욱 그렇다. '우체국'을 등장시킨 시 중에서 널리 알려진 시를 꼽자면 우선 유치환의 「행복」을 들 수 있다. 그는 어느 시인보다도 사랑하는 여인들과 편지를 자주 주고받던 시인이다.

－사랑하는 것은
사랑을 받느니보다 행복하나니라
오늘도 나는
에메랄드빛 하늘이 환히 내다뵈는
우체국 창문 앞에 와서 너에게 편지를 쓴다

행길을 향한 문으로 숱한 사람들이
제각기 한 가지씩 생각에 족한 얼굴로 와선
총총히 우표를 사고 전봇지를 받고
먼 고향으로 또는 그리운 사람께로
슬프고 즐겁고 다정한 사연들을 보내나니

세상의 고달픈 바람결에 시달리고 나부끼어
더욱 더 의지 삼고 피어 흥클어진 인정의 꽃밭에서
너와 나의 애틋한 연분도
한 망울 연련한 진홍빛 양귀비꽃인지도 모른다

－사랑하는 것은
사랑을 받느니보다 행복하나니라
오늘도 나는 너에게 편지를 쓰나니
－그리운 이여 그러면 안녕
설령 이것이 이 세상 마지막 인사가 될지라도
사랑하였으므로 나는 진정 행복하였네라

이 시는 진정한 사랑이 무엇인가를 정의 내린 시로 유명하다. 사
랑이란 것은 결코 받는 것이 아니라 주는 것이라는 것, 어떠한 댓가
도 바라지 않는 것이 참된 사랑이라는 메시지를 이 시는 전달하고
있다. 일반적으로 사랑을 하는 많은 사람들은 상대방이 자기를 사랑
해주기를 바란다. 그것이 여의치 않을 경우 원망과 미움의 감정으로

이어지며 둘의 사랑은 깨어진다. 그러나 누군가를 정말 사랑한다면 상대방이 자기를 어떻게 대하든 자신이 그를 사랑하는 것으로 만족하면 그만이다. 반대급부를 생각한다는 것은 타산적이요, 잘못된 것이다.

1연부터 보면 '나'는 사랑하는 '너'에게 편지를 쓰고 있다. 편지 쓰는 장소는 우체국 창문 앞이다. 왜 하필 창문 앞일까? 투명한 창문을 통하여 '나'의 마음이 '너'에게로 날아갈 수 있기 때문이다. 창문이란 것이 안에서 밖을 내다볼 수 있고, 반대로 밖에서도 안을 들여다볼 수 있기에 연결의 통로가 된다. 그러므로 '나'의 마음은 벌써 창문을 통해 사랑하는 이에게로 날아가고 있다. 에메랄드빛 하늘은 그 아름다움으로 '나'의 그리움을 한층 부풀게 한다.

2연은 이 같은 사랑의 행위가 '나'에 국한되는 것이 아니고 우체국에 오는 모든 사람들에게 해당된다는 것을 말한 부분이다. 그들 역시 고향의 가족이나 그리운 사람에게 편지를 보내기 위해 우표를 사서 편지 봉투에 붙이고, 또 전봇지를 받고 소식을 듣는다. 그 사연이란 갖가지여서 슬프기도 하고, 즐겁기도 하고, 다정하기도 하다.

3연에서 시인은 '나'와 '너'의 사랑과 살아온 삶이 결코 순탄치 않았음을 내비치고 있다. "세상의 고달픈 바람결에 시달리고 나부끼어"란 구절이 이를 말해준다. 그러나 그러한 역경이었기 때문에 둘은 서로 더욱 의지가 되었고 사랑도 깊어졌다. 사랑은 역경 속에서 더욱 아름다운 결실을 맺는 법이다. 그 아름다운 결실을 시인은 "한 망울 연련한 진홍빛 양귀비꽃"으로 표현하고 있다. 이 구절의 함축적 의미를 다시 풀어보자면 '연련한'이란 '안타깝게 그리운'이란 뜻이요, '진홍빛'은 사랑의 농도를 말하고, '양귀비꽃'이란 아름다움의 상징으로 볼 수 있겠다.

4연의 1, 2행은 1연의 서두와 같다. 수미상관적 기법이요, 서간문의 특징을 그대로 살리려는 시인의 의도이다. "그리운 이여, 그러면 안녕"은 잘 알듯이 끝맺음의 인사이다. 여기서 '안녕'이란 語辭는 편지를 끝낼 때 상투적으로 쓰는 것이지만, 시인은 한 걸음 더 나아가 이 편지의 이별 인사가, 사람 일이란 것이 모르기 때문에, '너'에 대한 마지막 인사가 되면 어찌할 것인가를 가정한다. 그러나 그렇다 하더라도 "사랑하였으므로 나는 진정 행복하였"다는 것이다. 이 얼마나 멋진 고백인가. 순수하고 열렬한 사랑의 체험을 바탕으로 하지 않고서는 이러한 말을 단정적으로 한다는 것은 어려운 일이다.

편지 쓰기를 유난히 좋아했던 청마에게 우체국은 꿈과 환희의 공간이었다. 이 우체국의 실제적 장소는 통영시의 중앙동 우체국이다. 최근에 통영문인협회가 주관이 되어 이 우체국을 '청마 우체국'으로 개명하려는 계획을 세웠다가 시민단체가 "청마의 문학 및 행적에 친일 의혹이 있다"며 개명에 반대하고 나서는 바람에 차질을 빚고 있다. 이에 대해 통영문인협회나 청마 유족, 청마문학회에서는 명예훼손 혐의로 고소한다는 방침을 세워 놓고 있다.

그렇다면 이 시에서 사랑의 구체적인 대상은 누구일까? 항간에서는 시조시인 이영도를 꼽고 있다. 1947년을 전후한 무렵 청마와 이영도는 통영여자중학교에서 같이 교편을 잡게 되었는데 둘이 가까워진 것은 이 때부터로 추정된다. 당시 이영도는 신혼 때 남편과 사별한 후 통영여중에서 가사선생으로 근무하면서 형부가 경영하는 약국 옆에 부업으로 수예점을 차리고 있었다. 물론 청마도 가정이 있었기 때문에 이루어질 수 없는 사랑이었다. 이 시에서 "너와 나의 애틋한 연분"이란 이런 사정을 말해준다. 하지만 청마의 사랑은 가열한 것이어서 그는 사과 상자로 세 상자나 되는, 2천 통이 넘는 편지를 그녀에게 보냈고, 그녀 역시 이에 감동하여 청마와 교유하였다. 그녀는 그 동안 그의 편지를 모아 놓았다가 청마가 죽은 후 그 편지 중 일부를 추려 이 시의 구절 중의 하나를 따서 "사랑하였으므로 나는 진정 행복하였네라"는 제목의 서간집을 냈다.

그 두 사람의 사랑의 가교 역할을 한 것이 우체국이다. 청마는 그의 부인과도 결혼 전에 오랜 동안 편지를 주고받으면서 사랑을 가꾸었으며, 전쟁 미망인으로서 전도사 겸 교사 일을 맡고 있던 반희정과도 여러 통의 편지를 주고받아 이 사연들을 묶은 『청마와 사색의 그림자들』이란 책도 출간되었으니 사실 우체국이란 공간이 그의 시에 나오는 것은 어쩌면 당연한 것인지도 모르겠다.

2. 이수익의 「우울한 샹송」

우체국이 등장하는 시 중에 또 하나 유명한 시로 이수익의 「우울한 샹송」을 꼽을 수 있다. 이 시는 음악으로도 작곡되어 불리어질 정도로 많은 사람들에게 애송된 시이다. 이 시와 같은 제목의 『우울한 샹송』이란 시집이 나온 것이 1969년이요, 이 시집이 첫 시집이기도 하니 이로 미루어 이 작품에 대한 시인의 각별한 애정을 짐작할 수 있다. 시 전문은 다음과 같다.

> 우체국에 가면
> 잃어버린 사랑을 찾을 수 있을까
> 그곳에서 발견한 내 사랑의
> 풀잎되어 젖어 있는
> 비애를
> 지금은 혼미하여 내가 찾는다면
> 사랑은 또 처음의 의상으로
> 돌아올까

우체국에 오는 사람들은
가슴에 꽃을 달고 오는데
그 꽃들은 바람에
얼굴이 터져 웃고 있는데
어쩌면 나도 웃고 싶은 것일까
얼굴을 다치면서라도 소리내어
나도 웃고 싶은 것일까

사람들은
그리움을 가득 담은 편지 위에
애정의 핀을 꽂고 돌아들 간다
그 때 그들 머리 위에서는
꽃불처럼 밝은 빛이 잠시
어리는데
그것은 저려오는 내 발등 위에
행복에 찬 글씨를 써서 보이는데
나는 자꾸만 어두워져서
읽질 못하고,

우체국에 가면
잃어버린 사랑을 찾을 수 있을까
그곳에서 발견한 내 사랑의
기진한 발걸음이 다시
도어를 노크
하면,
그 때 나는 어떤 미소를 띠어
돌아온 사랑을 맞이할까

　1연을 통해 우리가 파악할 수 있는 것은 무엇인가? 시적 화자가
실연을 당했거나, 아픈 사랑의 추억을 지니고 있다는 사실이다. "풀

잎 되어 젖어 있는 비애”가 이러한 유추를 가능케 한다. 이 시에서 화자가 사랑하는 대상은 ‘내 사랑’이다. 시인은 시적 화자인 ‘나’의 상대를 ‘너’로 하지 않고, ‘내 사랑’이라고 하고 있다. 그러므로 실은 비애의 주체는 ‘내 사랑’이다. 하지만 한 사람만의 비애란 있을 수 없다. 비애는 ‘나’의 몫이기도 한 것이다. 이 사랑의 비애가 결국 ‘잃어버린 사랑’인데, 화자는 지금 우체국에서 그 사랑을 찾을 수 있을까 하는 의구심을 품는다. 여기서도 우리는 당연히 의문을 제시해야 한다. 왜 하필 우체국이냐고. 그러나 그 대답은 의외로 간명하다. 우체국을 통해 두 사람이 사랑의 사연을 보내고 받았으며, 그곳이 그들에게는 설레임과 기다림의 공간이었기 때문이다. 그렇다면 화자의 의식 상태는 어떠한가? 혼미하다. 이것은 사랑을 다시 찾고자 하는 이의 정상적인 의식으로 볼 수 없다. 바꿔 말하자면 정상적인 의식 속에서는 사랑을 다시 찾으려고 하지 않는다는 것이다. “내가 찾는다면”이라고 가정법을 쓴 것도 그 이유다. “사랑은 또 처음의 의상으로 돌아올까”도 상실된 사랑의 복원이 가능할 것인가 하는 의문인데, 이 모든 의문들에 대한 화자의 본심은 사실상 불가능하다는 것이다. 잃어버린 사랑도 찾을 수 없고, 사랑이 처음의 의상, 즉 처음의 모습으로 돌아오지도 않는다는 것이다.

2연은 화자와, 그와는 반대 정황에 있는 ‘우체국에 오는 사람들’ 사이의 괴리감을 말한 부분이다. 우체국에 오는 사람들은 사랑의 환희와 기대감으로 가슴에 꽃을 달고, 만면에 웃음을 띠는데, 사실 ‘나’는 그렇지를 못하다. 여기에서도 “얼굴을 다치면서라도 소리내어 / 나도 웃고 싶은 것일까”라는 식으로 설의법을 사용하는데, 그 진심은 그들과는 반대로 ‘나’는 웃을 수 없다는 것이다.

3연 역시 시적 화자의 애정 상태가 우체국에 오는 사람들과는 거리가 멀다는 것을 말하는 부분이다. 사람들은 “애정의 핀을 꽂고 돌아"갈 만큼 그리움을 애정으로 정착시키고, 애정의 확신을 지니고 있다. 그런 사람들을 보면 그들 머리 위에 '꽃불처럼 밝은 빛'이 어리는 것 같기도 하다. 더불어 그들이 행복해 보인다. 그러나 '나'는 그들의 '행복에 찬 글씨'를 읽지를 못한다. '나' 자신이 "저려오는 내 발등"이 암시하는 바처럼 정상적이질 못하고, '나'의 세계가 너무 어둡기 때문이다.

4연은 다시 앞의 「행복」이란 시에서처럼 수미상관적 반복인 "우체국에 가면 / 잃어버린 사랑을 찾을 수 있을까"로 시작된다. 이어서 시적 화자가 사랑했던 상대방인 '내 사랑'의 상태가 제시된다. "기진한 발걸음"이 그것이다. '기진한'이란 이미 힘이 다 빠져버린 상태이다. 사랑을 다시 시작할 모멘트가 사실 없다. 그러므로 "기진한 발걸음이 다시 도어를 노크하면"은 그렇게 가정을 하긴 했지만 '내 사랑'이 노크를 할 리가 없다. 따라서 '나' 역시 "돌아온 사랑을 맞이할" 까닭도 없는 것이다. 이런 점에서 이 시는 과거의 슬픈 사랑을 아쉬워하는 애수의 감정을 담담하게 표현한 작품이라고 할 수 있다.

그러면 이 시의 제목에 나오는 '샹송'은 어떤 의미를 지니는가? 잘 알다시피 샹송은 불란서어에 의한 세속적인 가곡이다. 샹송의 연원을 따지자면 중세까지 거슬러 올라가나 현대의 샹송은 1900년 전후에 시작되었으며, 제1·2차 세계대전을 겪으며 음조가 화려한 샹송도 나오고, 어두운 샹송도 나왔다. 그러다가 1950년대 후반 이후에는 로크 조의 샹송이 불리워졌다. 우리가 잘 알고 있는 샹송 가수로는 에디트 피아프, 이브 몽탕, 실비 바르탕, 아다모, 앙리코 마시아스 등이 있다. 주로 낭만적인 분위기를 형성하기 때문에 샹송은 사랑과 잘 어울리는 곡이며, 따라서 시인은 잃어버린 사랑을 우울한 샹송과 연결시켰다고 본다. 다시 말해 '우울한 샹송'이란 다름 아닌 '잃어버린 사랑의 노래'라는 것이다.

　우체국을 시의 소재로 삼은 시인은 위에서 살펴본 두 시인 외에 이문재, 안도현 등이 있다. 안도현의 「바닷가 우체국」은 그 제목으로 낸 시집이 베스트셀러 반열에 오르기도 했다. 아마도 제목만 갖고도 독자들을 매료할 수 있었던 것은 '바닷가 우체국'이 설정하는 상황이 환상과 꿈을 부여하는 것이었기 때문일 것이다.

간이역, 시인의 눈에 비친 소외된 삶의 공간

1. 허만하의 「동점역」

우리가 기차를 타고 가다가, 또는 짬을 내어 한가히 시골 길을 걷다가 우연히 조그만 역을 만나면 이상하리만치 그 역의 정취에 빠져드는 경우가 있다. 크고 번잡한 역이 아니고 조그마하고 인적 드문 역일수록 우리는 그에 매료된다. 이것은 무엇 때문일까? 낯설기 때문에 느껴지는 이방인으로서의 호기심과, 바쁜 삶의 흐름이 일시 정지된듯한 데서 오는 여유 때문이리라. 그래서 간이역은 종종 시의 공간이 된다. 역이 시의 제목 자체인 시들 중 우선 꼽게 되는 것은 허만하의 「동점역銅店驛」이다. 동점역은 어디에 있는 곳인가? 강원도 태백시 구문소동에 위치해 있다. 1956년 보통역으로 영업을 개시했으니 역의 역사로 보면 50년이 되었으나 간이역이나 다름 없는 조그만 역이다. 시인은 이 곳에서 탄전 지대에 사는 사람들의 삶의 애환을 발견했다.

성난 이빨같이 다가선
장년기 산의 은빛 살갗—

그 강파른 벼랑 발치를 깨물며
유연히 흐르는 검은 산협의 물
그 기슭에 추락할 듯 간신히 붙어 선
한없이 조용한 시골역.
몇 갑의 질 나쁜 담배와 대포를 파는
속국(屬國)같이 엎드린 두서너 채의 판자집,
연방 기침을 하는
어린애를 업은 아낙네의 지친 얼굴.
총총히 출찰구를 들락거려 쌓는
고향을 등진 파리한 남녀노소.
아, 너는 무구하게 쫓겨가던 아이누족 같은
강원도 탄전지대의 첫째 역.

먼 도경(道境)의 산들이
첫눈의 예감에 떨고 있는 어느 날 오후—
나는 앓는 쪽 딸애의 손목을 잡고
싸락눈같이 뿌리는 햇살을 헤치며
표표히 나들이를 떠날 것이다.
어쩌면 인정같이 구수한 냄새를 풍기는
마분지 차표라도 만지작거리면서,
또는 묘지를 찾아 밀림을 횡단하는
코끼리의 각오에 찬 둔중한 걸음같이.

그럼, 내가 떠난 뒤에도
누구의 기억에도 없는 생활의 오지에서
너, 성냥갑만한 동점역은
피압박 민족처럼 가느다란 숨을 쉬고 있을 것이다.
마치, 온 인류가 멸한 먼 훗날에도
몇 개의 허무한 추억을 싣고
광막한 허공을 치닫고 있을 지구처럼

그렇게 신호기는 목적 없는 손을 들고 있을 것이다.
　　－「동점역」 전문－

시의 서두는 태백산 줄기의 험준한 산세 속에 위치한 탄광촌의 풍경을 그리고 있다. 태백이나 철암, 고한 등을 들러본 사람들은 알겠지만 탄광촌에 가면 우선 만나는 것이 1000m가 넘는 높은 산들과 그 아래 석탄가루에 물들어 검은 빛으로 흘러가는 냇물이다. 인적은 드물고 빨래줄에 널려 있는 흰옷가지들은 탄가루 탓에 때가 덜 빠진 듯 누렇다. 어쩌다 간혹 사람들을 만나면 지친 삶의 모습이 역력하다. 집들도 비어 있는 곳들이 많아 을씨년스럽기 그지없다. 이 시에서 시인은 동점역을 "기슭에 추락할 듯 간신히 붙어 선 한없이 조용한 시골역"으로 표현하고 있다. 상점이라고 해 봐야 질 나쁜 담배 몇 갑과 대포 파는 것이 고작이니 주거 환경이 어떤지는 이로 보아 짐작이 간다.

이 시가 탄광 지대에서의 시인의 체험을 바탕으로 한 것으로 볼 때, 그가 1964년 대한석탄공사 장성의료원(강원도 태백시 장성리 소재) 병리과장으로 취임하고, 진폐증에 관한 연구를 하기도 한 시절이 시대 배경이 된 것으로 짐작되는데, 이 시절은 너나 할 것 없이 어려운 삶을 살던 시기이고, 탄광촌은 말할 것도 없었다. 그는 1968년 부산으로 이사하여 계속 의사 노릇을 하며 병리학을 강의한다. 그러므로 사실 탄광 지대에서의 체험은 4년 남짓한 기간이라고 할 수 있다. 그러나 「산의 숨결은 흐르고」, 「석탄」, 「비어 있는 자리는 눈부시다」 등 그의 여러 편의 시를 통해 우리는 탄광촌의 모습을 발견한다. 그만큼 탄광촌에서의 체험이 가슴 깊이 남았다는 얘기가 된다. 1980년 이 시의 제목과 같은 『동점역』이란 일역 시집이 일본에서 나오기도 했다.

그러면 이 역에서 만나는 인물들은 어떠한가? 아낙네는 연방 기침을 한다. 물론 문맥상 기침하는 주체가 '어린애'가 될 수도 있지만, '어린애'라면 "연방 기침을 하는" 다음에 '어린애'를 바로 이어지게 하는 것이 보통인데, 그렇지 않고 이 부분을 한 행으로 독립시킨 것이 그 주체가 '아낙네'이기 때문이라 여겨진다. 연방 기침을 한다는 것은 아낙네도 규폐증이나 아니면 폐에 이상이 생긴 것이리라. 그만큼 삶의 여건이 열악하다. 그러므로 남녀노소할 것 없이 고향을 등지고 동점역을 떠난다. 시인은 그 역을 "너는 무구하게 쫓겨가던 아이누족 같은 / 강원도 탄전지대의 첫째 역"이라고 한다. 동점역이 배척당한다는 점에서 아이누족과 같다고 본 것이다. 일본이 홋카이도를 지배한 이후 일본인들에게 배척을 당해 온 초라한 아이누족처럼 동점역도 사람들로부터 버림 받은 역이나 다름없다는 얘기이다.

2연에서는 시적 화자의 행동이 그려진다. 이제 이곳엔 눈마저 내릴려고 한다. 눈이 오면 그렇지 않아도 오지인 이곳엔 식량 구하기조차 어려울 것이다. 그래서 나도 병을 앓는 딸애의 손목을 잡고 표표히 나들이를 떠나려고 한다. '표표히'는 곧 '정처없다'는 뜻인데, 이것은 화자가 구체적인 행선지가 없이 떠남을 의미한다. 목표가 없는 것이다. 그러나 사실 살기 어려워서 그렇지 이곳은 인정이 많은 곳이었다. '마분지 차표'에서 풍기는 "인정같이 구수한 냄새"는 이러한 함축적 의미를 지니고 있다. 그러므로 떠나긴 떠나는데 미련이 있을 수밖에 없다. '만지작거린다'든가 "코끼리의 둔중한 걸음"은 떠나는 것이 얼마나 어려운 결정이었는가를 우회적으로 나타내는 표현이다.

3연에서 이 곳은 "누구의 기억에도 없는 생활의 오지"로, 동점역은 "성냥갑만한 동점역"으로 표현된다. 그리고 시인은 이 역이 "피압박 민족처럼 가느다란 숨을 쉬고 있을 것"이라고 한다. 여기서 우리는 시인의 현실 인식을 엿본다. 압박을 당하는 민족이 숨 한 번 크게 쉬지 못하듯이, 동점역은 가난과 절망과 소외의 현장인 것이요, 그것은 동점역에 그치는 것이 아니라 당시 군부독재 하에 신음하던 우리 삶의 상징적 공간인 것이다. 마지막 행이 "그렇게 신호기는 목적 없는 손을 들고 있을 것이다"로 되어 있는데, 이것은 바로 당시 지향할 바 없는 민중들의 모습을 그대로 나타낸 것이다.

2. 곽재구의 「사평역에서」

허만하의 「동점역」보다 더 널리 알려진 것이 곽재구의 「사평역에서」이다. 이 시는 1981년 <중앙일보> 신춘문예 당선작이다. 독자들은 이 시를 이해하는 데 있어 광주 출생의 시인이 광주 사태가 난 이듬해에 발표한 작품이란 사실을 상기할 필요가 있다. 소설가 임철우는 이 시를 읽고 같은 제목의 소설을 쓰기도 했다. 또 1985년 12월 '사평역'이란 제목으로, 1996년 5월 '길 위의 날들'이란 제목으로 TV 문학관이 방영되기도 했다.

막차는 좀처럼 오지 않았다.
대합실 밖에는 밤새 송이눈이 쌓이고
흰 보라 수수꽃 눈시린 유리창마다
톱밥난로가 지펴지고 있었다.
그믐처럼 몇은 졸고
몇은 감기에 쿨럭이고
그리웠던 순간들을 생각하며 나는
한줌의 톱밥을 불빛 속에 던져주었다.
내면 깊숙이 할 말들은 가득해도
청색의 손바닥을 불빛 속에 적셔두고
모두들 아무 말도 하지 않았다.

산다는 것이 때론 술에 취한 듯
한 두름의 굴비 한 광주리의 사과를
만지작거리며 귀향하는 기분으로
침묵해야 한다는 것을
모두들 알고 있었다.
오래 앓은 기침소리와
쓴 약 같은 입술담배 연기 속에서
싸륵싸륵 눈꽃은 쌓이고
그래 지금은 모두들
눈꽃의 和音에 귀를 적신다.
子正 넘으면
낯설음도 뼈아픔도 다 雪原인데
단풍잎 같은 몇 잎의 차창을 달고
밤 열차는 또 어디로 흘러가는지
그리웠던 순간들을 呼名하며 나는
한 줌의 눈물을 불빛 속에 던져주었다.
  -「사평 역에서」 전문-

　사평역은 현실 속의 공간이 아니다. 남광주역이 시의 무대가 되었
던 곳인데, 그 역은 광주의 천변 우로와 남문로 사이의 학동 못 미처
에 위치해 있다. 지금은 그나마 철거되어 역의 모습을 찾기 어렵다.
톱밥난로도 남광주역에 있는 것이 아니고, 시인의 말에 따르면 남해
안 회진 포구에 있는 건화다방의 톱밥난로이다. 그곳에서 본 톱밥난
로를 역사(驛舍)의 톱밥난로로 옮겨 놓은 것이다. 시인이 실제로는 없
는 사평역이란 공간을 설정하게 된 것은 기차 여행에서 만난 한 아
가씨 때문이었다. 그가 옆자리에 앉은 아가씨에게 조심스럽게 고향을
물었을 때, 그녀가 사평이라고 한 것이다. 전남 화순군 남면 사평리
를 그렇게 간단히 대답한 것 같다.

이 시의 화자와 등장인물들은 한결같이 가난하고 소외된 자들이다. 막차를 기다리며 추위에 떨고 있는 그들에게서 우리는 삶의 고단함에 지친 모습을 발견한다. 피곤에 지쳐 조는 이, 감기에 걸려 쿨럭이는 이, 손이 얼어 푸른빛이 된 손바닥을 톱밥난로에 녹이는 이, 이 모두가 힘겨운 삶을 살아가는 군상들의 모습이다. 그들이 모두 아무 말도 하지 않고, 침묵하는 이유는 무엇일까? 우리는 여기서 광주의 비극을 떠올리게 된다. 얼마나 끔직한 일이 벌어졌으면 당시 광주 사람들이 실제로 입을 닫았을까? 이들의 침묵은 오히려 광주의 비극을 심화시키고 있다. 분노에 가득찬 상황에서 침묵한다는 것은 열변을 토하는 것보다 심각성을 각인시킬 수 있는 것. 비극을 겪지 않은 이들에게 값싼 동정을 받지 않으려는 태도로 해석이 된다. 그러나 침묵한다고 해서 잔악한 이들의 학살과 만행을 잊는 것은 아니다. 침묵하지만 분노는 안으로 끓어오르기 마련. 우리는 여기서 후일을 기약하는 그들의 저항 의지를 짐작한다.

이 시에서 이들에게 위안을 주는 대상은 '톱밥난로'와 '눈꽃'이다. '톱밥난로'는 삶의 추위를 덥혀주는 실체란 점에서, '눈꽃'은 추위 속에서도 꽃을 피운 존재란 점에서 뼈아픈 현실을 극복하는 대상이다. 그러기에 그들은 "눈꽃 화음에 귀를 적시기도" 하고, "한 줌의 눈물을 톱밥난로의 불빛 속에 던져주는" 태도를 취한다. 슬픔을 극복하려는 자세이다. "자정 넘으면 / 낯설음도 뼈아픔도 다 雪原인데"에서도 겨울의 시대를 넘겨 뼈아픈 현실을 극복하려는 의지를 찾아볼 수 있다. 이러한 의지는 화자의 태도에서도 간파되는데, "한 줌의 톱밥을 불빛 속에 던져주었다" "한 줌의 눈물을 불빛 속에 던져주었다"는 것은 결국 추위를 벗어나려는 것, 눈물로 상징되는 비극을 벗어나려는 화자의 의지요, 곧 그것은 시인의 의지인 것이다. 시인은 말하기를 "오천 년 우리 민족의 역사와 삶 속에 녹이 탱탱 슨 우리만의 뜨거운 감성들을 되찾아 우리 민족 고유의 튼튼한 서정시를 만들어 보고 싶었던 것이 나의 꿈이었다"라고 했는데, 이처럼 이 시는 서정성을 잃지 않으며 민족의 현실과 민중의 삶의 모습을 여실히 드러내고 있다.

이상 두 편의 시를 통해 보듯이 시인들은 조그만 역을 통해서도 그 역을 오가며 생활하는 민중들의 모습을 읽고, 더 나아가 시대의 아픔을 읽는다. 우리의 인생이란 것이 길다면 길고 짧다면 짧다고 할 수 있는 여행이라고 볼 때, 출발역이 있었듯이 종착역이 있게 마련이고, 우리는 그 종착역에 닿기까지 지나치는 여러 역들에 삶의 모습을 뿌려놓는 것은 아닐까. 오는 이가 있는가 하면 가는 이가 있고, 떠남이 있는가 하면 기다림이 있는 곳. 그 무수한 출발과 도착의 공간인 역은 바로 우리 삶의 한 단면을 그대로 보여주고, 그래서 시인들은 무심코 지나칠 수 있는 간이역조차 시인의 상상력 속으로 끌어들였는지 모른다.

사랑하는 이와의 애틋한 이별

1. 박목월의 「蘭」

'회자정리(會者定離)'란 말이 있듯이 사람들은 만나면 언젠가는 헤어지게 되어 있다. 그것은 피할 수 없는 숙명과도 같은 것이다. 피붙이인 가족들과도, 아무리 친한 친구들과도, 심지어 사람이 아닌 자연의 대상들과도 우리는 만남이라는 소중한 인연을 맺는 동시에 어느 훗날 헤어짐이라는 절차를 밟아야 한다. 그러고 보면 우리는 이별을 하기 위해 서로 만나는 것인지 모른다. 그러나 이별은 겪고 싶지 않은 경험이다. 마음의 상처가 너무 크고, 슬프고 쓰라린 감정이 오래도록 이어지기 때문이다. 특히 사랑하는 이와의 이별은 그렇다. 나의 전부를 바쳐 사랑하던 이와 이별을 해야 한다는 것을 생각하면 이 세상 전부를 잃는 것 같은 허탈감과 절망감에 빠진다. 그래서 사랑하는 이와 이별을 하지 않기 위해 사회적 제약을 어기기도 하고, 온갖 수모와 시련도 마다하지 않는다. 그러나 사랑하기에 떠나보내야 하는 안타까운 이별도 있다. 이 애틋한 이별의 시 중 하나가 박목월의 「蘭」이다.

이쯤에서 그만 하직(下直)하고 싶다.
좀 여유(餘裕)가 있는 지금, 양손을 들고
나머지 허락(許諾) 받은 것을 돌려 보냈으면.
여유(餘裕) 있는 하직(下直)은
얼마나 아름다우랴.
한포기 란(蘭)을 기르듯
애석(哀惜)하게 버린 것에서
조용히 살아가고.

가지를 뻗고,
그리고 그 섭섭한 뜻이
스스로 꽃망울을 이루어
아아
먼 곳에서 그윽히 향기를
머금고 싶다.

이 시는 1955년 1월 <현대문학>에 발표된 2연 14행의 비교적 짧은 시이다. 우리가 이 시를 읽고 느끼는 것은 화자의 이별이 일반적인 이별의 모습을 벗어나고 있다는 것이다. 그는 아직 하직을 할 순간이 아닌, "좀 여유가 있는 지금" 하직을 하고자 한다. 하직이라는 것이 어쩔 수 없는 지경에 이르러서 치루는 절차인데, 그는 의도적으로 하직을 원하고 있다. 이 시를 보면 사실 화자는 상대방을 더 사랑하려면 할 수도 있고, 어떤 행태의 사랑의 행위를 요구할 수도 있다. "나머지 허락 받은 것"이란 상대방이 화자를 사랑하기 때문에 베푼 배려이다. 그러나 화자는 그것을 돌려보내려고 한다. 이것은 결코 사랑이 식어서 그러는 것이 아니다. 오히려 사랑하는 이를 지극히 아끼는 마음에서이다. 사랑이라는 것이 사랑하는 상대방에 대한 집착이라고 본다면, 그는 그 집착을 버리고자 하는 것이다. 애석하지만 버리는 것이다. 그리고 화자는 사랑하는 이를 하직하고서 한 포기 난을 기르는 듯한 태도로 살아가고자 한다. 그것은 화자가 난과 같은 존재가 되고자 하는 것이다. 난이 되어 가지를 뻗고 꽃망울을 이루게 되면 향기를 머금을 것이고, 사랑하는 이는 언젠가는 그 품위 있고 정갈한 향기를 맡으면서 자신의 마음을 알아주리라. 그러한 기대감이 이 시 속에 담겨 있다.

이 시를 이해하기 위해선 시인에 얽힌 사연을 알아보는 것이 도움이 된다. 목월은 한국전쟁이 끝나고 서울로 돌아오기 전인 1953년 봄 대구에서 문학을 좋아하는 H라는 여대생을 만난 적이 있다. 원래 그녀의 언니가 목월 시인을 좋아해 자주 찾아다니는 동안에 그녀도 목월을 알게 된 것이다. 목월은 그의 시를 좋아하는 팬과의 만남 정도로 생각했다. 그러나 서울로 돌아온 후 결혼을 한 언니 대신에 동생 H가 적극적으로 목월을 사랑하여 대구로부터 서울로 올라와 거의 매일같이 목월에게 구애를 하였다. 목월 역시 나중에는 그녀에게 호감을 가져 데이트를 했지만 유부남으로서 자책과 고통을 느껴 후배 시인 황금찬에게 그녀가 자신을 단념하도록 말해줄 것을 부탁했다. 황금찬 시인은 문예싸롱이란 곳에서 그녀를 만났다. 황 시인이 보기에 그녀는 인물도 아름답고 말도 아주 이지적으로 잘하는 그런 여자였다. 그는 주위의 현실적 여건을 말하면서 설득했지만, 그녀는 "선생님, 사람이 사람을 사랑하는 것은 죄가 아니겠지요. 저는 다만 박 선생님을 사랑할 뿐, 그 이상은 아무것도 바라지 않습니다. 이런 무상의 사랑은 누구도 막을 권리가 없다고 생각합니다"라고 하면서 사랑을 포기하지 않겠다고 말했다. 그리고 여름이 지나 가을이 왔을 때 목월은 서울에서 자취를 감추었다. 그녀와 함께 제주도로 가서 넉 달쯤 동거생활을 한 것이다. 그 제주 생활이 넉 달째 접어들어 겨울 날씨가 희끗희끗 눈발을 날리던 어느 날, 부인 유익순 여사는 두 사람

의 한복을 지어서 생활비와 함께 그들 앞에 내놓았다. H양은 그에
감동하여 울며 목월과 헤어졌고, 목월은 그 이별의 쓰라림을 시로 노
래했으니 사람들 사이에 널리 애창되고 있는 가곡「이별의 노래」가
그것이다.

> 기러기 울어예는 하늘 구만리 / 바람이 싸늘 불어 가을은 깊었네 /
> 아 너도 가고 나도 가야지 // 한낮이 끝나면 밤이 오듯이 / 우리의 사
> 랑도 저물었네 / 아 너도 가고 나도 가야지 // 산촌에 눈이 쌓인 어느
> 날 밤에 / 촛불을 밝혀두고 홀로 울리라 / 아 너도 가고 나도 가야지.

"너도 가고 나도 가야지"라는 한 소절만 보더라도 알 수 있듯이,
둘은 각자가 가야할 길이 따로 있는 것이다. 그러니 헤어질 수밖에
없다. 이제 우리는 목월이 「란」이란 시에서 '여유 있는 하직'을 하고
자 하는 이유를 짐작할 수 있을 것이다. 그것은 사랑하는 이를 끔찍
이 아끼기에 하는 제안이다. 맺을 수 없는 사랑을 하는 이에게 그나
마 상처를 덜 줄 수 있는 길은 이제라도 집착과 미련을 버리고 떠나
보내는 것이다. 그것이야말로 아름다운 모습이다.

우리는 여기서 시인이 비록 세상에서 지탄 받는 사랑을 했지만, 그
사랑을 고결한 사랑으로 가꾸려는 시인의 마음씨를 발견하게 된다.

2. 권일송의 「레오나르도 다빈치 서설」

우리가 시인 박목월의 이러한 가슴 아픈 사랑을 얘기하면서 또 떠
올리게 되는 것은 레오나르도 다빈치와 그의 불후의 명작인 '모나리
자'의 모델이 되었던 지오콘다와의 애틋한 사랑이다. 물론 이 사랑은
다빈치의 일방적인 사랑이었지만 그 사랑의 열정이 있었기에 그가

훌륭한 예술품을 완성해 놓았는지 모른다. 시인 권일송은 다빈치의
사랑의 일화를 알고 나서 그 두 사람의 사랑을 유추하여 한 편의 시
를 창작했고, 그를 1969년 <현대문학> 1월호에 발표했다. 「레오나르
도 다빈치 서설」이 그것이다. 좀 긴 시이긴 하지만 효과적인 감상을
위해 전체를 인용한다.

아르노 강변의 꽃도 지고
백합 문장(紋章)의 도시와 창들이
이파리를 접으며 가을에 사위는

눈을 들면 낙엽으로 저무는 모든 것
글썽한 눈물이게 내 맘도 지고
4년을 하루같이 순금으로 일렁였던
마지막 한 점 붓을 놓았을 때

모나리자 모나리자 모나리자
부인 '지오콘다'여—
나 레오나르도 다 빈치
울지 않겠습니다.

당신의 신비로운 눈동자와 함께
그 온갖 것
내게서 소리 없이 사라져 간다 할지라도
영원을 때리는 오묘로운 빛보라
그 앞에서
나 레오나르도 다 빈치
서러워하지 않겠습니다.

육신에 닿는 아픈 여백의 사랑을 말고

찰나에 숨지는 이슬의 영광을 말고
이승에서 만나는 그 최후의
값진 두려움에 떠는 담홍빛의 영혼들

이윽고 첫날같이 칠칠한 밤이 내리고
서늘한 내 손이
깊디 깊은 산회(散會)의 덧문에 걸리어
서성이고 있었던 경이의 순간

모나리자 모나리자 모나리자
부인 '지오콘다'여―
그 때 당신의 수정 입술은
내 머리털에 부딪고
처음으로 내미는
당신의 부신 손목에 입맞추었을 때
오호 전혀 부끄러운 쉰 넷의 생애
나 레오나르도 다 빈치
차마 울 수조차 없었습니다.
그리하여 우리는 다시 오지 못할 길
죽음과 만날 그 최후의 약속을 위하여
나는 눈덮인 알프스를 넘고
당신은 카라브리아 연안(沿岸)
지아비 프란체스코의 곁으로
달려갔습니다.

사랑이란 기다리는 플로렌스의 꽃밭
예술이란 호올로 남는
나의 키 큰 그림자에 불외(不外)했던 것

나의 손은 이미 조용한 천상의 것

　　당신의 눈동자는 이승을 출렁이는
　　고요한 상징과 강물의 회귀(回歸)로 시방은
　　문예부흥의 심장
　　플로렌스에 떨구는
　　나의 한 방울 눈물의 의미처럼

　　아르노 강변의 꽃은 지고
　　내 맘의 설운 문장도 어둠에 묻히는
　　부인 '지오콘다'여—

　여기서 부인 지오콘다라 함은 플로렌스의 부호 프란체스코 델 지오콘다의 부인 엘리자베트를 일컫는다. 다빈치의 그림 '모나리자'에서 '모나'는 이탈리아어로 유부녀에 대한 경칭이요, '리자'는 엘리자베트의 약칭이다. 다빈치는 이 초상화 그림을 1503년에 착수했다. 그때 부인의 나이는 24세였으며, 다빈치는 51세였다. 천재 화가와 미모의 젊은 여인과의 만남은 어쩌면 우연이 아니라 운명적인 것이었는지도 모른다. 다빈치는 그림을 그리는 동안, 지오콘다 부인의 마음을 즐겁게 하기 위해서 갖은 애를 다 썼다. 악사를 불러다 즐거운 음악을 연주케 하였으며, 시인들을 청하여 부드러운 시를 읊게도 했다. 때로는 자기 자신이 직접 희랍 신화나 여행담을 들려주기도 했다.

　이 시의 서두는 "4년을 하루같이 순금으로 일렁였던 / 마지막 한 점 붓을 놓았을 때"에서 보듯 4년 간의 초상화 작업이 끝나 다빈치와 지오콘다가 헤어지게 된 때를 배경으로 하고 있다. 이 때는 "아르노 강변의 꽃도 지고" 모든 것들이 낙엽처럼 저문다. 그래서 "글썽한 눈물이게 내 맘도" 진다. 시에 제시된 거듭된 조락의 이미지에서 보듯 다빈치의 심정은 후련한 것이 아니고 아쉽고, 섭섭하고, 슬프다. 작품의 완성은 곧 지오콘다와의 이별을 의미하기 때문이다. 그러나 그는 이별의 슬픔에 빠지지는 않는다. 훌륭한 예술을 완성했기 때문이다. 그래서 "나 레오나르도 다 빈치 울지 않겠습니다" "나 레오나르도 다 빈치 / 서러워하지 않겠습니다"라고 그의 태도를 명확히 밝힌다. 또한 "모나리자 모나리자 모나리자 / 부인 '지오콘다'여—"라며 반복적으로 '모나리자'를 거듭 부르면서 훌륭한 예술의 완성에 대한 벅찬 감동의 표현을 하고 있다. 물론 이러한 서술은 앞서 말했듯이 시인이 당시 다빈치가 처한 상황을 유추해 낸 것이다. 다빈치가 4년 동안 그림을 그리면서 지니게 된 지오콘다 부인에 대한 사랑의 감정은 그 다음에 이어지는 "당신의 신비로운 눈동자" "이승에서 만나는 그 최후의 / 값진 두려움에 떠는 담홍빛의 영혼들" 같은 표현을 통해서도 드러난다. 그러나 가슴 미어지는 이별의 순간은 오고, 남녀 간의 예의의 격식대로 지오콘다는 입술을 다빈치의 머리에 맞추고, 그는 지오콘다의 손목에 입맞춤을 하며 그들은 제각기 갈 길을 향해 갈라졌다. "죽음과 만날 그 최후의 약속"이란 표현은 지오콘다가 카라브리아에서 돌아오는 도중 전염병에 걸려 라고네로라고 하는 조그만 마을에서 세상을 떠난 것을 말함이다. 마치 다빈치의 예술을 위해 태어나기라도 한 것처럼 잠시 이승에서 빛났던 그 여인은 영원히 눈을 감고 말았던 것이다. 결국 사랑은 가고 예술만 고독하게 남는 것인지 모른다. "예술이란 호올로 남는 / 나의 키 큰 그림자에 不外했던 것"은 그를 말함이다.

　우리가 이 시에서 받아들여야 할 것은 한 예술가의 지고하고 순수한 사랑과, 비록 그 사랑이 현실에서 이루어지지 못했지만 훌륭한 예술로 승화시켜낸 장인(匠人)으로서의 정신이다. 다빈치의 '모나리자'는 화가의 이러한 사랑이 뒷받침되었기에 탁월한 작품이 되었으며, 은은하고 신비한 미소를 띤 여인으로 그려낸 것도 그가 그녀에게서 그런 면모를 발견해 냈기 때문이다. 사랑이란 것은 반드시 결실을 맺어야만 되는 것은 아니다. 오히려 맺어지지 못해서 더욱 우리의 뇌리를 떠나지 않는, 고귀하게 느껴지는 사랑이 많다. 지오콘다에 대한 사랑은 그런 점에서 우리에게 시사하는 바가 크다. 그리고 다빈치의 전기적 사실을 바탕으로 감동을 주게끔 이 시를 창작한 시인의 상상력도 뛰어나다고 할 수 있다.

자연 속의 철학을 꿰뚫는 시인의 눈

1. 정진규의 「숲의 알몸들」

　자연의 모습 속에는 인간 삶의 철학이 담겨 있다. 봄이면 꽃 피고 겨울이 되면 잎을 다 떨구고 나목이 되는 나무들로부터, 태어나서 활기찬 젊음을 보내고 노인이 되어 결국 죽음을 맞는 인간의 한 평생을 발견하게 되고, 고봉준령의 산이나 망망대해의 바다를 보고 연약한 인간들이 의연한 기상과 불굴의 의지를 지니게 되는 것은 다 자연 속에 삶의 철학이 내재되어 있어서이다. 그러므로 우리는 아주 작은 벌레의 울음소리에도 귀를 기울어야 하며, 미미한 풀꽃일지라도 그의 생리를 하찮게 여길 수가 없다. 그 모두가 한 생명체가 거대한 우주 속에 적응하며 살아가는 이치이기 때문이다. 심지어 생명체가 아닌 길가의 돌멩이 하나도 무심히 지나칠 수가 없다. 자연물의 어느 것 하나 의미 없는 것이 없고 有情하지 않은 것이 없는 것이다. 그러므로 우리는 '자연의 말'이라고 할 수 있는 자연의 철학을 눈여겨보고, 그것에 귀를 기울여야 한다. 그러나 많은 사람들이 이 자연의 철학을 모르고 지나친다. 그것을 일깨워주는 이가 바로 시인이다. 시인은 남들이 무심히 지나친 이 자연의 가르침을 발견하여 그들에게 시로 제시한다. 시의 위대함은 여기에 있다. 정진규의 「숲의 알몸들」이란 시는 자연의 철학을 담고 있는 시 중의 하나이다.

> 올해는 대설주의보가 잦았다 회사후소(繪事後素)로 한밤내 눈 내린 아침 화계사 청솔 숲 작은 암자 한 채로 기울고 있었다 눈빛 흰빛 음덕이 있다 직립(直立)이란 없다 서로를 버티게 해 주는 이쪽 저쪽의 힘을, 사방 기울기를 내가 볼 수 있었던 것은 내린 눈들의 무게와 흰빛들의 비유가 숲의 알몸들을 분명하게 드러내 주었기 때문이다 이쪽 나무에서 저쪽 나무로 건너뛰는 청솔모의 속도마저 한눈에 가늠할 수 있었다 나무들의 사이를 건드릴 수가 없었다 건드리면 쨍 소리를 낼듯 공기들의 살얼음이 팽팽했다 이쪽 청솔이 오른쪽으로 기운 만큼만 저쪽 청솔이 왼쪽으로 기울고 있었다 그런 사방 기울기의 연속 무늬를 보았다 오늘 아침은 눈들이 담아 온 하늘 무게만큼 조금씩 더 기울고들 있었다 슬픔의 중량이 어제 오늘 더해졌다 하나
>   -「숲의 알몸들」 전문-

이 시의 화자는 밤새 눈이 많이 내린 화계사에서 눈 덮인 주위의 풍경을 보고 있다. 사방이 온통 흰빛이니 청솔숲이나 작은 암자가 모두 흰 바탕에 그려진 대상과 같다. 시인은 이를 ‘繪事後素’라고 표현하였다. 이 말은 <논어> ‘팔일(八佾)’편에 나오는 공자의 말이다. 동양화에서 하얀 바탕이 없으면 그림을 그리는 일이 불가능한 것과 마찬가지로, 소박한 마음의 바탕 없이 눈과 코와 입의 아름다움만으로는 여인의 아름다움은 표현되지 아니한다는 뜻이다. 따라서 ‘素’, 즉 흰빛으로 아름답게 세상이 덮혀 있으니, 남은 일은 ‘繪事’, 그림 그리는 일이다. 그러면 무엇을 그리는가? 청솔들이 빚어내는 풍경을 그린다. 지금 눈 앞엔 한밤내 눈이 내려 온 천지가 눈으로 덮혀 있다. 시

인은 그것을 '음덕(陰德)'이라 표현했다. 눈으로 덮힌 세상이 사람들의 마음을 맑게 해 주니 '숨은 덕행'이라 아니할 수 없다는 시인의 생각이리라. 그 속에서 '직립', 즉 꼿꼿하게 서 있는 것은 없다. 모두가 기울어져 있다. 그러나 이 기울임이 무거운 눈의 무게를 버티게 해 준다. 각자가 직립으로 서 있으려 했다면 전부 눈의 무게를 지탱하지 못하고 부러졌으리라. 자신의 몸을 기울여 상대방의 버팀목 구실을 하기에 서로는 의지하여 눈의 무게를 견뎌내는 것이다. 시인이 서로를 버티게 해 주는 이쪽 저쪽의 힘을 볼 수 있었던 것은, 사방 기울기를 볼 수 있었던 것은, 눈의 무게와 눈이 뒤덮힌 상태가 숲의 알몸들을 그대로 드러내 주었기 때문이다. 눈이 오기 전에 청솔은 直立의 상태였다. 꼿꼿하게 서 있었던 것이다. 이것은 독단과 고립과 소외와 利己의 표상일 뿐이다. 그러나 청솔의 진심이 그런 것은 아니다. "세한연후지송백지후조(歲寒然後知松柏之後凋)"라는 말처럼 소나무나 잣나무가 다른 나무들보다 늦게 시든다는 것은 날이 추워진 후에야 알 수 있는 것이다. 마찬가지로 모든 존재의 진정한 가치는 어려운 상황에 처했을 때 드러나는 법이다. 청솔들 역시 눈이 많이 와서 눈의 무게를 지탱할 수 없는 지경에 이르니 서로를 받쳐주는 진심을 보였다.

 '기울기'라는 것은 정진규 시인이 남다른 관심을 보인 어휘이다. 그는 김춘수 시인이 <'여보'라는 말에는 구배(句配)가 있다>라고 한 말을 기억하며, 부부를 배필(配匹)이라고 하는 것이 "서로 기울어지는 짝"이란 뜻임을 밝혔는데, 이것이 하나의 단적인 예이다. '구배'는 곧 기울기를 말함이다. 기울어져 서로를 지탱한다는 것은 공존과 공생의 의미가 있다. 이렇듯 부부는 서로 어려울 때 기울어져 의지하고 돕는 짝인 것이다. 그러므로 우리는 이 시에서 시련이라고 볼 수 있는 엄청난 눈의 무게와, 그를 이겨내는 청솔들의 기울기의 은유가 무엇을 의미하는지를 간파해야 한다. 이것은 개인적인 공조의 차원에서 더 나아가 배타적 이기주의로 치닫고 있는 인간들이 공존과 공생을 도모하여 평화와 화합의 세계로 나아가기를 바라는 시인의 배려로도 해석이 된다. 우리가 이 시에서 또 하나 간과해서는 안될 것은 "슬픔의 중량이 어제 오늘 더해졌다 하나"란 마지막 구절이다. 슬픔의 중량. 이 얼마나 멋진 표현인가? '슬픔의 중량'은 이 시에서 가장 눈에 번쩍 뜨이는 표현이자, 핵심 구절이 된다. 청솔들은 슬픔의 중량이 가해지면 그들의 몸을 조금 더 기울여 그 슬픔을 이겨내려고 한다. 그것이 청솔들의 참모습이자, 숲의 진실이다. 시인은 이를 '숲의 알몸들'이라 표현했다. 그러나 이것이 어찌 청솔에 한하랴. 이 세상에 슬픔의 중량이 없는 이들이 없거늘. 그러나 그 슬픔을 덜어내는 지혜가 있으면 설사 슬픔의 중량이 "어제 오늘" 더해진다 하더라도 문제될 것이 없다. 우리는 무거운 눈의 무게를 온몸에 받으면서 그 무게를 서로 이겨내는 청솔들의 지혜를 배워야 한다. 시인의 메시지는 여기에 있다.

2. 오세영의 「구룡사 시편」 외 1편

앞서 살펴본 정진규의 시 「숲의 알몸들」과 마찬가지로 오세영의 시 「구룡사 시편·겨울 노래」역시 눈이 온 날에 시인이 자연을 통해 깨달은 바를 읊은 것이다. 시인은 1985년 연말에 겨울 한철을 치악산 구룡사에 칩거한 적이 있다. 그의 말로는 불교적 구도나 돈오점수의 수행을 위한 것이 아니고, 번거로운 人事에 초췌해진 심신을 잠시 쉬기 위함이었다 한다. 대개 연말 연시는 망년회다, 세배다 하며 사람들로부터 시달림을 받는 것이 보통이라 자신의 생활을 지키기 위해 책 한 배낭 짊어지고 훌쩍 겨울의 山寺로 피신해 버린 것이다. 마침 구룡사에는 눈이 많이 와 인적이 끊기게 되었다. 그는 자연에 묻혀 있으면서 이 자연의 傳言을 시로 읊어내려 하였다.

> 산자락 덮고 잔들
> 산이겠느냐,
> 산그늘 지고 산들
> 산이겠느냐,
> 산이 산인들 또 어쩌겠느냐,
> 아침마다 우짖던 산까치도
> 간 데 없고
> 저녁마다 문살 긁던 다람쥐도
> 온 데 없다.
> 길 끝나 산에 들어섰기로
> 그들은 또 어디로 갔단 말이냐
> 어제는 온종일 진눈깨비 뿌리더니
> 오늘은 하루 종일 내리는 폭설(暴雪)
> 빈 하늘 가지엔
> 홍시 하나 떨 뿐인데
> 어제는 온종일 난(蘭)을 치고
> 오늘은 하루 종일 물소리를 들었다.
> 산이 산인들 또
> 어쩌겠느냐.
> ―「구룡사 시편·겨울 노래」 전문―

일반인들에게도 널리 알려진 성철 스님의 유명한 법어에 "산은 산이요, 물은 물이로다"라는 것이 있다. 이는 사실 청원 유신선사의 상당설법에 나오는 말이다. 이 설법에는 세 단계의 층계가 제시되어 있다. (1) 견산시산(見山是山) 견수시수(見水是水) (2) 견산불시산(見山不

是山) 견수불시수(見水不是水) (3) 견산지시산(見山祇是山) 견수지시수
(見水祇是水)가 그것이다. 이를 구체적으로 풀어 말하면 "노승 삼십년
전 참선하기 이전에는 산은 청산이요 물은 녹수이었다. 그러던 것이
그 뒤 어진 스님을 만나 깨침에 들어서고 보니 산이 산이 아니요, 물
도 물이 아니더니, 마침내 진실로 깨치고 보니, 이제는 산이 의연코
그 산이요 물도 의연코 그 물이더라. 그대들이여, 이 세 가지 견해가
서로 같은 것이냐 서로 다른 것이냐? 만일 이것을 터득한 사람이 있
다면 그는 이 노승과 같은 경지에 있음을 내 허용하리라"(고형곤, 『
선의 세계』에서 인용)가 된다. 즉 산이 산으로 보이고 물이 물로 보
이는 (1)의 경지는 깨침이 없는 통속적 견해요, 산이 산으로 보이지
않고 물이 물로 보이지 않는 (2)의 경지는 선(禪)의 문턱에 들어선 견
해요, 산이 다만 산으로 보이고 물이 다만 물로 보인다는 (3)의 경지
는 선의 궁극적인 경지에 도달한 뒤의 깨침이다. 그러므로 "산은 산
이요, 물은 물이다"라는 것은 눈에 보이는 현상의 경지를 넘어서서
깨우침의 경지에서 나온 말, 다시 말해 미혹의 과정을 거치고 보니
역시 산은 산이요 물은 물이라는 뜻이다. 우리는 눈에 보이는 모든
것들을 당연시하며 살아간다. 그러나 저 나무가 나무가 맞는 것일까,
돌이 틀림없이 딱딱한 돌일까 한 번쯤 회의를 지닐 필요가 있다. 그
것이 바로 사물의 본질을 파악하게 되는 전초이다. 사물의 현상보다
는 사물의 본질을 파악해야 하는데 대개의 경우 우리들은 사물의 현
상 파악에 그친다. 그러기에 사물이 인간에게 전달하는 의미를 깨닫
지 못한다.
  이 시에서도 '산자락' '산그늘'의 '산'과, "산이겠느냐"의 '산'이 다
르다. 전자가 산의 현상이라면 후자는 산의 본질이라고 할 수 있다.
"산이 산인들"에서도 앞의 '산'은 산의 현상이요, 뒤의 '산'은 산의
본질이다. 그러나 이 깊은 산중에서 산의 현상만을 안들 무슨 부족함

이 있을 것이며, 산의 본질을 파악한들 무슨 뾰죽한 수가 있을 것인
가. 어차피 내가 자연이 될 수는 없는 노릇이다. 길 끝나 산에 들어
섰는데 아침마다 우짖던 산까치도, 저녁마다 문살 긁던 다람쥐도 자
취를 감추었다는 것이 자연과 인간과의 거리감을 보여준다. 그러므로
온종일 진눈깨비 뿌리고 폭설이 와서 외부와 단절이 된 이 상황에서
는 그저 내가 산 속에서 아무 생각 없고 아무런 구애됨이 없는 무념
무상, 무장무애의 경지에 있기만 하면 될 뿐이다. 그래서 어제는 온
종일 난을 치고, 오늘은 하루 종일 물소리를 들은 것이다.

오세영에게 있어서 치악산이란 공간은 혼탁한 현실을 벗어나 정신
적 고양을 꾀하는 공간이 된다. 시인은 그 깊은 산을 찾아 그곳에 정
적 속에 머무르면서 자연의 철학을 배운다. 웅장한 산은 산대로, 인
적 끊긴 길은 길대로, 까치밥으로 남아 있는 홍시 하나는 그것대로,
자연의 철학을 말하고 있는데 그는 그것을 배우는 것이다. 그러면서
시인이 겪은, 온종일 난을 치고, 하루 종일 물소리를 들을 수 있는
여유를 은연 중에 독자들에게 권장한다. 「집만이 집이 아니고」는 이
같은 계열에 속하는 또 하나의 오세영의 시이다.

출가(出家)라니
정녕 어디로 간단 말이냐.
머리 깎아 바랑 메고
산으로 간단 말이냐.
장삼 걸쳐 법장(法杖) 짚고
바다로 간단 말이냐.
바람 따라 향기 좇아 이른 계곡엔
도화(桃花)는 시나브로 꽃잎 지는데
하염없이 개울 물은 흘러가는데
강물 따라 소리 좇아 이른 바다엔

파도는 실없이 부서지는데
출가라니
누굴 따라 어디로 간단 말이냐.
집만이 집이 아니고
집밖에 있는 것이 또 집인데
비로봉 만물상 곰바위 밑에
앉은뱅이 민들레나 되란 말이냐,
지리산 세석대 널바위 밑에
가지 꺾인 소나무나 되란 말이냐,
출가라니
집밖이 또 집인데
정녕 어디로 가란 말이냐.
　　－「집만이 집이 아니고」 전문－

　출가라는 것은 속세를 떠나 불문(佛門)에 듦을 말한다. 그러나 엄밀히 따져보면 절도 또 하나의 집인데, 집에서 다른 집으로 옮겼을 뿐 집을 벗어난 것은 아니다. 머리 깎고 바랑을 멘다 한들, 장삼을 걸치고 법장을 짚었다 한들, 몸은 그대로인데 어찌 진정한 '출가'가 이루어졌다 할 수 있는가? 한 점 두 점 복숭아꽃을 떨구는 나무를 보라. 실없이 부서지는 파도를 보라. 그들은 항상 그 위치에서 그 모습으로 사계의 변화에 적응할 뿐, 옮기지 아니하고 계곡과 바다를 그들이 거처하는 곳으로 알면서 오랜 세월을 주어진 대로 自在한다. 이러한 자재의 상태라면 집에 있으면서도 집을 떠날 수 있고, 그렇지 못하다면 집을 떠났으면서도 집을 벗어날 수 없는 것이다. 보조국사는 이르길 병 속에 아무 물건도 들지 않았을 때 그것을 공병(空瓶)이라고 하는 것이지, 어찌 병 그 자신이 없는 것을 공병이라고 하느냐고 했다. 마찬가지로 나란 존재가 집을 떠났다고 해서 '출가'는 아닌 것이다. 내 마음이 세속의 집을 떠나야 진정한 '출가'가 된다. 이것은 비단 '출가'에만 해당되는 얘기가 아니고, 세상 모든 일들이 다 그런 것이다. 중요한 것은 어떤 일에 닥쳤을 때 어떻게 마음을 먹느냐이다. 요즈음 너나 할 것 없이 살아가는 것이 너무 어렵다고 한다. 그러나 그 처지의 본질을 꿰뚫고 있으면 자신이 닥친 어려움이 실상은 아무 것도 아니라는 것을 깨닫는다. 다만 우리들이 미혹해서 지금의 처지가 어렵게 느껴질 뿐이다. 그런 점에서 위에서 살핀 세 편의 시들은 우리의 삶의 자세를 바로 잡게 하는 데에도 매우 유용한 것으로 평가된다.

죽은 이에 대한 영결(永訣)의 두 가지 태도

1. 고은의 「문의마을에 가서」

죽음은 모든 생명체에게 있어 거역할 수 없는 숙명적 한계이다. 생명이 있는 모든 것들은 언제 죽느냐 하는 시간의 짧고 긴 것이 다를 뿐 다 죽음을 맞게 되어 있다. 죽음은 한 존재의 삶을 영원히 이 세상으로부터 마감하게끔 한다는 점에서 피치 못할 심각한 사건이다. 그러므로 인간은 죽음 앞에서 두렵고, 절망적이며, 왜소하다. 아무리 권력이 있는 자라도, 재물이 많은 자라도, 죽으면 그것으로 모든 것이 끝난다. 죽음 앞에서 소용이 있는 것은 아무 것도 없다.

시인들은 이 죽음에 대해서 어떤 의식을 지니고 있는가? 그들은 더러는 가족이나 친지들의 죽음을 체험하면서 느낀 바를, 더러는 죽음 자체에 대한 염려에서 오는 생각을 시로 읊었다. 그것은 그대로 시인의 인생관을 들여다 볼 수 있는 것이기에 우리에게 흥미를 제공한다. 예부터 죽음을 제재로 하여 쓰여진 시들은 많다. 고조선 시대의 노래로 추정되는 「공무도하가」만 하더라도 강에 빠져 죽은 남편의 죽음을 슬퍼하여 지은 작품이요, 향가 「제망매가」는 누이의 죽음을 추도하여 지은 노래이다. 현대시 중 죽음에 관한 시들은 상당수가 있는데 그 중에서도 많이 알려진 작품을 손꼽는다면 우선 고은의 「문의마을에 가서」를 들 수 있다.

겨울 문의文義에 가서 보았다.
거기까지 닿은 길이
몇 갈래의 길과
가까스로 만나는 것을.
죽음은 죽음만큼 길이 적막하기를 바란다.
마른 소리로 한 번씩 귀를 닫고
길들은 저마다 추운 쪽으로 벋는구나.
그러나 삶은 길에서 돌아가
잠든 마을에 재를 날리고
문득 팔짱 끼어서
먼 산이 너무 가깝구나.
눈이여 죽음을 덮고 또 무엇을 덮겠느냐.

겨울 문의에 가서 보았다.
죽음이 삶을 껴안은 채
한 죽음을 받는 것을,
끝까지 사절하다가
죽음은 인기척을 듣고
저만큼 가서 뒤를 돌아다본다.
모든 것은 낮아서
이 세상에 눈이 내리고
아무리 돌을 던져도 죽음에 맞지 않는다.
겨울 문의여 눈이 죽음을 덮고 또 무엇을 덮겠느냐.

문의마을은 충청북도 청원군에 위치해 있다. 대청 호반의 마을로 대청호가 생기기 전에는 부락을 형성하여 마을 사람들이 살았으나 대청호로 수몰되어 옛날의 자취를 찾는다는 것이 어렵게 되어 있다. 고은 시인이 이 마을에 간 것은 친구인 신동문 어머님의 부음을 듣고서이다. 원래 호상하기를 즐겨 했던 시인은 신동문 집안의 소식을 듣고 이 한적한 시골로 내려온 것이다. 오면서 분명 시인은 죽음에 관해 생각했으리라. 죽음에 관해서는 그 역시 남 못지 않게 경험이 많은 인물이다. 고은은 네 차례나 자살 기도를 하였다. 1951년 군산항 바다에 뛰어든 것이 첫 번째요, 그 해에 자학증이 심해 귀에 청산가리를 넣어 자살하려고 한 것이 두 번째이다. 1963년에는 바다에 빠져 죽을 결심을 하고 제주행 배를 타고 술을 마셨으나 술에 취해 자살의 기회를 놓친다. 1970년 네 번째 자살 기도는 겨울 어느 날 그동안 부근의 약방을 돌아다니며 모아 두었던 수면제를 들고 인적이 닿지 않는 정릉 계곡의 깊은 숲 속으로 들어가서 한 것이었는데, 그 날이 마침 그 부근에서 예비군 특별훈련이 있는 날이라 예비군의 눈에 띄어 병원에 실려가 30여 시간만에 의식을 회복하게 된다.(황지우 편, 고은을 찾아서, 버팀목, 1995, pp.171－178 참조) 그는 계속 죽음을 찾았지만, 죽음은 계속 그를 비켜 갔던 것이다. 물론 이 같은 여러 차례에 걸친 자살 시도가 곧 이 시와 연결되는 것은 아니다. 하지만 그의 허무주의가 얼마나 극도에 이르렀는가를 그의 이런 내력을 보고 어느 정도 짐작을 할 수 있다. 이 시는 그의 네 번째 시집의 제목이기도 한데, 『문의마을에 가서』시집 후기에서 스스로 "이 책은 내 중기시의 한 정리라고 보겠는데 이런 느낌에 잇대어 나의 동시대야말로 나에게 퍽이나 복합적인 적막감을 준다"라고 말하기도 한다. 그러니까 그의 허무주의는 개인적인 신변의 문제뿐만 아니라 어둡고 절망적인 시대 상황과 밀접한 관련이 있다.

　고은의 자전적 고백에 의하면 이 시는 그가 신동문 어머님의 관을 광중에 내릴 때 저승사자를 목격한 데에서 비롯되었다고 한다. 물론 환시였겠지만 그는 저승사자가 신동문 어머님의 시신을 거두어 가는 것을 보았다. 그 때의 체험은 충격적인 것이었다. 그 후 오랫동안 이 체험을 시로 구성하지 못했다가 어느 정도의 시간이 경과된 후에 이 시를 완성했다. 시의 서두는 "겨울 문의에 가서 보았다"로 시작된다. 그러면 이 시에서 시인이 문의마을에서 본 것은 무엇인가? 그것은 문의까지 닿은 길이 몇 갈래의 길과 가까스로 만나는 것이다. 가까스로 만난다는 것은 거의 외길이나 다름 없다는 것, 그만큼 문의로 가는 길이 외지다는 것이다. 그러나 죽음은 원래 적막한 것이 아니던가. 그런 의미에서 문의로 가는 길의 정황은 죽음과 잘 어울린다. 부음을 받고 인적 드문 문의마을을 찾아가면서 고은은 이 같은 생각을 한 것이다. "마른 소리로 한 번씩 귀를 닫고 / 길들은 저마다 추운 쪽으로 벋는구나"라는 서술 역시 죽음을 인식한 시인이 길로부터 받은 느낌을 그렇게 표현한 것으로 죽음의 적막함과 통한다. '마른' '닫고' '추운'이라는 일련의 시어들이 환기하는 이미지가 그러하다. 그렇다면 삶은 적막하지 않은 것일까? 삶은 죽음과 상반되는 것이지만 삶 역시 결코 적막을 벗어나지 못한다. "잠든 마을에 재를 날리고"라든가 "먼 산이 너무 가깝구나"라는 것은 죽음이 삶과 멀리 떨어져 있는 것이 아니라 삶 속에 죽음이 항시 내재하고 있음을 말해준다. 이러한 인식의 구체성은 2연을 통해 보다 명료히 드러난다. "죽음이 삶을 껴안은 채 한 죽음을 받는"다는 것, "죽음이 인기척을 듣고 저만큼 가서 뒤를 돌아다본다"는 것은 삶과 죽음이 하나로 혼효되고 있는 것임을 암시한다. 사실 삶과 죽음의 경계선이 있다면 그 선을 경계로 하여 이쪽은 삶이요, 저쪽은 죽음이라고 할 수 있다. 삶과 죽음은 그만큼 먼 거리에 있는 것이 아닌 것이다. 그러나 죽음이 삶과 가깝다고 우리는 죽음이 닥치는 것을 조정하지는 못한다. 죽음은 불가항력적인 것이다. 죽고 싶다고 해서 죽을 수가 없고, 살고 싶다고 해서 죽음을 피해갈 수 없다. 죽음은 우리 앞에 있는 엄연한 현실이다. "모든 것은 낮아서 / 이 세상에 눈이 내리고 / 아무리 돌을 던져도 죽음에 맞지 않는다"는 것은 우리에게 이 같은 메시지를 전달해준다.

2. 송수권의 「산문에 기대어」

고은의 「문의마을에 가서」와 더불어 죽음을 노래한 대표적인 시로 우리는 또 송수권의 「산문에 기대어」를 꼽을 수 있다. 이 시는 자칫 휴지통에 버려질 뻔한 작품으로 송수권을 시인으로 데뷔하게끔 한 작품이기도 하다.

누이야
가을산 그리매에 빠진 눈썹 두어 낱을
지금도 살아서 보는가
정정(淨淨)한 눈물 돌로 눌러 죽이고
그 눈물 끝을 따라가면
즈믄 밤의 강이 일어서던 것을
그 강물 깊이깊이 가라앉은 고뇌(苦惱)의 말씀들
돌로 살아서 반짝여오던 것을
더러는 물 속에서 반짝여오던 것을
더러는 물 속에서 튀는 물고기같이
살아오던 것을
그리고 산다화(山茶花) 한 가지 꺾어 스스럼없이
건네이던 것을

누이야 지금도 살아서 보는가

가을산 그리메에 빠져 떠돌던, 그 눈썹 두어 낱을
기러기가
강물에 뿌리고 가는 것을
내 한 잔은 마시고 한 잔은 비워두고
더러는 잎새에 살아서 튀는 물방울같이
그렇게 만나는 것을

누이야 아는가
가을산 그리메에 빠져 떠돌던
눈썹 두어 낱이
지금 이 못물 속에 비쳐옴을

이 시는 여기에 얽혀 있는 일화가 있다. 25세부터 35세까지 낙도에서 교사를 보낸 시인은 섬으로만 발령되는 데 불만을 품고 사표를 낸 뒤 서울로 무작정 상경을 하지만 아무런 대책이 없는 절망적인 생활을 하게 된다. 이에 자살까지 생각하기에 이르고, 어느 날 남대문 지하도의 거지에게 적선을 한다고 동전을 떨어뜨리다 주머니에 넣고 다닌 세코날 알약이 떨어지면서 그는 이 같은 거지도 살아가고 있는데 내가 무슨 수작을 떨고 있느냐고 생각하고 마음을 고쳐 먹는다. 이 시는 그가 죽음에 내몰리기 직전 써 갈긴 10여 작품 중의 하나이다. 갱지에 써서 제출하여 심사위원의 눈에 들지 않아 쓰레기통에 버려졌다가 우연히 편집부에 들린 이어령 주간의 눈에 띄어 당선작으로 선정되었다. 그러나 시인을 찾을 길 없어 1년간을 찾아 헤맸다. 간신히 그를 찾은 이어령은 그를 보고 "자넨 휴지통에서 나온 시인이야"라고 조크를 했다.

이 시의 청자가 되는 '누이'의 실제 모델은 사실 남동생이다. 시인은 말하길 "이 작품은 젊어서 자살한 내 남동생의 죽음에 바쳐진 비가(悲歌)"라고 한다. 시인의 가슴 속에는 그가 어릴 때 돌아가신 어머니의 죽음과, 군에서 제대한 24살 남동생의 자살이 어두운 그림자로 남아 있다. 동생은 고질적인 어질병 환자였다. 어머니는 '주마담'이라고 하는 병 때문에 옆구리에서 줄창 고름이 나왔고, 그는 지독한 고름 냄새에 진저리를 쳐야 했다. 길에서 치자꽃을 꺾어 방에다 갖다 놓는 것은 이 냄새를 조금이라도 맡지 않기 위함이었다. 그러나 치자꽃 향내도 아무 소용이 없었다. 이 병 속에서 낳은 것이 동생이었다. 그러니 건강할 리가 만무였다. 이머니는 그렇게 고름을 흘리며 고생을 하다가 시인이 10세 때 돌아가셨다. 그러나 가난과 병으로부터 벗어나지 못하는 것에 절망한 동생은 군에서 제대하고 돌아와 자살을 택했다. 1966년의 일이었다. 시인은 동생을 거적떼기에 말아서 파묻고 돌아온 날 밤, 술상에 빈 잔 두 개를 올려놓고 선소리를 내질렀다. "너의 죽음 위에 내가 살아서 복수를 하마"고. 이 시에 나오는 구절 "내 한 잔은 마시고 한 잔은 비워두고"는 그렇게 해서 만들어진 것이다.(송수권, "들리는가 저 山門의 쇠북소리", <시와 시학> 1991 가을호, pp.130－131 참조) 그는 동생의 원혼을 달래기 위해 사혼(死婚)을 시켰으며, 동생의 죽음이 이승의 이것으로 끝나는 것이 아니라 다시 삶으로 부활된다는 윤회관을 시로 읊음으로써 동생의 죽음을 위로하고자 했다. 이 시를 신라 향가 「제망매가」와 연결시킴은 이런 이유 때문이다.

그러므로 이 시에는 죽음과 부활의 이미지들이 많이 등장한다. "즈믄밤의 강, 깊이깊이 가라앉은 고뇌의 말씀들, 가을산 그리메에 빠져 떠돌던 눈썹 두어 낱"이 죽음의 이미지라면, "일어서던, 돌로 살아서 반짝여 오던, 잎새에 살아서 튀는 물방울"은 부활의 이미지이다. 이러한 부활의 이미지들을 많이 등장시킨 것은 동생의 죽음을 죽음으로 받아들이지 않으려는 시인의 의지를 내보인 것이다. "가을산 그리메에 빠진 눈썹 두어 낱"에 대해 시인은 다음과 같이 말한다.

어떻게 해서 가을산 그림자에 죽은 누이의 눈썹이 떠돌고 있는 것
일까? 이는 무주고혼(無主孤魂)이다. 야산 같은 데서 이장(移葬)을
하다 보면, 뼈는 다 삭아 내렸는데 육신이 지녔던 터럭들－머리칼,
눈썹－은 그대로 웅덩이에 고여 있음을 본 사람은 알 것이다. 이는
곧 인간이 이승에서 못다 풀고 간 한(恨)의 끈적끈적한 덩어리인
것이다.

　　(송수권 산문집『사랑이 커다란 날개를 접고』, 문학사상사, 1989,
　　　p.270)

이 시는 "산다화 한 가지 꺾어 스스럼없이 건네이던 것을"에서 나
타난 불교의 윤회사상 내지 인과율과 관련이 있고, 시적 발상은 신라
향가「제망매가」에 기초해 있다고 볼 수 있다. 시의 내용이 누이(실
제로는 남동생)에 대한 추모라는 점, 극락왕생을 기원한다는 점 등을
볼 때 그와 같은 판단을 내리게 된다. 전통적인 것을 추구하면서 그
속에 힘을 가미시키고자 했던 시인이기에 우리의 고대 향가를 기본
틀로 하면서 현대시로의 변용을 꾀했다.

소외된 농촌의 현실, 또는 농민들의 한과 슬픔

1. 신경림의 「농무」 「파장」

쌀 수입 개방 반대운동으로 인해 농민과 정부의 대립이 심각하다. 분신한 희생자도 있고, 시위 도중의 부상으로 인해 죽은 희생자도 생겼다. 자유무역을 하여 딴 품목을 다른 나라에 팔려면 쌀 개방이 어쩔 수 없는 일인지 모르지만 가뜩이나 열악한 농촌의 현실을 외면하고 값싼 외국쌀이 들어와 그나마 쌀농사의 수지를 맞추기 더욱 어려워진 농민들을 생각하면 농정 부재의 현실이 안타깝기만 하다. 이 농정 부재의 현실은 어제 오늘의 일이 아니다. 이미 한국이 산업화로 치닫기 시작한 1960년대 이후부터 차츰 젊은이들이 도시로 몰리는 농촌 공동화 현상이 생겨나기 시작했다. 그 농촌의 실상을 제대로 고발한 시가 신경림의 「농무」이다.

징이 울린다 막이 내렸다
오동나무에 전등이 매어 달린 가설무대
구경꾼들이 돌아가고 난 텅빈 운동장

우리는 분이 얼룩진 얼굴로
학교 앞 소줏집에 몰려 술을 마신다
답답하고 고달프게 사는 것이 원통하다
꽹과리를 앞장 세워 장거리로 나서면
따라붙어 악을 쓰는 건 쪼무래기들뿐
처녀애들은 기름집 담벽에 붙어 서서
철없이 킬킬대는구나
보름달은 밝아 어떤 녀석은
꺽정이처럼 울부짖고 또 어떤 녀석은
서림이처럼 해해대지만 이까짓
산구석에 처박혀 발버둥친들 무엇하랴
비료값도 안 나오는 농사 따위야
아예 여편네에게나 맡겨 두고
쇠전을 거쳐 도수장 앞에 와 돌 때
우리는 점점 신명이 난다
한 다리를 들고 날나리를 불거나
고개짓을 하고 어깨를 흔들거나

충청북도 충주군 노은면 연하리에서 출생한 시인은 그야말로 가난한 농군의 아들이었다. 그가 학교에 다닐 때 등록금을 마련하지 못해 아버지는 친지들에게 등록금을 꿔야 했다. 그러나 자존심이 센 그는 아버지에게 "우리가 어째서 남에게 돈을 꿔야 합니까? 차라리 학교를 그만 두는 것이 낫지"하며 남에게 비굴하게 신세 지는 것을 싫어했다. 그렇게 농촌의 가난을 직접 몸으로 체험하고 농촌의 실상을 두 눈으로 직접 보아온 그이기에 누구보다도 농촌의 아픔을 잘 알았다. 이 시는 김지하의 「오적」과 더불어 70년대 민중시의 효시가 될 수 있는 작품이다.

시는 농무의 끝남으로부터 시작되고 있다. 구경꾼들은 모두 돌아가고, 운동장은 텅 비어 있다. 그 서술만으로 농무를 한 이들의 허무감을 우리는 파악할 수 있다. 세심하게 이해해야 할 부분은 다음 행의 "분이 얼룩진 얼굴"이란 구절이다. 이것은 그들이 농무를 하면서 눈물을 흘렸음을 말해준다. 농무가 슬픔을 달래기 위한 것이요, 한을 삭이기 위한 것이라는 해석이 이로부터 나올 수 있다. 그 얼룩진 분을 지우지 않은 채 그들은 소주집에서 소주를 마신다. 뒷풀이라고 볼 수도 있지만, 소주를 마시지 않고서는 견디기 힘든 그들의 슬픔을 엿볼 수 있는 대목이다. 그 다음 행의 "답답하고 고달프게 사는 것이 원통하다"는 지금 농무를 하고 있는 주체들이나 더 나아가 산구석에 처박힌 농민들의 심정을 단적으로 대변하는 구절이다. 그렇게 원통하기 때문에 그들은 춤을 추는 것이다. 그러나 그들의 슬픔을 제대로 알아주는 이들은 하나도 없다. 쪼무래기들은 따라붙어 악을 쓸 뿐, 처녀애들은 그들을 보고 철없이 킬킬댈 뿐이다.

다음 행들은 산구석의 삶이 아무런 의미가 없음을 서술하고 있다. 「임꺽정」에 나오는 꺽정이처럼 반항을 해도 소용이 없고, 꺽정을 배반한 참모 서림이처럼 현실 순응을 해도 소용이 없다. 산구석은 산구석일 뿐 결코 도회지가 될 수 없다. 그곳에서처럼 번성할 수가 없다. 그러니 비료값도 나오지 않는 농사일은 여편네에게 맡기고 농무를 계속한다. 오동나무에 전등이 매어 달린 가설무대에서 한 판 벌린 농무는 이제 소나 돼지를 살육하는 도수장에서 또 한 판이 벌려진다. 그 살륙의 현장에서 점점 신명이 난다는 것은 아이러니칼하면서도, 현실에 대한 분노를 넘어선 그들의 살의까지 엿볼 수 있게 하는 섬뜩한 대목이다. 이러한 농촌생활의 어려움은 그의 또 다른 대표적인 농촌시로 평가할 수 있는 「파장」에서도 그대로 토로된다.

    못난 놈들은 서로 얼굴만 봐도 흥겹다.

이발소 앞에 서서 참외를 깎고,
목로에 앉아 막걸리를 들이키면
모두들 한결같이 친구 같은 얼굴들
호남의 가뭄 얘기 조합 빚 얘기
약장사 기타 소리에 발장단을 치다 보면
왜 이렇게 자꾸만 서울이 그리워지나
어디를 들어가 섰다라도 벌일까
주머니를 털어 색시집이라도 갈까
학교 마당에들 모여 소주에 오징어를 찢다
어느새 긴 여름해도 저물어
고무신 한 켤레 또는 조기 한 마리를 들고
달이 환한 마찻길을 절뚝이는 파장.

지금도 3일장이니 5일장 같은 것이 시골의 읍이나 면 같은 데서
열리지만, 장이 선다는 것은 농촌에 묻혀 사는 사람들에게는 일종의
잔치판이다. 그 때 필요한 생활 용품을 살 수 있고, 주변에 가까이
사는 낯익은 얼굴들도 만날 수 있다. 시인은 장날에 모이는 농촌 사
람들을 '못난 놈들'이라고 표현하고 있다. 오죽 못났으면 서울로 올
라가지 못하고 농촌에 묻혀 사느냐는 시인의 심정에서 나온 말이다.
그러나 그들을 정말 못났다고 보지는 않는다. 내심 그들에 대한 애정
이 절절이 배어 있다. "서로 얼굴만 봐도 흥겹다"는 것은 그만큼 그
들이 착하고 순수하다는 것이다. 장이 서 봤자 그들이 장에서 하는
일이라고는 기껏해야 이발소 앞에 서서 참외를 깎아 먹거나, 목로에
앉아 막걸리를 들이키는 일이다. 그리고 '호남의 가뭄 얘기' '조합의
빚 얘기를 한다. 우리는 이로부터 농촌의 형편이 여의치 않음을 간파
한다. 이는 농사란 것이 가뭄이나 홍수가 닥치면 농사 일을 망치기에
어느 곳에 가뭄이 들었다는 것이 남의 일 같지 않고, 조합에서 빚을
졌다는 것은 돈을 꿔다 쓸 만큼 농사에 대한 댓가가 나오지 않는다

는 것을 보여주기 때문이다. 그러니 뭔가 올라가면 돈을 벌 수 있을 것 같은 서울이 그리워지고, 장날에 마땅히 할 일도 없어 화투나 여자 있는 선술집을 생각한다. 하지만 그것도 생각뿐 결국 겨우 하는 일이라고는 학교 마당에 모여 오징어를 찢으며 소주를 마시는 일이다. 그리고는 저녁 늦게 자기 가족에게 줄 고무신이나 조기 한 마리를 들고 들어갈 뿐이다. 농촌 생활이 그만큼 어렵고, 그래서 이농 인구가 점점 늘고, 농민들의 시름은 깊다. 그것이 농촌의 현실이다. 그런 점에서 이 작품도 「농무」에 버금갈 수 있는 농촌시이다.

시집 『농무』는 1973년에 출간되었다. 이 해는 신경림에게는 시인으로서 더할 나위 없이 좋은 해이기도 했지만, 한편으로 오열을 하지 않을 수 없는 해이기도 했다. 농촌의 가난을 피해 무작정 서울로 올라온 그의 생활은 그야말로 궁핍함 그 자체여서, 심지어 아는 사람만 만나면 "나 오백원만"하며 손바닥을 내밀던 천상병에게조차 "이백원짜리"로 분류되던 터였다. 그런 신경림이 달동네의 남의 집 살림살이를 면하고 초라하나마 자기집을 지닐 수 있었던 것은 부인의 알뜰함 때문이었다. 그 부인이 고생 속에 집을 장만하고 암으로 세상을 떠난 때가 1973년 여름인 것이다.

2. 임홍재의 「산역」

임홍재의 「산역」역시 농촌의 비참함을 은연 중에 드러내고 있는 시이다. 이 시에는 열심히 일했지만 생계를 꾸려나가기 위해 결국 농약 먹고 죽은 농부가 등장하고 있기 때문이다. 이 시가 발표된 것이 1977년이니까 결국 이 시의 배경도 1970년대 농촌을 배경으로 한다고 할 수 있다. 이것을 보면 1970년대의 농촌은 산업화로 말미암아

온갖 삶의 조건이 열악화되던 시기였다고 결론짓게 된다. 다음은 이
시의 전문이다.

    아버지는 한 세상
    남의 송장이나 주무르기만 할 것인가
    진눈깨비 날리는 황토 마루에
    정성들여 광중이나 짓고
    외로운 혼이나 잠재울 것인가
    마지막 다문 입에 동전 하나 물리고
    칠성판 바로 뉜 후
    종내는 한 줌 흙이 되고 말 시체 위에
    흙을 뿌리고 눈물을 뿌리며
    오오호 달구 오오호 달구
    만가(輓歌)만 부를 것인가
    피통 터져 농약 먹고 죽은 농부야
    삼베올 구멍마다 맺힌 눈물을
    기러기가 쓸고 가는데
    이 땅에 진정 데불고 갈 만한 것이 있더냐.
    농부는 죽을 때 피를 토하고
    색신(色身) 고운 씨앗을 뿌리고 간다는데
    부황이 나도 토사가 나도
    아버지는 신들린 사람처럼 산역(山役)만 할 것인가.
    밤마다 술에 취해
    북망산 먼 줄 알았더니
    방문 밖이 북망이라
    황천수가 먼 줄 알았더니
    앞 냇물이 황철술세
    울음 섞인 가락을 토해 내며
    북망산 누우런 황토를 수북히 털어 놓는데
    품팔러간 어머니는 왜 오지 않는가

> 황토마루에 진눈깨비 내리고
> 어지럽게 어지럽게 도깨비불만 오르는데
> 아 아버지의 만가(輓歌)는 언제 끝날 것인가.

이 시는 시인의 체험을 바탕으로 하고 있다. 시인은 시의 정의 중 "시는 체험이다"라고 한 릴케의 말이 시에 대해 가장 잘 표현한 말이라고 생각한다면서 체험하지 않은 상상의 세계를 시로 쓰면 어딘가 모르게 뿌리가 없는 식물 같고, 향기가 없는 조화 같다고 한다.(임홍재, "불행했던 시절의 앙금을 찾아", <심상> 제6권 10호) 그렇다면 이 시는 그의 어느 체험과 관련이 된 것일까? 그의 삶의 비극은 그가 두 살 때 누나가 그를 업고 소꿉장난을 하다가 멍석바위에 메어 때린 데서부터 시작되었다. 그는 등에 응혈이 들었고, 몇 해 후에는 늑막과 한 쪽 폐까지 피고름이 찼다. 또 몇 해 후에는 늑막 벽에서 곪아 입으로 고름이 터져 나왔다. 그의 시 「강가에서」를 보면 "피고름 삼천 사발에 / 찌든 누이야"라는 구절이 나오는데, 실제로 그는 하루에 댓 요강씩 피고름을 토해냈었다. 그의 집안은 병치레에 드는 비용으로 경제적으로 기울기 시작했고, 식구들은 그를 살리기 위해 백방으로 뛰었다. 아버지는 숯을 구워 팔기도 했고, 산역꾼 노릇을 하기도 했으며, 어머니는 남의 집 삯바느질을 했다. 또 그의 형제들은 산과 들로 돌아다니며 뱀과 개구리 등을 잡아 그의 몸을 보양코자 했다. 그러므로 이 시에서 "아버지는 한세상 / 남의 송장이나 주무르기만 할 것인가"라든가 "품 팔러 간 어머니는 왜 오지 않는가"는 실제 그가 겪은 일이다.

그러나 시인은 병에 찌든 그를 위해 아버지가 광부 노릇도 하고, 숯도 구워 팔고, 더구나 남의 송장을 주무르는 산역꾼 노릇을 하는 것을 거부하고 싶었다. 제발 그 일만은 하지 않았으면 하는 마음이었다. '~것인가'라고 의문을 제기하며 시작하는 것은 그의 순박한 저항의 의지를 보여준다. 남의 집 삯바느질을 어머니에 대해서도 마찬가지의 심정이다. 어떻게 해서든지 그 힘든 일만은 하시지 않았으면 하는 것이 그의 마음이었다. 어머니에 대한 시인의 애정은 이 작품보다도 「바느질」이란 작품에 절절히 배어 있다.

이 시에서 아버지는 송장을 주무르는 염습을 하고 있다. 죽은 이는 농약을 먹고 죽은 농부이다. 앞서 얘기한 대로 농촌은 산업화로 인해 젊은이들이 떠나고 없는 공동화된 공간이었고, 농부들은 아무리 열심히 일을 해 보아야 피땀 흘린 댓가가 보상되지 않았다. 이러한 실정은 지금도 마찬가지이다. 그래서 농부는 가난하고 원통하여 농약을 먹고 죽었다. 피통(염통)이 터질 정도의 한이 그에게는 있었다. 아버지는 그를 위해 정성들여 광중을 짓고, 저승가는 노잣돈을 위해 입에 동전을 물리고, 칠성판을 바로 놓는다. 그리고 흙을 그 위에 털어 놓고 달구질을 하며 만가(輓歌)를 부른다.

아버지의 만가의 가사는 "북망산 먼 줄 알았더니"에서 "앞 냇물이 황천술세"까지 네 행인데, 여기에서도 죽은 농부에 대한 허무함이 드러나고 있다. 원래 만가는 상여소리라고 한다. 장례식 때 상여를 메고 가는 상여꾼들이 부르는 소리인 것이다. 향도가, 향두가, 회심곡, 설소리 등으로도 불린다. 이 상여소리는 불교의식에서 유래한 것으로 보이는데, 이는 법요식을 행할 때 흔드는 요령을 상여소리의 선창자(요령잡이)가 흔들며 노래하고, 또 그 내용이 회심곡 등 불교 위주로 구성되어 있다는 점에서 알 수 있다. 선창자가 상여 앞에 서서 요령을 흔들며 애처로운 소리로 다양한 내용의 노래를 먼저 부르면 상여를 맨 상여꾼들이 그 뒤를 이어 받는 것이다. 노랫말은 지역에 따라 다르지만 이 시에 나오는 "북망산 먼 줄 알았더니 / 방문 밖이 북망이라" 같은 가사들이 주로 메기는 소리로 불려지고, 받는 소리는 "너허 너허 너화너 너이 가지 넘자 너화 너" 또는 "에헤 에헤에에 너화 넘자 너화 너" 등이 된다.

‘나비’, 혹은 비극적 현실에 대한 대결 의지

1. 김기림의 「바다와 나비」

　일반적으로 ‘나비’는 순수하고 연약한 존재이기에 한국현대시에서 그러한 의미의 범주 속에서 등장한다. 그런가 하면 누에고치에서 나비가 되어 날아가는 과정을 생각하여 ‘나비’는종종 영혼의 고양 내지는 재생의 상징으로 여겨지기도 한다. ‘나비’가 제재가 된 시작품들은 많다. 그 중에서도 단순한 제재 이상으로 ‘나비’에 의미가 부여된 최초의 시는 아마도 1939년 <여성>지에 발표된 김기림의 「바다와 나비」일 것이다. 이 시는 전체가 3연 8행으로 되어 형식적으로 단시에 속하지만, 함축적 의미는 어느 시보다 심오하다. 우선 시 전체를 보기로 한다.

아무도 그에게 수심(水深)을 일러준 일이 없기에
흰나비는 도무지 바다가 무섭지 않다.

청(靑)무우밭인가 해서 내려갔다가는
어린 날개가 물결에 절어서

공주(公主)처럼 지쳐서 돌아온다.

삼월(三月)달 바다가 꽃이 피지 않아서 서글픈
나비 허리에 새파란 초생달이 시리다.
　　－「바다와 나비」 전문－

　1연에서 '흰나비'는 바다의 깊이를 누구도 가르쳐 주지 않았기에
바다가 얼마나 깊고, 또 얼마나 무서운가를 모르는 존재이다. 하룻강
아지 범 무서운 줄 모르는 격이다. 바다는 그 엄청난 깊이 속에 나비
를 수장시킬 수가 있으며, 설사 그것이 아니더라도 바다의 물결에 날
개라도 행여 젖게 되면 나비는 비상의 기능을 상실해 치명적인 곤경
에 처하게 된다. 그러나 바다에 대한 무서움이 없기에 나비는 바다를
청무우밭쯤으로 생각한다. 낭만적인 환상이 아닐 수 없다. 그래서 나
비는 바다에 내려가 앉는다. 그러나 이내 날개가 물결에 젖어서 돌아
온다. 날개가 물에 젖어 제대로 비행을 하지 못하기에 지쳐서 돌아올
수밖에 없다. 공주처럼 바깥 세상의 물정을 까맣게 모르는 '흰나비'
는 그야말로 연약하고 순수한 존재이다. 오로지 그가 기쁨을 누릴 수
있는 것은 꽃이 필 때이다. 꽃이 펴야 나비는 꽃이 있어서 좋고, 꽃
은 나비가 날아와 좋은 것이다. 삼월달의 바다를 청무우밭으로 생각
한 나비는 순진하게 바다에 내려가 앉은 것이다. 그러나 바다는 차갑
기만 할 뿐 꽃도 피지 않았다. 나비로서는 서글프기만 한 현실이다.
시린 느낌을 주는 새파란 초생달은 현실을 더욱 냉혹하게 받아들이
게끔 한다. 서글픈 나비의 허리와 새파란 초생달은 가늘다는 점에서
동일성을 지닌다. 특히 마지막 행의 "새파란 초생달이 시리다"는 것
은 시각과 촉각을 혼합한 공감각적 표현으로 김기림 시의 모더니즘
적 특성을 여실히 보이고 있는 부분이다.
　그러나 이 시는 이 같은 문면적인 해석 이상의 의미를 지닌다. 다

시 말해 식민지 지식인의 정신적 정황까지 내포하고 있다는 것이다. 이 시는 위에서 언급한 대로 1939년에 발표된 작품이다. 1939년이라 함은 김기림이 재차 도일하여 동북제국대학 영문학과를 졸업한 때이다. 그는 일찍이 14세에 동경 입교중학에 편입하여 1930년 일본대학 문학예술학과를 졸업할 때까지 10년간을 일본에 체류했었다. 그 후 귀국하여 조선일보사 기자로 활동했고, 낙향하여 과수원을 경영하며 창작에 전념하기도 했다. 그리고 1936년 재차 도일하여 1939년 귀국하는 것이다. 이러한 그의 이력은 무엇을 암시하는가? 김기림의 일본 체험이 수박 겉핧기식이 아니라는 것, 그러기에 그의 근대적 체험에 대한 환멸 역시 일시적인 기분에서 나온 것이 아니라는 것이다. 환멸이라고 단정을 내릴 수 있는 것은 귀국 후 다시 조선일보사에 입사하고, 조선일보가 폐간됨으로써 다시 낙향하여 고향에 가까운 경성중학에서 교사 생활을 하기 때문이다. 근대적 체험이 성공적이었다면 그가 낙향하여 교사 생활을 할 리가 없다. 그러므로 김기림으로서는 재차 도일한 성과가 아무 것도 없었다고 말할 수 있다. 막연한 꿈과 희망을 갖고 현해탄만 건너가면 모든 일이 술술 풀릴 줄 알았던 그에게 꿈은 무참히 깨어지고 냉혹한 현실이 눈 앞에 나타났다고 보아야 한다. 이것은 비단 김기림만의 좌절과 절망은 아니다. '현해탄 콤플렉스'란 용어로 규정지을 수 있을 만큼 당시 이 땅의 무수한 지식인들이 무턱대고 현해탄을 건너 가 일본에서 근대를 체험하고 성공하기를 바랐다. 그러나 대부분이 환멸과 좌절 속에 돌아왔다. 「바다와 나비」는 당시 지식인들의 이러한 정신적 외상을 함축하고 있다는 점에서 높이 평가할 수 있는 것이다. 그렇다면 이 시의 궁극적인 메시지가 근대적 체험의 환멸인가? 바다를 청무우밭으로 생각해서 내려앉은 '흰나비'는 어리숙한 존재란 얘기인가? 그렇지는 않다. 오히려 실제적인 체험을 통해 자각을 한 존재가 나비이기에 그러한 나비는

아예 바다에 내려 앉지를 않아서 바다가 어떤 대상인가를 모르는 무
지의 존재보다는 현명한 것이다. 시인이 전달하려는 메시지도 여기에
있다고 보아야 한다. '흰나비'처럼 일본이라는 바다를 '청무우밭'쯤으
로 오인하여 내려 앉아본 김기림은 그의 일본 체험을 통한 자각을
이 땅의 지식인들에게 일깨워주고 싶은 것이었는지 모른다.

2. 김규동의 「나비와 광장」

김기림의 「바다와 나비」이후 '나비'가 의미 있는 제재로 등장하는
또 하나의 시로 김규동의 「나비와 광장」을 들 수 있다. 이 시는 1955
년 김규동 시인의 첫 시집 『나비와 광장』에 실린 표제시이기도 하다.
김규동은 함북 경성 출생의 시인으로 1948년 월남하여 모더니즘적인
시를 쓴 시인이다. 조향, 박인환, 김경린 등과 더불어 <후반기> 동
인이기도 하다. 이 시에는 감각적, 주지적인 표현의 모더니즘적 특징
이 그대로 드러나고 있다. 그는 1950년 한국전쟁의 비극을 겪고서 전
쟁이 초래한 비극의 심각성을 절실히 체감했으며, 방향성을 잃은 가
날픈 존재인 '흰나비'란 제재를 통해 피폐된 인간성을 회복하고자 했
다.

현기증나는 활주로의
최후의 절정에서 흰나비는
돌진의 방향을 잊어버리고
피묻은 육체의 파편들을 굽어본다.
기계처럼 작열한 작은 심장을 축일
한 모금 샘물도 없는 허망한 광장에서
어린 나비의 안막(眼膜)을 차단(遮斷)하는 건

투명한 광선의 바다뿐이었기에-

진공의 해안에서처럼 과묵한 묘지 사이사이
숨가쁜 제트기의 백선(白線)과 이동하는 계절 속-
불길처럼 일어나는 인광(燐光)의 조수에 밀려
이제 흰나비는 말없이 이즈러진 날개를 파닥거린다.

하얀 미래의 어느 지점에
아름다운 영토는 기다리고 있는 것인가
푸르른 활주로의 어느 지표에
화려한 희망은 피고 있는 것일까

신(神)도 기적도 이미
승천하여 버린 지 오랜 유역(流域)-
그 어느 마지막 종점을 향하여 흰나비는
또 한 번 스스로의 신화와 더불어 대결하여 본다.
　　-「나비와 광장」-

　이 시에서 '흰나비'는 엄청난 비극적 현실에 부딪치는 나약한 인간 존재를 상징한다고 볼 수 있다. "피묻은 육체의 파편들", "한 모금 샘물도 없는 허망한 광장", "과묵한 묘지"는 한국전쟁이 초래한 비극적 현실을 그대로 노정한다. 그 비극의 공간 속을 나비가 난다. 나비의 비행은 투명한 광선이 눈을 가리고 있고, 숨가쁜 제트기의 백선 속에서 번쩍이는 인광이 불길처럼 일어나고 있는 속에서 행해진다. 나비가 그 상황에서 제대로 날 수 없다는 것은 뻔하다. 그래서 연약한 나비는 말없이 이즈러진 날개를 파닥거릴 뿐이다. 활주로는 현기증이 나서 보이지 않아 돌진의 방향을 잊어버릴 정도이다. 여기서 시인은 '나비'를 통해 무엇을 말하고자 하는 것일까? 한국전쟁을 치른 우리 민족의 피폐한 상황을 말하고 싶었을 것이다. 감내하기 어려운 고통과 슬픔이 각자에게 있었고, 수많은 동족의 죽음 앞에서 회의와 공포와 절망을 느낀 민족은 바로 '나비'가 처한 상황과 다를 바가 없다. 그러나 시인은 한 가닥의 희망을 버리지 않는다. "신도 기적도 이미 승천하여 버린 지 오랜" 땅에서 또 한 번 '스스로의 신화'와 대결하여 보려는 자세를 취하는 것이다. '스스로의 신화'란 것이 무엇이던가? 그것은 곧 동족상잔의 전쟁이 야기한 비극의 극복이요, 인간적 조건으로의 복귀를 말함이다. 물론 그 가능성은 희박하다. '마지막 종점' '신화'라는 어휘는 그와의 대결이 얼마나 어려운 것인가를 암시한다. 그러나 대결을 해 본다는 자체가 상황에 대한 도전이라는 점에서 그 의의를 부여할 수 있고, 이 시의 진가가 여기에 놓인다고 볼 수 있다. "하얀 미래의 어느 지점 아름다운 영토 / 푸르른 활주로의 어느 지표에 화려한 희망은 피고 있는 것일까"란 구절은 희망을 저버리지 않고 끝까지 상황을 극복하여 보고자 하는 의지를 엿보게 하는 대목이다.

3. 박봉우의 「나비와 철조망」

'나비'란 제재로 한국전쟁의 비극을 다룬, 이와 유사한 작품으로 1956년 <문학예술>지에 실린 박봉우의 「나비와 철조망」을 들 수 있다. 다만 김규동의 「나비와 광장」이 한국전쟁이 벌어진 비극적 상황을 다루었다면, 박봉우의 시는 분단이 되고 나서 그 아픔을 노래했다는 점에서 구별된다. 그는 분단의 현실에 대한 과오를 따지는 데 있어 남과 북, 어느 쪽으로도 치중하지 않는 균형적인 분단 인식을 작품을 통해 보여주고 있는데, 이는 당시의 상황을 감안할 때 용기 있고 값진 것이었으며, 그 이유로 그의 작품 「휴전선」이 많은 사람들로부터 주목을 받은 것이다. 「나비와 철조망」 역시 그런 인식의 일단을 엿볼 수 있는 작품이다.

지금 저기 보이는 시퍼런 강과 또 산을 넘어야 진종일을 별일없이 보낸 것이 된다. 서녘 하늘은 장밋빛 무늬로 타는 큰 눈의 창을 열어 … 지친 날개를 바라보며 서로 가슴 타는 그러한 거리(距離)에 숨이 흐르고.

모진 바람이 분다.
그런 속에서 피비린내나게 싸우는 나비 한 마리의 생채기. 첫 고향의 꽃밭에 마지막까지 의지할려는 강렬한 바람의 향기였다.

앞으로도 저 강을 건너 산을 넘으려면 몇 <마일>을 더 날아야 한다. 이미 날개는 피에 젖을 대로 젖고 시린 바람이 자꾸 불어간다. 목이 빠삭 말라버리고 숨결이 가쁜 여기는 아직도 싸늘한 적지(敵地).

벽, 벽 … 처음으로 나비는 벽이 무엇인가를 알며 피로 적신 날개를 가지고도 날아야만 했다. 바람은 다시 분다 얼마쯤 날으면 아방(我方)의 따스하고 슬픈 철조망 속에 안길,

이런 마지막 <꽃밭>을 그리며 숨은 아직 끝나지 않았다 어설픈 표시의 벽, 기(旗)여…
　　－「나비와 철조망」 전문－

'나비'는 저기 보이는 시퍼런 강과 산을 넘어야 한다. 지금의 이곳은 적지(敵地)이기에 아군이 있는 곳으로 가기 위해선 그래야만 한다. 그러나 이미 날개는 힘이 빠져 지쳐 있다. 모진 바람 속에서 피비린

내나게 싸워 생채기까지 나 있다. 하지만 첫 고향의 꽃밭을 가야 한다. 그곳이 '마지막 꽃밭'이 될지라도 가야만 한다. 내가 태어난 고향을 저버릴 수는 없는 것이다.

이 시에서 간파하게 되는 '나비'의 상태는 어떠한가? 그야말로 극한 상황이다. 날개는 피에 젖을 대로 젖고, 시린 바람이 자꾸 분다. 목은 마르고 숨결이 가쁘다. 그렇지만 아직도 적의 진지이기에 몇 마일을 더 날아야 하는 비행을 숨이 끊어지지 않는 한 계속할 수밖에 없다. 그래야만 '철조망'을 넘을 수 있다. '철조망'. 누가 이 비극의 '벽'을 쌓아 놓았는가? 누가 멋대로 이렇게 남과 북을 철조망으로 분리시켜 놓았는가? 그러나 시인은 이 철조망을 '따스하고 슬픈 철조망'이라고 한다. 따스하다는 것은 물론 철조망이긴 하지만 아군의 영역에 놓여 있기에 따스한 것. 그렇다면 '슬픈'은 무슨 이유 때문인가? 남과 북, 어느 쪽이 옳다고 따지기 이전에 분단의 철조망이 놓여진 자체가 슬픈 것이다. 그것이 바로 분단의 현실을 바라보는 시인의 눈이다.

우리는 위의 세 작품을 통해 시인들이 어떻게 '나비'라는 대상을 의미 있는 제재로 시에 등장시켰는가를 보았다. 그 공통적 주제를 언급하자면 비극적 현실에 대한 순수한 존재의 대결 의지라고 할 수 있다. '나비'는 순수하고 연약한 존재인 동시에, 절망과 좌절을 겪을지라도 대결과 극복의 의지를 지니는 존재가 된 것이다. 특히 「바다와 나비」는 1930년대 식민지 지식인의 근대적 자각의 중요성을 일깨운다는 점에서, 「나비와 광장」, 「나비와 철조망」은 1950년대 민족의 비극적 현실에 대한 극복 의지를 일깨워 준다는 점에서 시대사적 의미를 지니는 작품들이다. 세 작품을 주의 깊게 읽어야 하는 이유가 여기에 있다.

낙화, 조락(凋落)의 현상을 바라보는 두 시인의 눈

1. 조지훈의 「낙화」

자연의 변화는 그 하나하나가 사실은 상징적이요, 시사적이다. 해가 뜨고 지는 것이라든지, 파도가 밀려 왔다가 밀려가는 것, 꽃이 피고 지는 것 등은 그 자체를 단지 눈에 보이는 자연 현상이라고만 생각할 것이 아니라 그 움직임 속에 자연의 이법이 있는 것이요, 자연물 중의 하나인 인간은 이로부터 삶의 교훈을 얻어야 할 것이다. 옛날 선현들이 자연에 파묻혀 자연을 벗삼아 지내고 그를 상찬함은 삶의 이치가 그 속에 내포되어 있고, 더 나아가 삶의 도리를 자연이 가르치고 있기 때문이다.

꽃이 떨어지는 모습은 덧없는 세월을 보내면서 유한한 삶을 사는 인간에게 무상감을 안겨주어 많은 시인들의 눈길을 끌었다. 화려하게 꽃 필 때가 엊그제 같은데 속절없이 떨어지는 낙화를 보노라면 저 신세가 머지않아 내 신세려니 하는 생각이 들고, 그래서 시정(詩情)의 눈길을 보내게 되는 것이다. '낙화'를 소재로 한 유명한 시로는 우선 조지훈의 「낙화」를 손꼽을 수 있다.

꽃이 지기로서니
바람을 탓하랴

주렴 밖에 성긴 별이
하나 둘 스러지고

귀촉도 울음 뒤에
머언 산이 닥아 서다.

촛불을 꺼야 하리
꽃이 지는데

꽃지는 그림자
뜰에 어리어

하이얀 미닫이가
우련 붉어라

묻혀서 사는 이의
고운 마음을

아는 이 있을까
저허하노니

꽃이 지는 아침은
울고 싶어라
　　－「落花」－

　이 시는 조선어학회 사건으로 동료들이 일본 경찰에 끌려갈 때 조지훈이 피신을 목적으로 고향에 내려와 그의 집 근처에 있는 조그만

초가집에 은거하며 지은 것으로 알려지고 있다. 조선어학회 사건이란 1942년 10월, 국어 말살을 꾀하던 일제가 국학 연구의 탄압책으로 조선어학회 회원을 검거·투옥한 사건을 일컫는다. 지훈의 회고에 따르면 그가 조선어학회 회관을 찾은 것은 1936년 늦은 가을이다. 와세다대 영문학과 출신인 부친 조헌영을 따라 이 곳을 드나들기 시작한 것으로 되어 있는데, 열 여섯 어린 나이의 지훈이 보기에도 우리말의 일대 정리라는 민족적 사업을 갖은 감시와 핍박 속에서 외로이 붙들고 고생하는 선배들의 모습이 눈물겹고 엄숙하다고 느꼈다. 그래서 아마 자신도 조선어학회에 발을 들여놓은 것 같다. 그러나 여러 가지 정황으로 미루어 볼 때 깊이 관여했던 것은 아니고, 피신한 것도 조선어학회에 드나들었다는 이유만으로도 검거될 수 있는 일이니까 그런 것으로 보인다. 이 작품 속에 배어 있는 시인의 심경을 이해함에 있어서는 이러한 시인의 전기적 사실에 대한 지식 배경이 필요하다. 지훈은 이 작품이 해방이 된 것도 모르고 쓴 작품이라고 했다. 이 언급 속에서 우리는 두 가지 사실을 알 수 있다. 하나는 이 작품의 창작 연대가 1945년 8월 15일 이후라는 것, 또 하나는 "해방이 된 것도 모르고 썼다"고 밝힌 것은 해방된 줄 알았으면 이 같은 작품은 안썼으리라는 것이니, 이것은 곧 이 시가 식민지인으로서의 설움을 담았다는 얘기라는 것이다. 시 자체를 살펴보기로 하자.

이 시의 서두에서 시인은 "꽃이 지기로서니 / 바람을 탓하랴"라고 한다. 이것은 뒤바꿔 말하면 바람 때문에 꽃이 지는 것이 아니고 지게끔 되어 있으니 진다는 것, 즉 대자연의 원리에 따른 것이라는 뜻이다. 꽃은 바람이 아니더라도 떨어질 때가 되면 떨어진다. 피는 것이 어떠한 자연물의 개입 없이 피듯이, 지는 것 역시 그러하다. 그것이 꽃의 생리요, 이치이다. 또한 바로 도(道)이다. 우리는 여기서 지훈의 유교적 자연관을 본다. 항간에서 종종 그의 시세계를 일괄적으로 불교적 선의 세계로 단정하는 사례가 있는데, 이것은 잘못된 것이다. 그의 대표작인 「승무」만 하더라도 소재적 차원에서 불교적인 분위기가 풍길 뿐이지, 시 자체는 여승의 춤사위의 묘사로 이루어져 있다. 파르라니 깎은 머리를 박사 고깔에 감추었다는 것, 두 볼에 흐르는 빛이 고와서 서러울 정도라는 것 등은 여승의 모양새요 표정을 묘사한 것에 지나지 않는다. 불교적인 시라고 하면 그가 징용을 피하기 위해 오대산 월정사에 머무르면서 쓴 「고사」, 「산방」 등 몇 편의 작품들이 전부이다. 그러므로 그의 시세계를 불교적 선의 세계라 함은 마치 눈이 나빠 사물을 잘못 보는 것과 같은, '난시 현상'에 지나지 않는다는 지적이 나오기도 한다.

2연은 밤이 지나고 서서히 새벽이 옴을 암시하는 부분이다. "주렴 밖에 성긴 별이 / 하나 둘 스러지고"는 날이 점점 환해져 하늘에 드문 드문 떠 있던 별들이 하나 둘 자취를 감추게 되는 정황을 표현한 것이다. '주렴 밖에'라고 한 것으로 보아 화자의 위치는 주렴을 친 방 안이다. 방 안에서 주렴 사이로 밖을 내다보는 것이다. 새벽이 오는 것에 대한 간접적인 표현은 3연에서도 이어진다. "머언 산이 닥아 서다"라는 것이 그것이다. 날이 환해져 산의 모습이 그 윤곽을 드러냄을 '산이 가까이 보인다'라 하지 않고 '닥아 서다'라고 표현한 것이다. 부동의 산을 동작하는 주체로 바꿔 놓은 것에서 자연친화적인 신선함이 느껴지기도 한다.

4연~6연에서는 꽃이 지면서 이루어지는 광경을 묘사했다. 밖에 꽃이 떨어지는데, 그 모습이 하이얀 한지로 된 미닫이 창에 그림자로 어른거린다. 촛불을 켜 놓은 탓이다. 시인은 그 색깔을 "우련 붉어라"라고 표현했다. '우련'이란 "희미하고 엷게"란 뜻이다. 그림자로 비치는 것이니 결코 창호지가 엷게라도 붉어질 리 만무하지만, 시인은 낙화의 붉음에 창호지가 물이 들었다고 그의 상상력을 뻗쳐 나간다. "촛불을 꺼야 하리"에서는 날이 밝아옴에 따라 촛불은 꺼야겠는데, 촛불에 비치는 꽃 지는 모습이 너무 아름다워 심적 갈등을 일으키는 시인의 정서가 함축되어 있다.

7연부터 끝까지는 시인의 심정을 말한 부분이다. 앞 부분에는 경치를 읊고, 뒤에는 정서를 읊는 선경후정(先景後情)의 한시적 발상이다. 지훈은 습작으로 한시를 지어 『유수집』이라는 제목으로 묶어낼 만큼 한시도 잘 지었는데, 그러한 솜씨가 이 시에서도 엿보이고 있다. 7연에서 시인은 스스로를 '묻혀서 사는 이'라고 했다. 은거를 하고 있었으니 그렇게 말한 것이리라. '고운 마음'은 자화자찬식으로 자신의 마음을 좋게 말하고 있다는 점에서 쉽게 납득이 안되는 표현이지만, 아름다운 자연 속에 물아일체로 사는 존재가 자신이니 그렇게 말할 수도 있으리라 본다. 8연의 "아는 이 있을까 저허하노니"는 행여 자연 속에 묻혀 사는 자신을 누가 알까봐 두려워한다는 심정을 피력한 것이다. 속세에 뒤섞이지 않으려는, 은거에 대한 철저한 의지이다. 그리고 시인은 이 시의 말미를 "꽃이 지는 아침은 / 울고 싶어라"라고 맺는다. 시인의 심정이 가장 직접적으로 드러난 부분이다. 여기서 우리는 무상감과 고독감에서 오는 시인의 슬픔을 감지한다. 이 슬픔 속에는 숨어서 지내는 자신의 처지와 망국민으로서 겪는 설움이 겹쳐 있다. 낙화를 보고 쓸쓸한 심정을 지니지 않는 자가 어디 있을까만, 지훈으로서는 그의 처지가 처지이니만큼 더욱 슬펐던 것이다.

2. 이형기의 「낙화」

'낙화'가 제목이 되는 또 하나의 유명한 시는 이형기의 「낙화」이다. 이 시는 1963년 출간된 『적막강산』이란 그의 시집에 실려 있다.

그가 1933년생이니 삼십 대에 들어선 나이에 쓴 그의 초기시이다.

가야 할 때가 언제인가를
분명히 알고 가는 이의
뒷모습은 얼마나 아름다운가.

봄 한철
격정을 인내한
나의 사랑은 지고 있다.

분분한 낙화 —
결별을 이룩하는 축복에 쌓여
지금은 가야 할 때.

무성한 녹음과 그리고
머지 않아 열매 맺는
가을을 향하여
나의 청춘은 꽃답게 죽는다.

헤어지자
섬세한 손길을 흔들며
하롱하롱 꽃잎이 지는 어느 날

나의 사랑, 나의 결별
샘터에 물 고이듯 성숙하는
내 영혼의 슬픈 눈.
　　　－「낙화」 전문－

　이 시는 서두에 주제가 담겨 있다. 시인은 아무 미련 없이 떨어지
는 꽃의 모습을 보고 인간의 처세나 삶의 마감도 저러해야 하는 것

이 아닌가 하고 생각한다. 우리 주위를 보면 가야 할 때를 모르는 이들이 너무나 많다. '가야 할 때'란 어느 때인가? '가야 한다'는 의미가 포괄적이기 때문에 '가야 할 때'도 여러 측면에서 생각해 볼 수 있다. 어느 사회적 지위에서 물러나야 할 때를 가리킬 수도 있고, 사랑하는 이와의 어쩔 수 없는 이별을 생각할 수도 있으며, 그야말로 삶을 마감하는 것을 생각할 수도 있다. 오면 감이 있기 마련이다. 살아 있는 것들은 죽게 되어 있고, 또한 그래야 우주는 순환되어 건강한 생명성을 유지한다. 그것이 세상사의 정해진 이치이다. 그러나 대부분의 사람들이 이기심과 집착에 얽매여 가야 할 적절한 때를 놓친다. 가려고 하지를 않는다. 자연의 이법(理法)을 어기는 것이다. 그 때 사람은 추해진다. 권좌에 있어도 물러나야 할 때가 있는 것이고, 사랑도 어쩔 수 없이 결별을 해야 할 상황이라면 헤어지기에 적절한 때가 있는 법이다. 삶도 억지로 목숨을 끊을 수는 없는 일이지만 생자필멸(生者必滅)이니 너무 사는 것에 연연해서는 안 되는 것이다. 시인은 이 사실을 독자들에게 일깨워주고 있다.

시인이 서른 살의 젊은 나이에 이러한 달관과 수용의 태도를 보였다는 것은 의외의 일이다. 이에 대해서는 그의 이력을 떠올리지 않을 수 없다. 경남 사천군 곤양면 사정리, 속칭 솥골이라는 마을에서 가난한 농가의 장손으로 태어난 이형기는 정상적으로 초등학교 교육도 받을 수 없을 만큼 집안이 어려웠다. 그러나 그 가난 속에서도 동화와 소설 등 문학에 관련된 엄청난 책들을 읽었다. 물론 집에 책이 그렇게 있었던 것이 아니고, 살 수도 없는 형편이었기 때문에 주로 빌려서 읽은 것이다. 1946년 아버지가 폐결핵으로 돌아가신 후 집안 형편은 더욱 나빠져 열 서너 살밖에 안되는 소년은 슬픔에 빠지는 날이 많았으며, 무언가를 골똘히 생각하는 버릇이 생겼다. 그와 더불어 어릴 적부터 지녔던 문학에 대한 꿈이 되살아났다. 그래서 각종 문학

행사에 참가하고 상을 타, 그 재질을 유감없이 발휘하게 된다. 그의 가난은 그 후 차츰 극복되었다. 이러한 성장 환경이 그로 하여금 인간의 삶을 성찰하게 하고, 그를 조숙하게 만들었다고 볼 수 있다.

이 시의 둘째 연에서 화자는 "봄 한철 / 격정을 인내한 / 나의 사랑은 지고 있다"라고 한다. 이로 보아 첫 연의 '가야할 때'의 구체적인 정황은 사랑하는 이와의 결별을 가리키는 것 이다. 봄 한철 피었다가 지는 꽃처럼 '나'의 사랑도 격정을 참아낼 만큼 소중히 키워 왔으나 이제 서로 헤어지려 한다. 격정을 인내했다는 점에서 '나'의 사랑이 맹목적이 아니었음을 간파한다. 그러나 결별이라는 것이 반드시 슬픈 것만은 아니다. 뒤섞여 흩날리며 서로 먼저랄 것도 없이 미련 없이 떨어지는 꽃처럼 '나'의 사랑도 축복 속에 떠나야 한다. 3연의 "분분한 낙화─ / 결별이 이룩하는 축복에 쌓여 / 지금은 가야 할 때"는 그것을 말한 부분이다. 봄을 맞아 활짝 꽃을 피웠다가 떨어지는 낙화는 곧 이어질 무성한 녹음과 가을에 맺는 열매를 위해 떨어지지 않으면 안된다. 낙화는 녹음과 열매를 위해 반드시 필요한 것이다. 그렇듯이 '나'의 청춘도 꽃답게 죽어야 한다. 비록 내 영혼이 슬플지라도. 그래서 결연히 화자는 '헤어지자'라고 한다. 이것은 경솔한 결정이 아니다. 심사숙고 끝에 얻은 결론이요, 모든 미련을 털어버린 데에서 나온 것이다. 화자가 떨어지는 꽃잎에서 "섬세한 손길"을 보고, "하롱하롱"거리는 가벼움을 보았다는 것은 결별에 아무런 미련이 없음을 우회적으로 암시한다. 이 모든 과정을 거친 연후에 비로소 '나'의 사랑과 '나'의 결별은 "샘터에 물고이듯 성숙"한다.

북방 정서를 통해 본 일제강점기 삶의 현실

1. 김동환의 「적성을 손가락질하며」

　한국현대시 중에는 만주, 간도, 연해주 등지를 시적 배경으로 하는 작품들이 많다. 그것은 그대로 우리 민족의 수난의 역사를 말해주는 것이기도 하다. 특히 식민지 시대의 시 중에서 그 곳 북방을 배경으로 하는 시들은 시인이 직접적으로 겪은 체험을 바탕으로 하는 것들이 대부분이기에 북방의 삶의 현실과 그에 대한 시인의 의식을 살펴볼 수 있다는 점에서 우리의 눈길을 끈다. 사실 만주와 연해주는 역사적으로 볼 때 한국, 일본, 러시아, 중국의 이해관계에 얽힌 지역이다. 정치적으로, 또 경제적으로 부단히 침탈당하고 침략하면서 소유권 분쟁이 끊이지 않았으며, 그 주인이 누구냐에 따라 주종 관계에 따른 착취와 혹사가 이루어지는 곳이었다. 그 곳을 삶의 근거지로 하는 우리의 백성들은 자의로, 또는 타의로 조선을 떠나온 것이었으며, 대부분이 혹독한 추위와 궁핍한 생활에 시달리며 낯선 타향에서의 외로움을 달랬다. 한국이민사를 보면 연해주로의 이민은 1800년대 후반, 정확히 1858년 이후부터 시작되어 1908년에는 4만명이 넘고, 1926

년에는 18만명이 넘는 것으로 되어 있다. (고승제, 한국이민사연구, 장문각, 1973, pp.55-58 참조) 이민의 동기는 처음에는 흉년에 따른 기근 등 경제 사정 때문이었으나, 후에는 조선총독부의 통치에 대한 반항의식이 더불어 작용하였다. 그러나 어느 경우이든 삶의 어려움은 면할 수 없었다.

북국의 삶을 바탕으로 한 북방 정서를 전형적으로 나타낸 최초의 현대시는 아마도 1924년 <금성>지에 발표된 파인 김동환의 「적성을 손가락질하며」일 것이다. 이 작품은 후에 제목이 「눈이 내리느니」로 개제되었다.

북국(北國)에는 날마다 밤마다 눈이 오느니
회색 하늘 속으로 눈이 퍼부을 때마다
눈 속에 파묻기는 하-얀 북조선이 보이느니

가끔 가다가도, 당나귀 울리는 눈보래가
막북강 건너로 굵은 모래를 쥐어다가
추위에 얼어 떠는 백의인의 귓불을 때리느니

춥길래 멀리서 오신 손님을
부득이 만류도 못하느니
봄이라고 개나리꽃 보러 온 손님을
눈발귀에 실어 곱게도 남국에 돌려보내느니

백웅(白熊)이 울고 북랑성(北狼星)이 눈깜빡일 때마다
제비 가는 곳 그리워하는 우리네는
서로 부둥켜안고 적성(赤星)을 손가락질하며 빙원(氷原)벌에서 춤추느니
모닥불에 비취는 이방인의 새파란 눈알을 보면서

북국은 추워라, 이 추운 밤에도

강녘에는 밀수입마차의 지나는 소리 들리느니
얼음장 깔리는 소리에 쇠방울소리 잠겨지면서

오오, 저 눈이 내리느니 보-얀 눈이
북색(北塞)으로 가는 이사꾼 짐 위에
말없이 함박같은 눈이 잘도 내리느니
　　-김동환「적성을 손가락질하며」전문(<금성> 제3호, 1924. 5)-

　김동환은 함경북도 경성 출생의 시인이다. 경성읍은 당시 시가지의 남쪽 평야에 냇물이 흐르고, 서쪽에는 해발 2500m의 관모봉 높은 봉우리들이 사철 흰 눈으로 빛나며, 동쪽으로는 푸른 동해 바다가 웅얼거리는 곳이었다. 또한 서북 변두리에는 서울과 두만강변을 잇는 경성역이 있었다. 그는 10세 때 아버지 김석구가 망국의 울분으로 집을 떠나 북간도나 러시아 등으로 떠난 후 가사를 돌보지 않은 탓에 가난한 집안 살림 속에서 경성보통학교를 졸업하였으며, 13세 때에는 부친을 찾아 해삼위(블라디보스톡)에서 방황을 하고, 17세 때 여름에는 북간도와 러시아 영토를 방랑했다. 그의 시에서 쉽게 찾아볼 수 있는 북방 정서는 이러한 그의 전기적 사실과 무관하지 않다. 그러나 정작 이 시는 그가 밝힌 바에 따르면 1924년 3월 10일 두만강 가에서 쓴 것으로 되어 있다. 이 때는 그의 일본 유학이 관동대지진으로 인하여 중도에 좌절되어 귀국한 후, 함경북도 나남시 소재 북선 일일 신문 기자로 들어가기 직전이다.

　이 시가 발표되었을 때 이광수, 주요한, 김억, 김기진 등 문단의 중진들은 찬사를 아끼지 않았다. 그만큼 현실의 삶을 그대로 고발하는 리얼리즘적 시정신과, 도도한 시의 율조가 당시 감상적 낭만주의에 빠져 있던 일반적인 시작품들에서는 찾아보기 힘든 것이어서 높은 평가를 받은 것 같다. 그는 이듬해인 1925년에「국경의 밤」「승천하는 청춘」 등을 통해 더욱 서사적 지향의 시를 쓰는 작가로서 기반을 굳힌다. 특히 「국경의 밤」은 장편 서사시의 면모를 갖춘 장대한 규모의 시여서 시사적으로도 주목을 받고 있다.

 이 시에서 화자는 화자처럼 북국에 온 이들과 더불어 그 곳에서 눈을 맞고 있다. 그들은 궁핍한 삶을 벗어나기 위해 북조선을 떠났다. 그러나 날마다 밤마다 눈이 퍼부을 때에는 눈 속에 파묻히는 북조선을 본다. 눈보라는 고비사막 북쪽을 흐르는 막북강 건너로부터 불어 오는데 모래까지 섞여서 이런 추위를 겪어 보지 못한 백의민족, 곧 ‘우리네’의 귓볼을 때린다. 그러나 “멀리서 온 손님”인 ‘눈’을 그만 내리라고 만류를 하지 못한다. 그 ‘눈’은 아마도 3월의 봄을 맞아 개나리꽃을 보러 온 손님일지 모른다. 아니 그렇게 생각하고 싶다. 그러기에 더욱 내리는 것을 말리지 못한다. 그들은 그 눈을 눈썰매에 실어 곱게 남국으로 내려 보낸다. 남국은 바로 조선 땅. 그 땅에 봄이 와서 개나리꽃이 피기를 바라는 심정이다. 물론 이때 봄과 개나리꽃은 상징적인 것으로 실제로는 조국의 해방을 바라는 것이라고 볼 수 있다.

 ‘우리네’는 백곰이 울고 북랑성(시리우스)이라는 별이 깜빡일 때마다 제비 가는 곳인 남국을 그리워한다. 그들은 살기 위해 짐을 싸서 이 북방으로 왔지만, 얼음 벌판에서 북극성을 손가락질하며 조국을 찾고 서로 부둥켜안고 춤을 춰 외로움과 혹독함을 달랜다. 이방인의 새파란 눈알은 상대적으로 더욱 ‘우리네’의 유대감을 느끼게 하면서 향수를 불러일으킨다. 한편 화자가 있는 두만강변에는 함박눈이 내리는 추운 밤에도 추위에 아랑곳 하지 않고 밀수입 마차가 쇠방울 소리를 울리며 지나가고, 그런가 하면 열심히 이삿짐을 싸서 북쪽 국경으로 가는 이들도 있다. 그만큼 살기 위한 북국 백성들의 몸부림은 절박하다. 그러나 시인은 감정의 격앙됨이 없이 북국으로 간 조선인들의 삶의 모습을 냉철하고 담담한 필치로 그려내고 있다.

2. 이용악의 「풀벌레소리 가득차 있었다」

조선 땅을 떠나 북방으로 유입되는 백성들의 수는 1930년대에 들어 현저히 증가한다. 농촌은 일본이 일으킨 전쟁의 물자 조달을 위한 병참기지로 전락해 그 궁핍함이 날로 더해 갔으며, 그에 따라 살기 어려워진 농민들은 남부여대하여 만주로, 간도로, 연해주로 이동을 해 온 것이다. 김동환의 뒤를 이어 1930년대 북방의 정서를 리얼하게 그려낸 시인은 이용악이다. 그 대표작 중의 하나가 「풀벌레소리 가득차 있었다」이다.

우리집도 아니고
일가집도 아닌 집
고향은 더욱 아닌 곳에서
아버지의 침상 없는 최후 최후의 밤은
풀벌레소리 가득차 있었다.

노령을 다니면서까지
애써 자래운 아들과 딸에게
한 마디 남겨두는 말도 없었고
아무을만의 파선도
설룽한 니코리스크의 밤도 완전히 잊으셨다
목침을 반듯이 밴 채

다시 뜨시잖는 두 눈에
피지 못한 꿈의 꽃봉오리가 깔앉고
얼음장에 누우신 듯 손발은 식어갈 뿐
입술은 심장의 영원한 정지를 가르쳤다.
때늦은 의원이 아무 말없이 돌아간 뒤

이웃 늙은이 손으로
눈빛 미명은 고요히
낯을 덮었다.

우리는 머리맡에 엎디어
있는 대로의 울음을 다아 울었고
아버지의 침상 없는 최후 최후의 밤은
풀벌레소리 가득차 있었다.
　　－「풀벌레소리 가득차 있었다」 전문－

　이용악 역시 김동환과 마찬가지로 고향이 함경북도 경성이다. 경성이 용악에게 의미 있는 공간이 되는 이유는 그 곳 출신 선배와 동년배 문인들 때문이다. 경성은 이상스러울만치 글, 특히 시 쓰는 사람들이 많은 고장이었으며, 그는 이들로 인하여 문학에 대한 정열을 불태우게 되었다. 그 중에서도 김동환은 비록 그보다 13세 연상이긴 하지만 가장 존경하는 시인이었다. 그가 김동환과 마찬가지로 서사지향의 시와 민요시를 썼다는 것, 경성을 떠나 서울로 올라와 학교를 다니고 일본 유학을 했다는 것, 기자로 활동했다는 것 등은 우연의 일치라고 보기에는 너무 흡사한 점이 많다. 다시 말해 김동환을 닮고 싶어 그의 전철을 밟았다고 할 정도이다. 이용악의 동향 후배이자 시인이기도 한 유정은 "암울한 시대를 비춘 고혼"이란 글에서 용악이 같은 고향의 선배 시인인 김동환의 시집 『국경의 밤』에 영향을 많이 받았고, 그 시집에서 받은 감동을 열띤 표정으로 주위 사람들에게 이야기했다고 전언하고 있다.

　이 시의 서두는 아버지의 죽음이 그 내용으로 되어 있다. 아버지는 고향도 아닌 객지에서 죽음을 맞이했다. '침상 없는'이란 구절에서 감지하듯 아버지의 임종은 준비되지 않은 상황 속에서 쓸쓸하고 비참하게 이루어졌다. 시인은 그 비극을 '최후'라는 단어를 두 번 반복함으로써, 풀벌레의 울음소리를 등장시킴으로써 간접적으로 부각시키고 있다. 풀벌레의 울음소리는 아버지의 비극을 대변하는 상관물이자, 시인과 가족의 울음을 대신하기도 한다. 이 아버지란 존재는 실제적으로 이용악의 아버지이다. 이용악의 집안은 할아버지 대부터 금을 얻기 위해 몸소 소달구지에 소금을 싣고 러시아 영토를 넘나들었으며, 이러한 생활은 아버지 대에도 계속되었다. 자칫하면 목숨이 위태로운 국경 출입인데, 아버지는 그 위험을 무릅쓰고 밀수를 한 것이다. 그러나 한 마디의 유언도 없이 객사하고 말았다. 아들과 딸을 그렇게 어렵게 키웠는데 그들에게 아무 말도 남겨 놓지 못했고, 돈을 벌어 잘 살아보려는 그의 꿈역시 좌절된 것이다. "피지 못한 꿈의 꽃봉오리"란 구절은 그 사정을 함축적으로 제시한다. 아버지가 객지에서 죽음을 맞이했기에 의원도 제 때에 오지 못했다. "때늦은 의원이 말없이 돌아간 뒤"는 이미 의원이 왔을 때는 아버지가 숨을 거두었음을 말해주는 것이다. 아버지의 주검에 흰 무명천을 덮은 것도 가족이 아닌 이웃 늙은이다. 이 시의 문맥상으로 보아 가족들은 뒤늦게 아버지의 주검 앞에 섰다. 그러니 얼마나 한이 맺히고 슬픔이 컸으랴. "있는 대로의 울음을 다아 울었고"라는 것은 가족들의 엄청난 슬픔을 말해주고 있다. 용악의 다른 시 「우리의 거리」에서 우리는 좀더 구체적으로 이용악 집안의 사정을 알 수 있다.

아버지도 어머니도
젊어서 한창땐
우라지오로 다니는 밀수꾼

눈보라에 숨어 국경을 넘나들 때
어머니의 등곬에 파묻힌 나는

> 모든 가난한 사람들의 젖먹이와 다름없이
> 얼마나 성가스런 짐짝이었을까
> 　　　(중략)
> 여러 해 만에 서울로 떠나가는 이 아들이
> 길에서 요기할 호박떡을 빚으며
> 어머니는 얼어붙은 우라지오의 바다를
> 채쭉쳐 달리는 이즈보즈의 마차며 트로이카며
> 좋은 하늘 못 보고
> 타향서 돌아가신 아버지의 이야길 하시고
> 　　　(하략)
> ─「우리의 거리」─

　이 시는 1945년 발표된 것으로 되어 있다. 그가 1942년 고향인 경성으로 돌아가 있다가 다시 서울로 올라온 것이 해방 되자마자이니, 해방 이후의 작품이라고 할 수 있다. 시의 내용을 보면 이용악의 집안은 아버지는 물론이고, 어머니조차도 우라지오(블라디보스톡)를 오가며 밀수를 했다. 들키면 모든 것이 끝나기에 눈에 띄기 어려운 눈보라치는 날을 택해 국경을 넘나들었다. 어머니 한 몸도 건사하기 어려운데 아이를 등에 업었으니 젖먹이 어린애가 얼마나 성가신 짐짝과 같은 존재였을까. 어머니는 여러 해만에 서울로 떠나는 아들에게 과거의 얘기를 들려준다. 얼어붙은 우라지오 바다, 이즈보즈(우라지오에서 가까운 지명)에서 마부의 채찍 속에 달리던 마차, 그리고 타향에서 돌아가신 아버지에 관한 얘기이다. 그것은 물론 좋은 추억거리로서가 아니라, 그만큼 일제 치하에서 모진 고생을 했다는 사실을 환기하고자 함이다.

'강'을 바라보는 현실 인식의 눈

1. 김용택의 「섬진강 1」

강은 도도한 흐름이나 그 무한한 깊이, 장대한 모습 등으로 인해 인간들에게 의미 있게 인식되어 온 대상이다. 끊임없는 흐름은 시간의 영속성이나 돌이킬 수 없는 시간의 경과를 환기시키고, 깊이를 가늠할 수 없는 모습으로 인해 강은 모성을 지닌 무한한 수용체로 인식되기도 한다. 또한 강이 지닌 물의 속성은 메마름의 모든 상황—인간의 비정함이나 각박함 등—을 벗어날 수 있게 하는 비유적 대상으로 받아들여지기도 하며, 강이 생성된 이래 유구한 역사를 지켜 본 실체로서 역사의 집적물이 되기도 한다. 강 앞에 선 자들이 강으로부터 경외감을 느끼고 강에게 압도당하는 것은 거대한 자연의 생명력이나 힘을 강에게서 발견하기 때문이다. 그러므로 강을 바라보면 누구나 강에 매료되고, 자신의 운명을 그에 맡기면서, 깊은 사색에 빠진다. 예로부터 강이 시인의 단골 소재가 되는 것은 이런 점에서 당연한 일이지 모른다.

강을 떠올리면 빠질 수 없는 시인 중의 하나가 '섬진강 시인'으로 불리우는 김용택 시인이다. 섬진강 상류에 있는 전북 임실군 덕치면 진메 마을에서 태어난 그는 늘 섬진강을 바라보며 자랐다. 그 탓에 섬진강이 그의 삶의 전부가 된 것이다. 이 강은 산과 산들이 만들어 내는 계곡을 굽이굽이 돌며 작은 마을들을 곳곳에 거닐고, 평화롭게 때로는 굽이쳐 부서지며 어떤 때는 유장함을 자랑하며 흐르는, 서정이 넘치는 공간이었다. 그런가 하면 슬픔과 절망과 고독에 침잠되어 있는 그에게 위안을 주는 친구였다. 그는 외로움을 달래려고 늘 강물을 따라 걷고, 강가에 나가 헤매였다. 사랑을 잃을 때도, 사랑을 얻었을 때도, 기쁘고 슬플 때도 섬진강은 그에게 진정한 동무가 되어 주었다. 이 강이 그에게 역사적 인식의 공간으로 자리잡은 것은 아마도 광주 사태 이후일 것이다.

저렇게도 불빛들은 살아나는구나
생솔 연기 눈물 글썽이며
검은 치마폭 같은 산자락에
몇 가옥 집들은 어둠 속으로 사라지고
불빛은 살아나며
산은 눈뜨는구나.
어둘수록 눈 비벼 부릅뜬 눈빛만 남아
섬진강물 위에 불송이로 뜨는구나.

밤마다 산은 어둠을 베어 내리고
누이는 매운 눈 비벼 불빛 살려내며
치마폭에 쌓이는 눈물은
강물에 가져다 버린다.
누이야 시린 물소리는 더욱 시리게
아침이 올 때까지
너의 허리에 두껍게 감기는구나.

이른 아침 어느 새
너는 물동이로 얼음을 깨고
물을 퍼오는구나.
아무도 모르게
하나 남은 불송이를
물동이에 띄우고
하얀 서릿발을 밟으며
너는 강물을 길어오는구나.

참으로 그날이 와
우리 다 모여 굴뚝마다 연기 나고
첫날 밤 불을 끌 때까지는,
스스로 허리띠를 풀 때까지는
너의 싸움은, 너의 정절은
임을 향해 굳구나.
　　-「섬진강 1」 전문-

　이 시는 1982년 데뷔 당시의 작품이다. 1982년이라 하면 광주 사태가 일어난 지 불과 2년 후, 광주의 아픔이 생생하게 남아 있던 때이다. 그러기에 이 시를 광주 항쟁이라는 역사적 상황과 분리하여 생각할 수 없다. 군부독재의 잔학함의 상징인 이 사건은 민족 전체의 비극이었지만, 특히 호남인들에게는 가슴에 응어리가 맺힌 비극적인 참사였다. 김용택 시인 역시 호남인이었기에 그 비극을 그냥 가슴에 묻어둘 수는 없었다. 섬진강을 보면서 저 강도 광주의 비극을 지켜보고 흘러가리라 생각했다. 섬진강이 비극의 수용체가 된 것이다. 이제 그 강은 김용택 시인에게 있어 늘 자신의 곁에 흐르는 아름다운 자연물만이 아니었다. 이 지역의 아픔을 안고 흐르는 강이었다. 슬픔을 말하는 강이었다.

이 시는 "저렇게도 불빛들은 살아나는구나"로 시작된다. 여기서 우리가 유의해야 할 것은 '불빛들'이 '살아난다'는 서술이다. '살아난다'는 것은 꺼져가려던 것의 부활이요, 새로운 희망의 징조이다. 시인은 불빛이 죽지 않고 살아난다는 사실을 경이롭고 고맙게 생각하고 있다. 왜 그럴까? 살아나야 후일을 기약할 수 있기 때문이다. 불의에 대해 응징을 하려면 불꽃은 꺼지지 않고 불송이로 살아 있어야 한다. 이 불빛이 단순한 불빛이 아니라는 것은 "어둘수록 눈 비벼 부릅뜬 눈빛만 남아 / 섬진강물 위에 불송이로 뜨는구나"라는 구절을 통해 확인된다. 어두울수록 눈을 비빈다는 것은 어떠한 어둠 속에서도 그 어둠을 헤쳐 나가려는 태도요, 어둠을 벗어나려니 '부릅뜬 눈빛'이 되지 않을 수 없다.

2연에서는 어둠을 없애려는 행위가 펼쳐지고 있다. "밤마다 산은 어둠을 베어버린다"는 것, "누이는 매운 눈 비벼 불빛 살려내며 / 치마폭에 쌓이는 눈물은 / 강물에 가져다 버린다"는 것은 어둠을 벗어나려는 것이요, 눈물을 다시는 흘리지 않겠다는 태도이다. 시인은 그 행위의 주체로 '누이'를 설정하고 있는데, 비극을 이겨낼 수 있는 존재는 강인한 모성을 지녀야겠기에 '누이'가 적합하다고 생각한 것 같다. 그러나 비극적 상황이 그렇게 수월히 극복되는 것은 아니다. "시린 물소리는 더욱 시리게 / 아침이 올 때까지 / 너의 허리에 두껍게 감기는구나"는 '누이'에게 어려운 상황이 가중됨을 말해준다. 다행인 것은 머지 않아 '아침'이 온다는 것이다. 그러므로 아무리 시련이 닥친다 할지라도 '아침'이 올 때까지 참아야 한다. 시린 물소리가 더욱 시리게 허리에 두껍게 감긴다고 하면서 그러한 상황이 "아침이 올 때까지"라고 단서를 붙인 것은 아침이 온 이후에는 그 상황을 벗어날 수 있다는 믿음에서 기인한다.

3연에서는 '누이'가 이른 아침 물동이에 하나 남은 불송이를 띄우

고, 하얀 서릿발을 밟으며 강물을 길어온다. '이른 아침'은 밤이 지나
간 때이요, 이제 '누이'는 다시는 밤을 겪지 않기 위해 마지막 불송
이를 살리려고 그것을 물동이에 띄우고 강물을 길어오는 것이다. 강
물은 얼음 밑에 있고, 하얀 서릿발도 그 위에 깔려 있다. '얼음'이나
'하얀 서릿발'은 강물을 길어오는 데 있어 장애물이다. 이들은 "서슬
퍼런 독재의 현실"을 상징한다고 할 수 있다. 그러나 그 현실을 이겨
내려면 얼음을 깨고, 서릿발을 밟으면서 물을 길어와야만 한다. 여기
서 '누이'의 꿋꿋한 태도는 바로 시인이 바라는 민중의 태도이다.

4연 첫 행의 "참으로 그 날이 와"는 마치 심훈의 「그 날이 오면」첫
행의 "그 날이 오면 그날이 오면은"을 상기시킨다. 심훈의 시에서 '그
날'이란 조국 해방의 날이지만, 이 시의 '그 날'은 군부 독재로부터
벗어나는 날이다. 그 때는 굴뚝마다 연기가 나는 평화로운 때이요, 비
로소 불을 끌 수가 있고, 긴장할 필요가 없기에 허리띠를 풀 수가 있
다. 그러나 그것은 '그 날'이 왔을 때를 전제로 한다. 그 이전까지는
투쟁의 의지를 약화시켜서도 안 되고, 정절 또한 굳게 해야 한다.

이와 같이 시인은 섬진강을 통해 광주의 비극을 극복할 수 있는 미
래, 불의에 대한 응징을 위한 마음 자세를 노래했다. 그것은 결국 시인
이 섬진강을 자연의 대상만으로 바라본 것이 아니라, 비극을 극복하는
역사적 실체로서 인식한 것이다. 김용택 시인으로서는 이 시로 인해
섬진강에 대한 새로운 의미 층위가 형성되었다고도 말할 수 있다.

2. 고재종의 「앞강도 야위는 이 그리움」

강을 바라보는 또 다른 시선으로 고재종의 「앞강도 야위는 이 그
리움」을 손꼽을 수 있다. 김용택의 일련의 '섬진강' 시편들이 섬진강

을 끼며 살아온 시인의 애정을 담은 것이라면, 훼손되어 가고 있는
자연에 대한 염려가 고 시인의 시에서는 엿보인다.

그토록 흐르고도 흐를 것이 있어서 강은
우리에게 늘 면면한 희망으로 흐르던가
삶은 그렇게 만만하지 않다는 듯
굽이굽이 굽이치다 끊기다
다시 온몸을 세차게 뒤틀던 강은 거기
아침 햇살에 샛노란 숭어가 튀어오르게도
했었지. 무언가 다 놓쳐 버리고
문득 황황해하듯 홀로 강둑에 선 오늘,
꼭 가뭄 때만도 아니게 강은 자꾸 야위고
저기 하상을 가득 채운 갈대숲의
갈대잎은 시퍼렇게 치솟아오르며
무어라 무어라고 마구 소리친다. 그러니까
우리 정녕 강길을 따라 거닐며
그 윤기나는 머리칼 치렁치렁 날리던
날들은 기어이, 기어이는 오지 않아서
강물을 뱉은 쓴 약의 시간들은 저기 저렇게
새까만 암죽으로 끓어서 강줄기를 막는
것인가. 우리가 강으로 흐르고
강이 우리에게로 흐르던 그 비밀한 자리에
반짝반짝 부서지던 햇살의 조각들이여,
삶은 강변 미루나무 잎새들의 파닥거림과
저 모래톱에서 씹던 단물 빠진 수수깡 사이의
이제 더는 안 들리는 물새의 노래와도 같더라.
흐르는 강물, 큰물이라도 좀 졌으면
가슴 꼭 막힌 그 무엇을 시원하게
쓸어버리며 흐를 강물이 시방 가르치는 건
소소소 갈대잎 우는 소리 가득한 세월이거니

언뜻 스치는 바람 한 자락에도
심금 다잡을 수 없는 다잡을 수 없는 떨림이여!
오늘도 강변에 고추명석이 널리고
작은 패랭이꽃 흔들릴 때
그나마 실낱 같은 흰줄기를 뚫으며 흐르는
강물은 저렇게 그리움으로 야위었다는 것인가.
　　－「앞강도 야위는 이 그리움」 전문－

　시인은 1985년부터 농사를 짓기 시작하여 9년간 계속하여 농민운동을 열심히 했다. 이 시는 농사의 체험 속에서 느낀 생태적 또는 환경적 염려이다. 시인의 농사에 대한 철학은 철저하다. 그는 말하길 "농사꾼은 역시 무수한 곡식이 심으면 자라고 영그는 그 생명의 생장에 대한 말할 수 없는 기쁨이 있어 농경에 집착할 수 있으리라. 또 오늘날 자본의 전 지구화가 이루어진 세상 속에서 경쟁력이 뒤처지는 농사로 인해 극도의 사회경제적 소외를 감수하면서까지 그 일을 계속하는 것도 역시 겨울의 동토를 뚫고 봄의 씨앗들이 새싹을 틔우는 그 구원과 소생의 힘을 자기들의 삶에 적절하게 작용시키는 법을 터득했기 때문이리라. 물론 그 법은 우주의 순리와 생명의 질서이다"(고재종 문학적 자전 「저 생생한 우주율 속에 내 한 숨결 불어넣는 일」중에서 <시와 시학> 1997. 겨울)라고 한다. 그러므로 이 시는 시인의 내면 깊숙이 자리잡은 생명의식의 발로이기도 하다.

　사실 고재종처럼 삶의 행로가 험한 이도 드물다. 굶기를 밥 먹듯이 하는 가난, 아버지의 끝없는 술주정, 그로 인한 어머니의 실성, 가정을 돌보겠다고 탈영한 장형, 실연으로 인한 누님의 정신분열과 죽음, 97세 할머니의 자진 등 끝간 데 없는 불행 속에서 살아야만 했던 이가 그이다. 그는 돈이 없어 진학을 할 수 없어 서울에 올라와서도 신문사 수금원, 어린이 자전거 공장의 공원, 건축공사장의 인부, 레스

토랑 웨이터 등을 전전하며 진학의 꿈을 이루려고 했지만 여의치가 않았다. 게다가 사랑의 실패로 인한 충격이 너무나 커서 결국 고향으로 돌아온다. 그러나 그런 역경 속에서도 닥치는 대로 다방면의 책을 읽어 지식을 넓혀 나간다. 그의 생애에 있어 그를 배반하지 않은 것은 오직 농사뿐이었다. 최근에는 생태학적 상상력을 수용하여 농민시, 농촌시가 더 나아가 생명시로 그 영역을 넓혀 나가야 한다는 생각을 한다. 따라서 이 시는 그런 관점에서 접근할 필요가 있다.

이 시에서 시인이 바라보는 강은 예전에 샛노란 숭어가 튀어오르게 한 강도 아니요, 온몸을 세차게 뒤틀던 강도 아니다. 가뭄도 아닌데 물줄기가 가늘어져 자꾸 여위어만 가고, 새까만 암죽 같은 것이 강줄기를 막고, 물새의 노래도 이제 들리지 않는 강이다. 예전에는 강길을 따라 거닐며 윤기나는 머리칼을 치렁치렁 날리기도 했건만, 강변 미루나무 잎새들이 파닥거리고 우리들은 모래톱에서 수수깡을 단물 빠지도록 오래 씹기도 했건만, 그것은 단지 과거의 일일 뿐이다. 시인이 보기에 앞강은 생명력이 충만했던 과거에 대한 그리움으로 야위어진 것만 같다. 그러나 강의 흐름이 그치지는 않으리라. 우리에게 면면한 희망으로 흘러 삶이 그렇게 만만치 않다는 것을 우리에게 일깨워 주리라. 그것이 시인이 강에 걸고 있는 기대이다. 그러나 애석하게도 이 샛강은 흐름을 멈췄다. 자연의 흐름을 그대로 받아들이지 못하고, 위에서 물꼬를 막고 집을 지어 물길을 돌리는 바람에 전혀 흐르지 않는 강이 된 것이다. 그의 마을은 원래 멀리서 보면 사람 인(人) 자 세 개가 보인다고 해서 이름 지어진 삼인산(三人山) 아래에 있는데, 그 앞에 흐르는 강이 지금은 물이 흘러 내려오지 않는 것이다.

이 시를 통해 시인이 무엇을 얘기하고자 하는가를 짐작하는 것은 그리 어렵지 않다. 생태적으로 파괴되어 죽은 강이 된 오늘의 앞강이

면면히 흐르던 예전의 앞강과 다르다는 지적만 갖고도 시인이 환경 오염의 염려를 하고 있다는 것을 쉽게 알 수 있기 때문이다. 그러나 우리는 이 앞강의 고발에만 주의를 두어서는 안된다. 흐름을 멈춘 샛강들이 어찌 고재종 시인의 고향 앞강 뿐이겠는가? 샛강은 말할 것도 없고 큰 강, 심지어 바다까지 자연에 대한 인간들의 무지함으로 죽어가고 있다. 그만큼 환경의 파괴가 심각한 것이다. 그것은 그대로 가뭄, 쓰나미, 지진 같은 대재앙으로 우리에게 되돌아와 수천 명이 목숨을 잃음으로써 인류의 종말을 예감케 한다. 우리가 이로부터 벗어나는 길은 이 훼손되어 죽어가는 자연을 살리는 길이다. 이러한 교훈을 일깨워주고 있는 것이 바로 이 작품이다.

순수한 존재에 대한 동일화의 열망

1. 강인한의 「율리의 초상」

　사랑은 시인들이 즐겨 다루는 시의 테마이다. 그래서 동서고금을 통해 볼 때 사랑하는 연인에 대해 노래한 시들이 많다. 그 시들은 아름다운 서정을 바탕으로 절절한 감정 속에 노래되었기에 독자들에게 많은 공감을 불러 일으키며 애송되고 있고, 기억되고 있다. 예를 들어 에드가 알란 포우의 「애너벨 리」는 포우가 그의 사촌 동생이자 어린 아내인 버지니아의 죽음을 슬퍼하며 지은 시이기에 유명하고, 윌리암 더글러스의 「애니 로리」란 시는 그가 애니 로리로부터 버림을 받았으면서도 그녀와의 지순한 사랑을 읊었기에 노래로도 불리우며 많은 사람들의 가슴 속에 남아 있다. 그러나 사랑의 시 중에는 지고 지순한 존재를 등장시켜 자신의 정화를 꾀하는 작품들도 있다. 동일화 지향의 시이다. 강인한의 「율리의 초상」은 그 중 한 편에 속한다.

　　의사의 딸 율리
　　여학교 때 반장을 하던 단발머리

촉촉하게 젖는 오월의 밤 이슬에
외로울 때 맺히곤 했다
내 싱거운 이야기에 곧잘 웃고
내 비겁한 이야기에도 곧잘 끄덕이고
항상 눈이 흰 겨울에 살고 싶다는 율리,
네 따스한 손바닥에
내 작은 생애를 얹어 보고 싶었다
때때로 술에 취하면 화가 나서
난폭하게 편지를 쓰고
마리안느의 사슴처럼 장미빛의 피 흘리며
네 곁에서 죽고 싶었다
아카시아 향내가 네 눈에서는 풍겨
안타까운 너의 꿈을 찾아간
오월의 어느 날
그날 밤 거리에는 안개가 피어 올라
네 피로스런 단발머리를 빗질하며 있었다
율리, 너는 별이 뜨는 오렌지 쥬스를 마셨고
불붙는 위티를 나는 마셨다
깊은 밤 빠알갛게 타는 불씨를 보며
네 순한 고집을 꺾어 버리고 싶었지만
그러나 율리,
떠나오는 내 여행은 언제나 비에 젖는다
차창 밖으로 뿌려지는 산골짜기의 꽃 무데기
주정을 던지고 던지는 나에겐
적막하게 웃는 율리, 네가 보였다
어머니의 가슴에 자주빛 카네이션을 달아드리고
돌아서 조용히 우는 내 착한 누이,
네가 지금 보인다
저 먼 불빛이 영그는 풀잎 사이로
걸어가는 조브장한 어깨

주일이면 까만 성경책 위에 얼굴을 묻고
자그마한 믿음이 흔들리지 않기를
오래 기도하는 율리,
네 작은 손바닥에 가만히
낙엽 같은 내 이름을 얹어 보고 싶었다.
　－「율리의 초상」 전문－

　이 시에서 가장 먼저 주목하게 되는 것이 시의 제목에 나오는 '율리'라는 존재이다. 강인한의 시에서 '율리'라는 이름의 여자는 한 사람이 아니라 두 사람이다. 하나는 허명(虛名)인 의사의 딸 율리이고, 다른 하나는 실명(實名)인 가난한 선생의 딸 율리이다. 허명의 여인은 시인이 결혼 전 플라토닉 사랑을 했던 인물이요, 실명의 여인은 몇 년 전 사법고시에 합격하여 지금 변호사로 활동하고 있는 시인의 딸이다. 강인한의 시 중 딸로서의 율리를 소재로 하고 있는 작품으로는 「우리나라」, 「밤길」, 「봄이 오면 아이들아」, 「하오의 겨울나무」 등을 들 수 있다. 기본적으로 이들 작품은 시인의 따뜻한 부성애가 바탕이 되어 있다. 연인으로서 율리를 소재로 하고 있는 작품으로는 「영원한 바다」, 「겨울 나라의 달」, 「율리의 초상」, 「백야」, 「율리, 율리」 등을 들 수 있다. 그 중 미적 성취를 이룬 작품은 「율리의 초상」, 「율리, 율리」 정도이다. 이들 시는 통속성과 감상이 적당히 섞여 있으면서, 한편으로 사람들이 지니는 원초적 사랑의 심성을 슬프게 자극하고 있다. 실제로 결혼 전 아픈 사랑의 경험을 한 이 율리라는 여인에 대해 시인은 시선집 『어린 신에게』 '서문'에서 다음과 같이 말하고 있다. "그 무렵 나는 한 주일에 한두 편씩의 시를 엽서에 써서 그녀에게 부쳤다. 그것은 100에서 끝났다. 그녀가 결별을 선언한 것이다. 더 이상 시를 쓸 마음이 나지 않았다. 그동안 써왔던 시 전체를 찾아서 일일이 찢고 불태워 버렸다. 그 후 얼마간 시의 붓을 꺾은 기간이 있었다"라고. 시인이 대학 다닐 때 동기 동창인 한 여인에게 붙여주려고 한 '율리'란 이름은 그녀와의 결별 후 그의 딸 이름이 되었다.

이 시의 서두는 율리가 어떤 존재인지를 설명하는 부분이다. 그녀는 의사의 딸이며, 반장을 하던 단발머리의 소녀이고, 어떤 이야기를 해도 웃거나 끄덕이는 존재, 항상 눈이 흰 겨울에 살고 싶다는 순수하고 깨끗한 존재이다. 화자인 '나'는 그녀로부터 구원을 받고자 한다. 술에 취해 화가 나면 난폭하게 편지를 써서 화풀이를 하고, 그녀가 마리안느의 사슴처럼 자신을 아껴만 준다면 피를 흘릴지라도 그녀 곁에서 죽고 싶다. 여기서 '마리안느의 사슴'이란 <나의 청춘 마리안느>라는 영화에 나오는 사슴을 가리킨다. 이 영화는 1954년 상영된 것인데, 줄리앙 뒤비비에가 각본을 쓰고 감독을 맡은 작품이다. 간단한 줄거리를 말하면 다음과 같다. 소년 뱅상 로린겐이 독일 하이리겐슈타트 음악학교에 전학을 온다. 그의 어머니는 아르헨티나에 있다. 그 학교 교장의 딸 리제가 관심을 갖고 접근을 하나, 그는 호수 건너편 음침한 고성(古城)에 살고 있는 마리안느에게 첫사랑을 느낀다. 그러나 늙은 기사가 그녀를 차지하게 된다는 것을 알고 그를 공격하다가 오히려 맞고 쓰러져 호숫가에 버려진다. 그는 마리안느가 유령이며 실존하는 사람이 아니라는 설명을 듣는다. 한편 리제는 계속 뱅상을 유혹하고 그는 그녀의 유혹을 단호하게 뿌리친다. 그녀는 결국 뱅상이 아끼는 사슴을 죽이고, 그녀 역시 사슴들에 의해 밟혀 죽고 만다. 뱅상은 마리안느의 구출을 위해 고성을 향해 떠나나 그가 발견하는 것은 성의 벽에 붙은, 그녀를 닮은 초상화뿐이다. 젊은 날의 환상과 같은 사랑이 사라지자, 뱅상은 마리안느의 이름을 부르며 절규한다. 그 후 그는 다시 어머니가 있는 아르헨티나로 떠난다.

「율리의 초상」에는 물과 불의 대립적 심상이 서로 갈등하면서 뼈

대를 이루고 있다. "이슬 / 안개 / 눈 / 비 / 풀잎 / 울음"이 물의 심상과 연결된다면, "술 / 피 / 불 / 꽃무데기 / 불빛"은 불의 심상과 연결된다. 이 시의 화자인 내가 불과 같은 존재라면, 율리는 물과 같은 존재이다. 불이 물에 의해 다스려지듯, 나는 율리에 의해 순화된다. "깊은 밤 빠알갛게 타는 불씨를 보며/ 네 순한 고집을 꺾어 버리고 싶었지만/ 그러나 율리, / 떠나오는 내 여행은 언제나 비에 젖는다"라는 구절에서 우리는 그 사실을 감지한다. 세상에는 '나'와 같이 물불을 가리지 않고 사랑의 늪에 빠져 허우적거리는 사람들이 많다. 그러나 냉정히 생각할 때 사랑이란 것은 욕정만이 그 전부일 때는 한 때 열렬히 붙었다가 이내 소진되어 자취도 찾기 어려운 불과 같은 것이다. 진정한 사랑이 되기 위해서는 순수하고 부드러운 태도가 따라야 한다. 물은 바로 순수하고 부드러운 속성을 대표한다. 그러므로 시인이 전하고자 하는 메시지는 순수한 존재에 의한 열정적 자아의 순화라고 볼 수 있다. 그러면 '율리'란 이름은 어디서 따온 것일까? 얼핏 보면 외국 여인 이름이거나 세례명 같지만 그렇지 않다. 시인에 따르면 '율리'는 <삼국사기> 열전에 나오는 설씨녀 설화에서 따온 것이다. 이 설화는 신라 진평왕 때 가실이란 남자와 설씨녀란 여인을 주인공으로 한다. 대강의 내용은 설씨녀의 아버지 설씨가 늙은 몸으로 싸움터에 나가게 되자 그녀를 사랑하는 가실이 설씨를 대신해 나가고, 설씨녀는 오래도록 돌아오지 않는 가실을 끝까지 기다려 사랑의 결실을 이룬다는 것이다. 그 설화에서 설씨녀가 살던 마을이 바로 율리(栗里)이다. 그러므로 시인은 '율리'가 설씨녀처럼 지조와 순수를 대신할 이름으로 적합하리라고 생각한 것 같다.

2. 김선굉의 「열모의 노래」

앞의 시처럼 순수한 존재를 등장시켜 그 인물과의 동일화를 꾀한 작품으로 김선굉의 「열모의 노래」가 있다. 서간체 형식을 빌어 '수련'이란 소녀를 등장시킨 이 시에서 시인은 사랑에 눈을 뜨려 하는 소녀에게 사랑이란 것이 무엇인지를 일깨우려 하고 있다.

> 안녕 수련, 그리고 너의 친구들.
> 오늘은 비가 내리고 비 내리듯
> 너에게 인사를 전한다.
> 어제는 꽃이 지는 것을 보았고
> 석죽(石竹)의 연한 꽃잎이었다.
> 수련, 지난해 가을이 생각나는지.
> 살 깊은 사과알이 뚝뚝 떨어져
> 시장 바닥과 상점의 칸막이마다 마구 쌓일 때
> 싱싱한 과육을 씹으면서 너희들은
> 살결이 고와지고 있었다.
> 그해 겨울이 깊어갈수록
> 너의 맑은 두 눈은 연한 광채를 내면서
> 끝없이 깊어 가고 있었고
> 그 먼 깊이로 가을이
> 긴 그림자를 끄을고 무너지는 걸
> 나는 보았다.
> 너희들이 그해 겨울을 새롭게 만나고 보낸 뒤
> 손시린 봄이 파랗게 다가오고
> 나는 목련이 지는 사월의 끝 어느 날
> 한 여자를 생각하면서 울 뻔 했었지.
> 알게 될 거야 너도 커 보면
> 어른이 어른을 그리워하는 마음

그리고 목련이 지고 있었다.

지금은 뜨거운 칠월
문득 네가 그리워지고
가슴살 부푼 너를 이끌고
풍성한 과원을 찾으려 한다.
너는 이제 보게 될 거야.
따가운 가을 햇살이
그대로 과즙이 되는 눈부신 광경.
먼 구름까지 손을 뻗어
향기로운 물기를 휘어잡는 사과알들을.
지난 해 보이지 않던
색실처럼 풀려내리는 영롱한 빛의 비.
너희들은 눈이 밝아져
무너지고 일어서는 한 떨기 풀꽃의 생리가
아름답게 보이기 시작하고
너희가 아직 잘 모르던 사랑의
미묘한 흔들림, 흔들리는 그림자가
보이기 시작할 거야.
안녕 수련, 그리고 너의 친구들
멀어진 만큼 가까운 거리에
오늘은 비가 내린다.
　　－「열모의 노래」 전문－

　이 시에서 우선 파악해야 할 것은 '수련'이 어떤 존재이며, 화자인
'나'와 '수련'과의 관계가 어떤 것이냐이다. 시의 내용으로 보아 수련
은 사랑에 눈을 뜨려 하는 소녀, 구체적으로 말하면 사춘기에 접어든
소녀이다. "알게 될 거야 / 어른이 어른을 그리워하는 마음"이 그 단
서가 된다. 나와 수련은 지난 해 가을에 만났다. 아니 어쩌면 그 이

전부터 만났는지 모른다. 나의 기억 속에 있는 수련과 그의 친구들은 그 때 한창 처녀로 성숙해 갈 때였다. 가을에 싱싱한 사과를 씹는 그들에게서 소녀 티를 벗고 살결이 고와지는 모습을 발견했고, 겨울에는 수련이 더욱 성숙해져 지난해의 겨울과는 전혀 다르게 두 눈에서 맑은 광채를 내며 겨울의 깊이를 느끼는 것을 보게 되었다.

그렇다면 '나'란 존재는 어떠한가? 나는 지금 사랑하는 여인과 결별하고, 그녀를 그리워하고 있는 상태이다. 그것이 나의 사랑의 현주소이다. 목련이 지는 사월 말 어느 날엔가는 그 여인이 생각나서 울 지경에 이르도록 슬픔에 빠졌다. 오늘 비가 내리니 수련과 그녀의 친구들에게 문득 사랑의 아름다움과 그리움, 슬픔 등을 말해주고 싶다. 그녀들이 이제는 사랑에 눈을 뜨려는 나이에 접어들었기 때문이다. 그 사랑의 체험의 장소로 나는 풍성한 과원(=과수원)을 택했다. 그곳에서 그들은 따가운 가을 햇살이 그대로 과즙이 되는 광경을 보고, 사과알들이 먼 구름까지 손을 뻗어 향기로운 물기를 휘어잡는 모습을 보며, 지난 해에는 어려서 보지 못했던 영롱한 빛깔의 비를 볼 수 있으리라 기대한다.

'나'는 사랑의 아픈 경험을 한 사람으로서 아직 사랑을 모르는 천진난만한 수련에게 사랑의 아름다움과 미묘함, 사랑에 빠지면 세상의 모든 것들이 아름답게 보인다는 사실을 알려주고 싶다. 수련은 그 사실을 알아도 될 만큼 이제 사춘기에 접어들었다. 지난 해 가을 내가 만났던 수련과 그의 친구들은 싱싱한 과육만큼이나 살결이 고운, 소녀 티를 벗어나 처녀다움을 갖춰 가고 있었고, 그 기억이 있기에 수련이 그리워져 이제는 가슴살 부풀만큼 성숙해진 수련을 데리고 과원을 찾는 것이다. 그 곳에서 수련은 분명 자연의 교감과 자연의 섭리를 깨달아 피고 지는 풀꽃의 생리를 아름답게 받아들이고, 사랑하는 이들의 미묘한 사랑의 흔들림을 보리라. 시인은 그렇게 생각한다.

이때 비로소 수련은 '나'의 사랑을 이해하고, 이해하는 만큼 '나'와 수련의 심정적 거리는 가까워지는 것이다. '멀어진 만큼 가까운 거리'라는 것은 비록 멀리 떨어져 거리상으로는 멀어졌지만, 마음의 거리만큼은 수련이 이제 사랑을 이해하게 되었기에 가까워졌음을 밝힌 구절이다.

저자소개

박호영

1949년 서울 출생. 서울대학교 국어교육과 및 동 대학원 국어국문학과 졸업. 1979년 <조선일보> 신춘문예 문학평론 당선. 2002년 <시와 시학>을 통해 시인으로 등단. 현재 한성대학교 한국어문학부 교수. 저서로 『한국시문학의 비평적 탐구』(공저, 1985) 『한국현대시인논고』(1995), 『몽상 속의 산책을 위한 시학』(2002), 『시를 찾아 떠나는 여행』(2002), 『서정주』(2003), 『현대시 속의 문화풍경』(2004) 등이 있고, 시집으로 『오두막집에 램프를 켜고』가 있음.